유아교과교육론

TEACHING SUBJECTS IN EARLY CHILDHOOD EDUCATION

유 희 정

창지사

머리말

교사들은 모두 교사직 수행에 필요한 교육관, 전문지식, 교수기술과 같은 전문적 자질이 요구되며 예비교사들은 직전 교육의 전 과정을 통해 교사에게 요구되는 자질을 점진적으로 갖추어 나간다. 예비교사들이 대학 교육과정을 통해 각자 성취한 자질의 정도는 곧 교사 역할 수행을 위한 역량으로써 교육의 질에 지대한 영향을 미치게 된다. 특히 좋은 수업은 교육의 본질인 만큼 교수(teaching)는 교사의 다양한 역할 중 가장 기본이고 대표적인 활동이라 할 수 있다. 이에 유아교사는 무엇보다 유아들의 관심과 흥미를 반영한 놀이 주제를 중심으로 교육과정을 계획하고 실행할 수 있어야 한다. 교과는 교육과정 구성의 핵심 요인으로 교육과정의 운영 내용은 교과에 대한 교수와 학습, 즉 교과를 교육하는 것이며 더 좁은 의미로는 수업을 하는 것으로 이해할 수 있겠다.

유아교육 기관의 학습자와 교육환경은 초·중등 교육기관과 비교해 볼 때 매우 다르면서도 독특하다. 이로 인해 유아교사는 교직 수행 과정에서 자율적 의사결정의 비중이 가장 높은 것으로 평가되고 있다. 특히 학습자와 놀이가 갖는 다양하고도 복합적인 특성은 유아중심, 놀이중심으로 교과교육을 실천함에 있어 늘 예측하기 어려운 변화의 가능성을 초래하고 있다. 그러므로 유아교사는 수업 준비단계뿐만 아니라 수행단계에서도 유아들을 면밀히 관찰하고, 관찰 내용에 대한 교육적 의미를 고민하며, 최선의 교육적 지원을 제공하여야 한다. 따라서 수업에 필요한 모든 과정을 관리하고 실천하며 변화에 대응할 수 있는 능력인 수업 전문성을 바탕으로 크고 작은 의사결정을 올바르게 할 수 있어야 하겠다.

유아교과교육론은 유아들의 다양한 발달 수준과 특성에 따른 교육적 실천을 위해 교과별 내용 지식과 교수학습 방법을 다루는 교과로 유아교사들의 수업 전문성을 도모하기 위한 교과 중 하나이다. 초·중등 교육기관은 교과서를 매개로 하는 교육이기에 예비교사들이 이수한 교과목과 교육 현장의 교과가 크게 다르지 않지만, 교과서 사용이 가능하지 않은 유아교육 기관에서의 교과교육은 놀이와 활동으로 다양한 교과의 내용을 다루어야 하는 어려움이 있다. 그러므로 유아를 학습자로 하는 유아교육에서는 교과교육에 대한 이론과 실제에 대한 올바르고 충분한 이해가 더욱더 필요한 것이다.

『교원자격검정 실무편람』 중 『교과 교육론』의 기본교수요목을 보면 교과교육의 역사적 배경, 교과교육의 목표, 교과별 수업의 실제, 과정 중심의 평가 등 교과교육 전반에서 실제적인 수업에 중점을 두고 연구하는 것으로 제시되어 있다. 이 책은『교원자격검정 실무편람』에 제시된 『교과 교육론』 교과의 기본교수요목에 따라 이 교과에서 반드시 다루어야 할 내용을 반영하여 제1부 유아교과교육의 이론적 기초, 제2부 유아교과교육을 위한 교과의 이해로 구성하였다.

제1부의 내용은 다음과 같다.

1장 유아교과교육의 이해에서는 일반 교과교육과 유아교과교육의 개념을 정리하고, 우리나라와 서양 교육사에서의 교과교육의 역사를 살핌으로써 교과교육의 본질을 알아보았다.

2장 유아교과교육과 교수학습에서는 교수학습의 개념을 알아보고, 대표적인 교육 신념에 따른 유아 발달과 학습에 대한 이해와 교수학습에 대한 시사점을 연결하여 보았으며, 교과교육의 효율적 운영을 위한 교육내용 선정, 조직, 교수학습 방법의 원리를 정리하였다.

3장 유아교과교육과 국가 수준의 교육과정에서는 다양한 교과가 내포되어있는 국가 수준의 교육과정의 구성 방향과 내용에 대한 기준을 충실히 살피고자 『19 개정 누리과정』과 『제4차 어린이집 표준보육과정』을 제시하였다. 또한 예비유아교사들이 가장 큰 어려움을 갖고 있는 유아들의 보편적인 발달 수준과 수준 차이에 대한 이해를 돕고자 0~1세 표준보육과정, 2세 표준보육과정, 3~5세 누리과정을 영역별로 연결하여 각 영역의 목표와 내용 범주 및 범주별 내용을 비교하기 용이하게 제시하였다.

4장 놀이 중심 교육과정에서는 우선 놀이에 대한 기본적인 이해를 돕고자 놀이의 개념과 특성, 놀이유형과 발달단계를 알아보았고, 유아들의 놀이 지원에 필요한 실제로써 다양한 자유 선택 놀이와 집단활동 유형을 살펴보았다. 또한 교과교육의 실천을 위한 놀이 중심 교육과정의 의미와 운영 과정 및 교사의 역할을 정리하였으며, 실례를 통해 교과교육의 실제와 흐름을 살펴볼 수 있도록 하였고, 마지막으로 교육의 순환과정에 반드시 포함되어야 하는 평가를 제시하였다.

제2부의 내용은 다음과 같다.

제2부에서는 유아교과교육의 통합적 운영을 위한 기본으로 개별 교과에 대한 이해를 도모하고자 건강·안전교육, 동작교육, 언어교육, 문학교육, 사회교육, 음악교육, 미술교육, 수학교육, 과학교육의 9개 교과를 중심으로 교과별 개념, 목적 및 목표, 교육내용, 교수학습 방법을 알아보고 활동의 실례를 제시하였다.

저자는 오랜 기간 유아교육 현장에서 교과교육을 실천했던 경험과 대학에서 유아교과교육론을 꾸준히 강의하며 연구, 관찰한 내용들을 기초로 예비교사들이 교과교육의 이론과 실제를 올바로 이해하고 실행하는 데 도움이 될 수 있는 내용으로 집필하고자 노력하였다. 본서는 예비유아교사는 물론 현직 교사 및 수업 지도와 장학을 하는 분들께도 도움이 될 수 있기를 기대한다.

끝으로 이 책의 집필 방향과 내용에 도움말을 주신 교수님들과 유아교육기관 관계자분들, 원고 정리에 도움을 준 경희대학교 학술연구교수 주혜연 박사와 그림 작업을 위해 애써 준 제자 정예림에게 고마움을 전한다. 그리고 이 책이 나오기까지 아낌없이 수고해 주신 창지사 관계자 여러분들께도 진심으로 감사의 말씀을 드린다.

2023년 7월

저자

제1부 유아교과교육의 이론적 기초 • 9

CHAPTER 01 **유아교과교육의 이해 • 11**

1. 교과교육의 개념 • 11
2. 유아교과교육의 개념 • 17
3. 교과교육의 역사 • 22

CHAPTER 02 **유아교과교육과 교수학습 • 34**

1. 교수학습의 개념 • 34
2. 유아발달과 교수학습 • 35
3. 유아교과교육을 위한 교수학습 • 43

CHAPTER 03 **유아교과교육과 국가 수준의 교육과정 • 49**

1. 2019 개정 누리과정에 대한 이해 • 50
2. 제4차 어린이집 표준보육과정에 대한 이해 • 58
3. 국가 수준 교육과정 영역별 목표 및 내용의 수준 이해 • 69

CHAPTER 04 **놀이 중심 교육과정 • 77**

1. 놀이의 개념 • 77
2. 놀이의 특성 • 78
3. 놀이 유형과 발달 단계 • 80
4. 놀이 지원을 위한 자유 선택 놀이와 집단활동의 이해 • 84
5. 놀이 중심 교육과정 운영 • 129
6. 놀이 중심 교육과정에서의 교육평가 • 156

제2부 유아교과교육을 위한 교과의 이해 • 173

CHAPTER 01 **건강 · 안전교육** • 175

1. 건강 · 안전교육의 개념 • 175
2. 건강 · 안전교육의 목적 및 목표 • 176
3. 건강 · 안전교육의 내용 • 177
4. 건강 · 안전교육을 위한 교수학습 방법 • 180
5. 건강 · 안전교육 활동의 예 • 181

CHAPTER 02 **동작교육** • 188

1. 동작교육의 개념 • 188
2. 동작교육의 목적 및 목표 • 188
3. 동작교육의 내용 • 190
4. 동작교육을 위한 교수학습 방법 • 196
5. 동작교육 활동의 예 • 198

CHAPTER 03 **언어교육** • 205

1. 언어교육의 개념 • 205
2. 언어교육의 목적 및 목표 • 205
3. 언어교육의 내용 • 207
4. 언어교육을 위한 교수학습 방법 • 209
5. 언어교육 활동의 예 • 212

CHAPTER 04 **문학교육** • 216

1. 문학교육의 개념 • 216
2. 문학교육의 목적 및 목표 • 217
3. 문학교육의 내용 • 218
4. 문학교육을 위한 교수학습 방법 • 224
5. 문학교육 활동의 예 • 225

CHAPTER 05 **사회교육** • 239

1. 사회교육의 개념 • 239
2. 사회교육의 목적 및 목표 • 239

3. 사회교육의 내용 • 241
4. 사회교육을 위한 교수학습 방법 • 244
5. 사회교육 활동의 예 • 248

CHAPTER 06 **음악교육** • 255
1. 음악교육의 개념 • 255
2. 음악교육의 목적 및 목표 • 256
3. 음악교육의 내용 • 257
4. 음악교육을 위한 교수학습 방법 • 260
5. 음악교육 활동의 예 • 264

CHAPTER 07 **미술교육** • 272
1. 미술교육의 개념 • 272
2. 미술교육의 목적 및 목표 • 272
3. 미술교육의 내용 • 273
4. 미술교육을 위한 교수학습 방법 • 281
5. 미술교육 활동의 예 • 284

CHAPTER 08 **수학교육** • 292
1. 수학교육의 개념 • 292
2. 수학교육의 목적 및 목표 • 292
3. 수학교육의 내용 • 293
4. 수학교육을 위한 교수학습 방법 • 296
5. 수학교육 활동의 예 • 298

CHAPTER 09 **과학교육** • 301
1. 과학교육의 개념 • 301
2. 과학교육의 목적 및 목표 • 302
3. 과학교육의 내용 • 303
4. 과학교육을 위한 교수학습 방법 • 307
5. 과학교육 활동의 예 • 309

참고문헌 • 313

제1부

유아교과교육의 이론적 기초

교과교육론이란 교육목표를 설정하고 이에 상응하는 적절한 교육내용을 선정, 조직하며 효과적인 방법으로 교수하고 학습하는 것을 이해하기 위한 학문이다. 교과교육은 교과의 내용과 교수학습 방법을 포괄하는 것으로 교과를 교육하는 교육적 실천을 전제로 한다. 유아교과교육 또한 교과교육에 대한 제반 이론에서의 기초 지식에 근간하고 있고, 이에 대한 전문지식을 교육 현장에 적용하고 활용한다는 점에서 일반 교과교육과 맥락을 함께 하는 것으로 이해할 수 있다. 그러나 유아교육 현장에서 이루어지는 교과교육의 실제는 타 학교급에서와 같이 각 교과별로 편성하거나 교과서에서 다루고 있는 교육내용을 중심으로 운영하는 것이 아니라, 유아들이 직접 참여하고 경험하게 되는 다양한 놀이와 활동에서 내용 및 방법 안에 내재된 형태로 운영되고 있다. 이는 학습자 요인에 기인한 것으로 유아를 위한 교과교육은 이론과 실제 전반에 걸쳐 유아의 발달적 특성을 반드시 반영하여 이해하고 재구성하여야 하는 것이다.

유아교사는 교과교육과 유아교과교육의 본질을 알고, 발달적으로 적합하고 효과적인 교수학습을 위해 유아 발달에 대한 관점과 교수학습과의 관계를 이해하여 확고한 교육적 신념을 토대로 일관성 있게 접근할 수 있어야 한다. 또한 유아교과교육의 기본을 이해할 수 있는 국가 수준의 교육과정을 숙지하여 교과교육에 대한 시사점을 파악하고 반영할 수 있는 능력이 요구된다. 그리고 유아교육의 가장 큰 특징이라 할 수 있는 놀이 중심 교육과정을 통해 교과교육을 실천할 수 있어야 하므로 놀이에 대한 제반 이론 및 놀이 중심 교육과정 운영에 대한 전문적인 이해가 필요하다.

제1부에서는 유아교과교육의 이론적 기초로써 교과교육의 개념적 이해와 역사, 교수학습에 대한 이해, 국가 수준의 교육과정과 놀이 중심 교육과정에 대한 내용을 다루고자 한다.

CHAPTER 01

유아교과교육의 이해

1. 교과교육의 개념

교과교육이란 교과(subject matter)를 교육(education)한다는 의미의 교과와 교육이 결합 된 용어이다. 교과는 교육목적에 맞게 가르쳐야 할 내용을 계통적으로 조직한 일정 분야인 교과목을 의미하며, 교육은 교과목의 내용을 가르치고 배우는 교수와 학습의 행위를 말한다. 이에 교과교육은 학교 기관에서 교과에 담겨있는 내용을 학습자를 위해 계획적으로 구성하여 가르치고 배움에 있어 무엇을 어떻게 가르치고 배우는 것인가를 체계적으로 정리한 교육의 내용과 방법이라 할 수 있다(유민임, 2015). 교과와 교육의 의미를 구체적으로 살피면서 교과교육의 의미를 알아보고자 한다.

1) 교과의 의미

교과는 교육과정을 구성하는 가장 핵심적인 내용이다. 교과는 기본적으로 세대를 거쳐 물려줄 만한 가치가 있는 인류문화 유산의 가장 본질적이고 중요한 것을 중심으로 시대적 상황에 따라 추구하는 교육적 의미에 부합하면서 교수학습 가능성이 높은 것들을 엄선하여 개발한 것이다. 교과의 의미를 좀 더 구체적으로 살펴보면 다양한 학문 영역별로 교육적으로 필요한 내용을 선정하여 일정한 준거와 체계에 따라 조직한 것으로 교육기관에서 추구하는 교육목적 달성에 필요한 지식과 기능과 태도를 유사한 개념으로 분류하고 범주화하여 논리적, 체계적으로 정리한 교육 내용이라 할 수 있다. 이 같은 교과는 각 교과가 대변하고 있는 대상을 포괄적, 논리적으로 기술하고 있고 내용의 정확성을 추구하는 특성이 있어 학교교육이 보다 안정적이며 반복적으로 지속될 수 있는 것이다.

그러나 학교 교육이 추구하는 목적은 시대와 사회적 요구에 영향을 받을 수밖에 없으므로 교육과정을 구성하는 교과의 내용으로 무엇을 더 중요하게 생각하는지도 달라지게 된다. 각 시대와 사회에서 무엇을 중요하게 생각하는지, 무엇을 중심에 둘 것인지에 따라 다양한 교육과정이 출현하게 되고 그 안에 담긴 교과의 의미도 달라지는 것이다. 교육과정의 흐름을 살펴보면 교육의 목적을 달성하기 위해 지식 중심의 교육을 중시하는지, 경험 중심의 교육을 더 의미 있게 생각하는지, 지식의 구조 또는 인간의 자아실현을 더 가치있게 생각하는지에 따라 교과 중심, 경험 중심, 학문 중심, 인간 중심 교육과정으로 변천되었음을 알 수 있다. 각 교육과정에 담긴 교과의 의미를 살펴보면 다음과 같다(임부연, 최남정, 양혜련, 2018; 신성숙, 2017).

(1) 교과 중심 교육과정에서의 교과의 의미

교과 중심 교육과정에서 교과의 의미는 지식을 체계적으로 분류하여 유사한 내용들을 모아 묶은 것으로 국어, 영어, 수학, 과학, 음악, 미술 등의 교과목이 이에 해당 된다. 학교는 문화유산과 같이 변함없이 지속 가능한 것을 교육해야 하므로 교육 내용의 중심은 변함없이 지속될 수 있는 가치를 지닌 본질적이고 이론적인 것이어야 함을 주장하는 입장이다. 교과 중심 교육과정을 운영하는 교사는 교과의 지식을 전달하는 전달자이며 교수학습 방법은 교사 중심의 일방적, 획일적, 설명식 수업을 하게 된다.

(2) 경험 중심 교육과정에서의 교과의 의미

경험 중심 교육과정에서의 교과의 의미는 특정한 교육목적을 달성하기 위하여 학교 교육을 통해 제공되는 학습적인 경험을 생활 속 다양한 문제를 중심으로 조직한 것이다. 교과목으로는 목공, 요리, 직물 등 일상생활의 유용성과 관련된 것들이 이에 해당된다. 경험 중심 교육과정은 학습자의 현실적인 생활적응을 중요하게 생각하므로 학습자가 생활 속에서 직면하게 되는 다양한 문제상황에 대한 대처 능력 함양을 중시한다.

교육 내용은 학습자의 생활을 중심으로 흥미와 요구에 기반하여 선정하게 되고 문제해결을 위한 사고력 함양과 문제 해결법을 활용하는 수업을 한다. 나아가 학습자의 개인차를 존중하고 학습자의 요구와 필요에 따른 자발적인 학습을 중시한다. 교사는 학습자를 보조하고 지원하는 입장에서 조력자, 안내자 등 소극적 역할을 하게 된다.

(3) 학문 중심 교육과정에서의 교과의 의미

경험 중심 교육과정은 교과 내용을 선정함에 있어 학습자 생활에서의 현실적 의미를 중시하고, 교수학습에서 학습자의 흥미와 자발성을 지나치게 강조한 나머지 급속한 사회적 변화와 학문적 발달에 부응할 수 없었던 점을 비판받게 되었다. 이같은 경험 중심 교육과정의 한계를 극복하고자 학문 중심 교육과정이 발생하였으며, 학문 중심 교육과정은 교과 중심 교육과정에서처럼 지식을 중심으로 하는 전통주의적 입장으로 볼 수 있다. 그러나 학문 중심 교육과정은 교육의 효율성을 도모하기 위해 지식 자체보다는 학문의 구조를 더 중시하므로 교과의 의미는 학문에 내재된 지식을 탐구하는 과정의 조직이라 할 수 있다. 따라서 교육의 내용은 교과를 구성하고 있는 학문적 구조인 개념, 원리, 법칙, 탐구방법 등을 다루게 된다. 학문 중심 교육과정에서의 교수 학습은 나선형적 접근으로 학습자의 학문적 이해의 폭을 넓히고 심화시켜 나가며 교사에 의해 전달되는 것이 아니라 학습자 스스로 탐구과정을 경험하며 발견하는 것을 중요하게 생각한다.

(4) 인간 중심 교육과정에서의 교과의 의미

인간 중심 교육과정은 산업화로 야기된 인간성 상실과 소외를 극복하여 인간성을 회복하는 것을 목표로 하는 교육과정이다. 인간 중심 교육과정에서는 학교의 모든 인적, 물적 환경부터 인간주의적이어야 함을 강조하고 학교에서의 모든 경험을 통해 학습자의 자아실현과 전인 발달을 꾀하려는 교육과정이다. 인간 중심 교육과정에서 교육은 학습자 개인에게 만족스럽고 의미 있는 것이어야 한다. 따라서 인간 중심 교육과정에서는 표면적 교육과정뿐만 아니라 의도치 않게 나타날 수 있는 잠재적 교육과정도 의미 있게 생각한다. 이로 인해 교과 중심 교육과정에서처럼 교과의 의미를 명확하게 특정하기는 어려우나 건전한 자아개념 형성, 올바른 가치관의 발달, 바람직한 태도의 형성 등 학습자의 자아실현을 위한 모든 경험의 체계가 곧 교과의 의미이고 교육의 내용이라 할 수 있다. 교사와 학습자는 상호 인간적인 관계로 이어져 있고 교사는 학습자에 애정을 갖고 존중하며 공감할 수 있어야 한다.

2) 교과의 내용

교육의 궁극적 목적은 학습자의 전인적 성장과 발달을 추구하는 것임을 고려할 때 교육의 내용인 교과는 교사와 학습자를 연결하는 매개로써 학습자들에게 의미있고 가치 있는 내용으로 구성되어야 한다. 교과를 구성하는 내용에 기본적으로 반영된 사항은 다음과 같다.

첫째, 교과는 인류 역사를 통해 오랫동안 전해지고 축적되어 온 기술, 가치, 규범, 문화, 지식 등의 방대한 경험 가운데 가치 있다고 여겨지는 신념과 지식과 행동양식을 내용으로 한다. 이에 교과 내용으로 환경, 기후와 같은 인류문화의 보편적 요소와 함께 국가 또는 민족 고유의 특정 요소들이 강조될 수 있다.

둘째, 교과는 그 시대 사회의 요구를 반영함으로써 특정 사회에서 인정하고 지지하는 것을 내용으로 한다. 따라서 교육 내용은 시기적으로 무엇을 더 의미 있게 생각하고 필요로 하는지, 사회 구성원들에게 무엇이 더 요구되는지를 반영하게 된다. 이에 시대와 시기에 따라 학문적 지식을 더 중시하기도 하고 인성이나 태도를 더 중시하기도 하는 것이다.

셋째, 교과는 학습자의 관심 범위와 발달 수준에서 학습자에게 의미 있고 바람직한 내용이어야 하며 그것을 효과적으로 전달할 수 있어야 한다. 따라서 학문 영역 내 응집성과 학문 간 관련성이 종합적으로 제시되어야 한다.

3)교육의 의미

교육은 일반적으로 학교라는 일정 공간, 교육 기간 등의 내용이 제도화 되어 있는 틀 속에서 전문적 자질을 갖춘 교사가 특정 연령대의 학습자를 대상으로 교육할 내용을 의도적, 체계적, 계획적으로 운영하는 것이다.

그러나 교육의 대표적 기능의 하나는 특정 시대와 사회에 필요한 구성원을 길러내는 것이므로 시기와 사회적 상황, 학습자의 특성, 미래사회에 대응하기 위한 교육의 과제와 같은 다양한 변인의 영향을 받을 수 밖에 없다. 따라서 교육을 특정적으로 정의하기는 어려우나 기능적, 규범적, 조작적인 측면에서 교육에 대한 기초적 정의와 한계를 살펴봄으로써 교육의 기본을 이해하고자 한다(송선순, 공은화, 2022; 허혜경, 김혜수, 2019).

〈표 1-1〉 교육에 대한 정의

유형	입장	한계
기능적 정의 (functional definition)	교육을 수단이나 도구로 규정함으로써 교육의 기능적 가치와 결과를 중시하는 입장 예: 교육은 경제 발전의 수단	생계유지, 직업 준비, 경제 성장과 같은 교육의 외재적 가치 추구를 중시함으로써 교육의 본연적 가치 실현을 소홀히 할 수 있음
규범적 정의 (normative definition)	교육의 내재적 가치를 강조함으로써 교육 본연의 의미와 가치 실현을 중시하는 입장 예: 교육은 민주시민 양성	인격 완성, 진리 · 자아실현과 같은 내재적이며 추상적인 가치를 추구함으로써 급속히 변화하는 현실에서의 교육적 요구를 반영하는 데 어려움이 있음
조작적 정의 (operational definition)	교육의 객관성을 강조함으로써 관찰 가능한 형태를 중시하는 입장 예: 교육은 바람직한 행동으로의 계획적인 변화	교육 활동의 결과로 나타나는 객관적 현상을 중시함으로써 관찰 가능한 형태의 성과에만 의미를 둘 수 있음

4) 교과교육의 의미

교과교육은 교육과정의 기본으로 특히 국가 수준의 교육과정을 기반으로 하는 우리나라 교육체제에서 가장 핵심이다. 교과 교육론이라 하면 교과교육의 목표를 달성하기 위해 교육 내용을 어떻게 선정하고 조직하여 효과적으로 가르칠 것인가를 기술한 것이다. 따라서 교과교육은 교과별 기초개념과 지식은 물론 그에 따른 교육 방법을 모두 포함하는 의미로 교육목표를 설정하고, 목표 달성을 위한 교육 내용을 선정하여 조직하며, 효과적인 교육 방법과 자료를 마련하여 실행하고 평가하는 일련의 과정들이 상호 밀접한 관련성을 갖고 실행되는 것을 말한다. 교과교육을 다루는 교과 교육학은 각 교과마다 교육목표, 교육내용, 교수학습 방법, 교육평가가 논리적으로 정리되어 있으며 이에 대한 학습을 다루는 포괄적 학문이다. 교과 교육학의 특징을 살펴보면 다음과 같다(박화윤, 김영애, 이선원, 이희자, 안라리, 2007).

첫째, 교과 교육학은 복합적 특성을 가진다.

교과 교육학은 해당 교과와 교육과학과의 접점에서 이루어지는 학문으로 복합적 또는 이중적 성격을 지닌다. 특정 교과를 교육하는데 관련되는 교과 지식과 교육학 지식의 다양한 분야를 종합적으로 다루는 응용과학이다.

둘째, 교과 교육학은 독창적 특성을 가진다.

교과 교육학은 응용 학문이지만 일반 교육학 또는 교육방법학과 달리 교과의 핵심 내용을 탐구하고 학습방안을 모색하는 과정의 탐구라는 고유 영역을 유지하여야 한다.

셋째, 교과 교육학은 실용적이고 실천적인 특성을 가진다.

교과 교육학은 교과교육의 이론과 원리를 제시하고 있지만 동시에 실천을 전제로 하므로 교육적 실행과 수행과정에서 활용되고 적용되는 실용적이고 실천적 성격을 갖는다.

이상을 종합해 보면 교과교육은 교과별 교육의 제 분야를 다루는 응용과학으로 교과별 지식과 관련 교육학 영역의 지식을 각 교과교육을 중심으로 재구성한 것으로 이해할 수 있다.

2. 유아교과교육의 개념

유아교과교육의 개념은 교육적 실천을 위해 교과별 내용 지식과 교수학습 방법을 포함하여 다루고 있다는 점에서 교과교육의 기본 개념과 크게 다르지 않다. 그러나 발달 과정에 있는 학습자 유아는 독특하고 다양한 발달적 특징을 보이는 만큼 유아교육은 다른 교육과 비교해 볼 때 매우 다른 특성을 갖게 된다. 이에 유아교과교육의 개념은 교과교육에 대한 기본 개념에 더하여 유아교육의 특성을 반드시 반영하여 이해할 필요가 있다.

초·중등학교에서는 범주화된 지식을 체계적으로 구성한 다양한 교과서를 매개로 하는 교과 중심의 교육을 하고 있어 교과서의 내용이 곧 교육 내용이라 할 수 있다. 따라서 초·중등 교사를 양성하기 위한 대학의 교육과정 구성 내용인 교과와 초·중등 교육기관에서 운영하는 교육과정 구성 내용인 교과는 대부분 일치한다(박화윤, 김영애, 마지순, 안라리, 이희자, 조진희, 허은주, 2011). 그러나 유아들은 단일 교과를 분리하여 학습하는 것이 발달적으로 가능하지도, 적절하지도 않거니와 특히 흥미가 없거나, 발달 수준을 벗어난 것이거나, 자신이 살아가고 있는 일상과 주변 세계의 범위를 벗어난 것에는 관심을 보이지 않으므로 당연히 놀이나 활동에 대한 참여 의지도 없다.

유아는 놀이를 하며 직접 경험하는 가운데 다양한 개념을 형성해 나가는 독특한 학습자이다. 예를 들면 유아교육기관에서는 원만한 또래 관계 형성 및 유지와 관련된 사회적 기술을 사회 교과목으로 접근하여 정보를 전달하듯 유아들에게 가르치지 않고 다양한 활동과 놀이 형태로 접근하게 된다. 예를 들면 또래 관계에서의 갈등과 원만한 사회적 관계를 다루는 생활 동화를 들려주고 유아들이 이야기 속 주인공의 생각과 상황을 동일시하면서 원만한 친구 관계를 위한 사회적 기술을 이해하고 내면화하여 자신의 친구 관계에도 적용할 수 있도록 지원하는 것이다. 이와 같은 맥락으로 동물원에 다녀온 후 자기가 좋아하는 동물을 찰흙으로 빚어 보는 놀이를 하면서 동물의 생김새를 이해하게 되고, 쌓기 놀이를 위해 다양한 블록을 사용하면서 도형과 단위에 대한 개념을 자연스럽게 형성하고 이를 반영하여 구성 놀이를 할 수 있으며, 텃밭 가꾸기나 화분가꾸기 등을 통해 식물을 가꾸고 성장 과정을 지켜보면서 식물의 성장과 성장조건에 대한 이해를 갖게 되는 것이다. 유아는 사회, 수학, 과학 등 개별 교과에서 전달하는 지식을 학습하는 것이 아니라 놀이 속에, 경험 속에 통합적으로 내재된 교과의 내용을 놀이로 경험하면서 관련 지식을 알아나가고 개념을 형성해 나가는 것이다.

유아교육은 무엇보다 학습자인 유아가 학습 경험을 스스로 구성해 갈 수 있고 학습할 수 있다는 능력을 믿고 존중하며, 교육 내용은 교과 중심이 아닌 유아의 자발적 놀이, 계획적으로 제공되는 교육 활동으로서 놀이, 유아가 기관에서 지내는 일과 속에서 경험하는 모든 것을 포함하고 있다. 이에 유아교사들은 각 교과의 내용 지식과 교수학습 방법에 대해 충분한 이해를 갖고 유아들의 생활 경험과 놀이 속에 내재되어 있는 교과 지식을 유아가 이해할 수 있는 형태로 연결해 줄 수 있어야 하고, 계획된 교육 활동으로 제공된 놀이를 통해 교과 지식에 대한 이해를 확대해 나갈 수 있도록 지원해야 하는 것이다.

예비교사는 교과교육에 대한 전문적 소양을 기르기 위해 유아교사를 양성하는 직전 교육에서 언어교육, 문학교육, 수학교육, 과학교육, 음악교육, 미술교육, 동작교육, 사회교육, 건강교육, 안전교육 등 각각의 다양한 교과를 교과별로 이수하고 있고, 교육 실제를 수행하기 위해 각 교과별 지식과 교수학습 방법을 학습하며 수업 수행 능력을 기르게 된다. 그러나 유아들에게는 현재 상황과 맥락에 기반하여 통합적으로 경험하는 것이 더 의미 있으므로 유아교육기관에서는 다양한 교과를 통합한 놀이 중심, 흥미 중심의 구체적인 활동들로 교육과정을 구성하여 운영하여야 하는 것이다.

〈표 1-2〉 학교급에 따른 교과교육

학교급	교육과정	교과 및 교육 활동
유아교육	• 국가 수준의 교육과정 • 시 · 군구 교육청/교육지원청 수준의 교육과정 • 유아교육기관 수준의 교육과정 • 유아교육기관의 학급별 수준의 교육과정	• 놀이 주제 중심의 흥미 영역별 활동 • 놀이 주제 중심의 유형별 집단 활동
초 · 중등 교육	• 국가 수준의 교육과정 • 시 · 군구 교육청/교육지원청 수준의 교육과정	• 교과별 교과서의 단원별 내용

유아교과교육에서 교과는 보편적이고 공통적인 교육목표와 내용을 제시하고 있는 국가 수준의 교육과정 영역에 내재 되어 있고, 유아교육기관에서 흥미 영역과 유형별 집단활동으로 경험하는 내용 속에 개별 교과 또는 통합적 교과의 내용이 구체화되어 있다. 그러므로 유아교육에서 교과교육이란 국가 수준의 교육

과정을 기초로 지역사회와 유아교육 기관 및 학급별 상황과 실정에 따라 유아의 발달 수준, 흥미, 경험과 같은 다양한 요인들을 복합적으로 고려하여 놀이와 활동을 매개로 맞춤형으로 편성하고 운영하는 교과의 통합적 운영을 의미하는 것이다. 이처럼 유아교육 현장에서 실천되는 교과교육은 예비교사들이 직전 교육을 통해 개별 교과별로 학습한 것처럼 교과마다 분리된 형태로 실행되는 것이 아니므로 교과교육의 이해와 실천에 어려움이 있다. 그러므로 유아교사는 교과교육에 대해 융통성 있는 이해와 실천 능력이 필요하다.

〈표 1-3〉은 유아교육에서의 교과교육에 대한 이해를 돕기 위해 국가 수준의 교육과정(교육부, 2019; 보건복지부, 2020)영역별 관련 교과 및 유아교육기관에서 운영되고 있는 유형별 활동에 내재 된 교과를 연결하여 정리한 것이다.

〈표 1-3〉 국가 수준의 교육과정 및 활동 유형과 교과

국가 수준의 교육과정 영역		활동 유형		관련 교과
표준보육과정영역 (0~1, 2세)	19개정누리과정 영역 (3~5세)	흥미 영역 활동	집단 활동	
기본생활 신체운동	신체운동 · 건강	• 일상생활 수유/이유, 낮잠, 귀저기 갈이/배변 관련 활동 • 실내 대근육 영역 • 실외놀이 영역	이야기 나누기	건강교육 안전교육
		• 언어/수/과학 활동 (건강 · 안전 주제 관련) • 실외놀이	이야기 나누기 요리활동 신체활동 게임	건강교육 안전교육
의사소통	의사소통	• 언어영역 말하기, 듣기, 읽기,쓰기 관련 활동	이야기 나누기	언어교육
의사소통 예술경험	의사소통 예술경험	• 언어영역 문학 작품 감상, 이해, 표현, 짓기 관련 활동	동화 들려주기 동시 들려주기 극화활동 문학작품 이해관련 활동 이야기 짓기 관련 활동	문학교육

<table>
<tr><td>사회관계</td><td>사회관계</td><td>• 언어영역
사회교육 관련 주제의 언어활동, 문학작품
• 역할영역
가족생활, 지역사회 관련 활동</td><td>이야기 나누기</td><td>사회교육</td></tr>
<tr><td rowspan="3">예술 경험</td><td rowspan="3">예술 경험</td><td>• 미술영역
미술적 요소에 대한 미적 탐색, 미적 표현, 미적 감상 관련 활동</td><td>미술 감상하기</td><td>미술교육</td></tr>
<tr><td>• 음률 영역
음악적 요소에 대한 미적 탐색, 미적 표현, 미적 감상 관련 활동</td><td>새 노래 배우기
악기 연주하기
음악 감상하기</td><td>음악교육</td></tr>
<tr><td>• 음률 영역
신체적 표현에 대한 미적 탐색, 미적 표현, 미적 감상 관련 활동</td><td>기본 동작 활동
창의적 동작 활동
동작 감상하기</td><td>동작교육</td></tr>
<tr><td rowspan="2">자연 탐구</td><td rowspan="2">자연 탐구</td><td>• 수학 영역
수량, 위치, 방향, 모양, 분류, 길이, 무게, 비교, 규칙, 그래프 등 수학적 탐구 및 수학적 지식 관련 활동</td><td>이야기 나누기</td><td>수학교육</td></tr>
<tr><td>• 과학 영역
물체, 동 · 식물, 생명, 자연환경, 날씨, 계절 등 과학적 탐구 및 과학적 지식 관련 활동</td><td>이야기 나누기</td><td>과학교육</td></tr>
</table>

3. 교과교육의 역사

교육은 형식과 방법을 떠나 인류 유산의 지속이며 생활양식의 하나이다. 교육의 내용인 교과는 각 시대의 중요한 지식과 가치를 다루고 있어 교과의 역사적 배경을 살펴본다는 것은 시대별 교육적 상황을 살피고 현대교육의 교과를 이해하는 중요한 과정이다. 우리나라와 서양 교육사에서 시대별 주요 교과교육에 대한 관점 및 내용에 대해 살펴보면 다음과 같다(이주한, 2022; 임부연 외 2018).

1) 우리나라 교육사에서의 교과교육

우리나라 교육사에서 교과는 삼국시대, 고려시대, 조선시대, 일제강점기, 미군정시대와 현대 교육의 시기로 구분하여 볼 수 있다.

(1) 삼국시대

삼국시대는 시기적으로 고구려가 건국된 기원전 37년부터 신라가 삼국을 통일한 676년까지를 일컫는다. 이 시대는 강력한 왕권에 의한 중앙집권의 관료적인 정치체계와 엄격한 계급제도를 기반으로 하는 사회로 교육은 귀족과 지배계층에 집중되었다. 이 시기 불교와 유교가 유입되면서 불교는 국가의 사상적 통일을 이루며 불경을 통한 비형식 교육에 영향을 미쳤고, 유교 사상은 국가의 통치이념으로 학교 교육의 목적과 내용에 영향을 미쳤다. 이에 유교의 경전인 시경, 서경, 역경, 춘추, 예기의 오경과 사기, 한서, 후한서의 삼사를 교육의 기본으로 삼고 국가가 필요로 하는 관리를 양성하였다.

(2) 고려시대

고려시대는 왕건이 왕위에 오른 918년부터 1392년 조선이 건국된 시기까지 475년간의 시기이다. 후삼국을 통일한 고려는 지방호족 세력을 통제하기 위해 중앙집권적 정치체제의 안정화가 시급하고도 중요한 정치적 과제였던 만큼 유교적 통치이념을 가진 관리를 양성하고 등용하여 왕권을 강화하고자 교육제도와 과거 제도를 정비하였다.

고려시대 교육제도는 크게 관학과 사학으로 나뉘어 운영되었다. 관학은 당시 수도인 개경에 오늘날 대학과 같은 국자감과 중등교육 기관 격인 학당이 있었고, 지방에 중등교육 기관 격인 향교가 있었다. 사립 교육기관에 해당하는 사학은 12개의 사립학교를 총칭하는 십이도와 서당이 있었고 서당은 초등교육 기관 격으로 서민교육을 담당하였다.

국자감에는 고급 관리 양성 및 학문 연구를 위한 기관으로 유교 경전과 문학을 전공하는 국자학, 태학, 사문학이 있었고, 전문직 관리 양성을 위해 직업학을 교육하는 기관으로 율학, 서학, 산학의 총 6학을 두었다. 학당에서는 대학과 중용, 논어, 맹자, 주역, 서전, 시전, 춘추를 주요 교과로 하는 교육이 이루어졌다. 향교는 지방에 설립된 관학으로 지방관리의 자제와 서민자제를 교육하는 중등 교육기관이다. 향교의 교육은 국자감과 유사했으나 교관의 부족과 재정적인 어려움으로 국자감에 비해 과목 수나 교육의 질이 미치지 못하였다.

사립 교육기관인 사학의 교육목적은 유교적 인격 함양 및 과거시험 준비를 위한 것으로 교과는 9경(주역, 시경, 서경, 예기, 춘추, 주례, 효경, 논어, 맹자), 3사(사기, 한서, 후한서), 시문을 교육하였다. 서당은 사설 초등 교육기관으로 사학 및 향교 입학 준비를 위한 교육과 서민 대중 자제를 교육하기 위한 기관이다. 천자문, 소학, 계몽편을 주요 교과로 소리내어 읽기(강독), 시와 글 짓기(제술), 반복해서 쓰기(습자)를 중심으로 교육하였다.

(3) 조선시대

조선시대는 이성계가 고려를 멸하고 조선을 건국한 1392년부터 일제에게 주권을 상실한 1910년까지의 519년간을 말한다. 조선시대는 유교를 근간으로 하는 통치체제와 관료제도가 확립된 시기로 유교에 대한 연구와 보급 및 관리 양성을 목적으로 학교가 발달 되었다. 국가가 설치하여 운영하는 관학은 고등교육기관에 해당하는 성균관이 있었고, 중등 교육기관으로 한양에는 사학이 지방에는 향교가 있었으며, 사학으로 서당과 서원이 있었다.

성균관에서는 사서, 오경, 제사를 중심 교과로 다루었고, 사학에서는 경술과 문예로 구성하여 소학, 효경, 사서오경, 문공가례집, 제사, 초사, 문선 등을 교과로 다루었으며, 향교에서는 소학, 사서오경, 성리대전, 근사록, 향약, 가례를 주된 교과로 다루었다. 서당은 서민들의 주체적 교육 욕구에 따른 자연 발생적 교육기관으로 강독, 제술, 습자를 통한 문자교육과 유학 입문 교육이 이루어졌고, 양반 자제는 물론 서민 대중에게도 교육의 기회를 제공함으로써 기초적인 문해 능력의 향상과 향촌 문화 발달에 크게 기여하였다.

(4) 일제강점기

일제강점기는 강제적으로 일제에 병합된 1910년부터 1945년 광복을 맞이한 시기를 말한다. 이 시기 교육은 일제의 식민지 교육과 이에 맞서 노동야학에서 운영한 애국 계몽교육이 두 축이 되어 중심을 이루었다. 일제는 한국 민족을 황국신민화 하려는 식민지 정책의 일환으로 일본어, 일본 역사, 일본문화 교육을 통해 동화 교육을 강행하였고, 노동야학은 항일 애국을 위해 문맹 퇴치와 의식개발에 힘쓰며 시사, 조선 역사, 지리 등의 교과를 가르쳤다.

(5) 미군정 시기

미군정 시기는 일제강점기를 겪으면서 모든 국민을 대상으로 한글 교육의 필요성이 크게 대두된 시기이다. 이에 초등용, 성인용 국어 교과서가 편찬되었고 미군정청에서 공포한 우리나라 교육방침은 곧 교수요목으로 구체화 되어 초등학교와 중등학교 교육과정의 일부가 마련되었다. 이 시기 초등학교에서 주로 다룬 교과는 국어, 산수, 역사, 지리, 공민, 체조, 음악, 습자, 도화·공작, 요리·재봉, 실과 등이었고 이 중 요리와 재봉은 여학생만을 대상으로 한 교과목으로 당시 남녀에 대한 편견된 인식을 엿볼 수 있다.

(6) 현대

① 초 · 중등 학교 교육에서의 교과

대한민국 정부수립 후 우리나라는 정치, 경제, 사회, 문화 등 모든 것이 급변하였고 미국의 교육철학과 교육과정의 영향을 크게 받으면서 교과 구성 및 체계도 변화되었다. 현대 학교교육에서 교과는 학문적 교과, 정책적 교과, 예체능 교과, 실용 교과로 분류할 수 있다.

첫째, 학문적 교과

학문적 교과는 모든 과목의 기초가 되는 기초 교과 또는 필수 교과로써 시대적 변화와 상관없이 유지된 교과로 국어, 영어, 수학, 과학 등이 이에 해당한다.

둘째, 정책적 교과

정책적 교과는 사회정치적 상황에 따라 만들어지기도 하고 변화되기도 했던 교과로 윤리, 국사, 사회 등의 교과가 이에 해당한다.

셋째, 예 · 체능 교과

예 · 체능 교과는 예술과 체육을 내용으로 다루는 교과로 음악, 미술, 체육 등의 교과가 이에 해당한다.

넷째, 실용적 교과

실용적 교과는 실제 생활에서 경험하는 문제를 다루는 교과로 체험적인 학습 경험을 제공하는 교과이며 실업, 가정, 기술 등의 교과가 이에 해당한다.

②유아교육에서의 교과

유아교육은 교육 내용을 교과별로 다루는 것이 아니므로 국가 수준의 교육과정 영역을 통해 교과를 엿볼 수 있다. 1969년 최초로 제정되고 공포된 제1차 유치원 교육과정을 시작으로 유아를 위한 교육 내용과 체계에 대한 국가적 관심이 시작되었으며 현재 2019년 공포된 2019 개정 누리과정이 시행 중이다. 표준보육과정은 2007년에 제1차 표준보육과정(2007. 1. 3. 여성가족부 고시 제2007-1호)으로 시작하여 현재 제4차 표준보육과정이 시행 중이다. 표준보육과정의 영역구성은 0~1세와 2세의 경우 연령 특성을 반영하여 기본생활 영역을 구성하면서 신체운동, 의사소통, 사회관계, 예술 경험, 자연 탐구와 함께 6개 영역으로 구성되어 현재까지 동일하게 유지되고 있고, 3~5세의 경우엔 기본생활 영역이 제외되고 5세 누리과정에서 구성한 영역과 동일한 영역으로 구성되었다(김영옥, 2020). 이에 유치원 교육과정을 중심으로 교육과정 구성 영역을 살펴보고자 한다. 제1차 유치원 교육과정에서부터 19 개정 누리과정까지 국가 수준의 유치원 교육과정에 제시된 영역은 〈표 1-4〉와 같다.

〈표 1-4〉 유치원 교육과정 영역

구분	영역
제1차 유치원교육과정 (1969. 2. 19. 문교부령 제207호)	건강, 정서, 사회, 자연, 언어, 예능
제2차 유치원교육과정 (1979. 3. 1. 문교부 고시 제424호)	사회 · 정서발달 영역, 인지발달 영역, 언어발달영역, 신체발달 및 건강 영역
제3차 유치원 교육과정 (1981. 12. 31. 문교부 고시 제442호)	신체발달 영역, 정서발달 영역, 언어발달 영역, 인지발달 영역, 사회성발달 영역
제4차 유치원교육과정 (1987. 6. 30. 문교부 고시 제87-9호)	신체발달 영역, 정서발달 영역, 언어발달 영역, 인지발달 영역, 사회성발달 영역
제5차 유치원교육과정 (1992. 9. 30. 교육부 고시 1992-15호)	건강생활, 사회생활, 표현생활, 언어생활, 탐구생활
제6차 유치원교육과정 (1998. 6. 30. 교육부 고시 1998-10호)	건강생활, 사회생활, 표현생활, 언어생활, 탐구생활
2007 개정 유치원교육과정 (2007. 12. 19. 교육부 고시 제2007-153호)	건강생활, 사회생활, 표현생활, 언어생활, 탐구생활
5세 누리과정 (2011. 9. 5. 교육과학기술부 고시, 제2011-30호)	신체운동 · 건강, 의사소통, 사회관계, 예술경험, 자연탐구

2012 3~5세 연령별 누리과정 (2012. 7. 10. 교육과학기술부 고시, 제2012-16호)	신체운동 · 건강, 의사소통, 사회관계, 예술경험, 자연탐구
2019 개정 누리과정 (2019. 7 19. 교육부 고시, 제2019-189호)	신체운동 · 건강, 의사소통, 사회관계, 예술경험, 자연탐구

〈표 1-4〉의 내용을 보면 우리나라 유치원 교육과정 영역은 발달 중심 영역으로 시작하였으며 제5차 유치원 교육과정에서부터 생활 중심 영역으로 바뀌었음을 알 수 있다. 실제 유아들은 생활 중심으로 경험하고 이러한 경험들이 발달과 통합되므로 유아교육에서 교과 즉 교육 내용도 발달영역별로 통합되던 것에서 발달영역과 생활경험이 통합된 것으로 이해할 수 있다. 또한 유치원 교육과정의 각 영역과 내용 범주 및 범주별 내용에는 다양한 교과 내용이 내재 되어 있다. 유아교육에서 교과교육은 개별 교과의 의미가 아니라 주제 중심의 통합된 의미로 이해하여야 한다.

2) 서양 교육사에서의 교과 교육

서양 교육사에서 교과는 그리스·로마 시대, 중세사회, 근대사회, 20세기 교육으로 구분하여 살펴볼 수 있다.

(1) 그리스·로마 시대 교육

① 스파르타

그리스 시대 대표적인 도시 국가 중 하나인 스파르타는 정복자의 지위를 유지하기 위해 피정복민들의 반란을 무력으로 진압할 수밖에 없는 상황에 처하면서 강력한 군국주의 체제를 택하게 되었다. 스파르타의 교육은 자연스럽게 이와 같은 정치적 상황을 반영하여 신체적, 도덕적 훈련 중심의 교육을 하였고 군사기술, 복종심, 용기를 가진 시민양성을 목적으로 강제 주입식 교육과 실전 교육을 중시하였다. 아동기 교육을 위한 주요 교과는 달리기, 높이뛰기, 투창과 기초적 군사훈련 과목이 있었고 청년기에는 검술, 승마, 수영, 수렵이 추가되었다. 반면 지적인 교육은 저조하여 일상생활에 필요한 최소한의 읽기와 쓰기만을 가르쳤다.

② 아테네

아테네는 스파르타와는 대조적으로 평화적인 통합으로 세워진 도시 국가로 민주정치가 발달된 국가이다. 아테네는 스파르타와 달리 심신의 조화, 도덕적 교양, 시민적 책임을 갖춘 자유 시민 양성을 교육의 목적으로 삼았다. 7세 이후 아동들은 학교 교육을 통해 예절과 품행, 읽기와 쓰기 및 셈하기 교육을 받았고 음악학교에서는 정신 교양을, 체조학교에서는 신체 단련을 위한 교육을 받았다. 16세가 되면 성인체육관인 김나지움에 들어가 승마, 경마, 활쏘기 등 높은 수준의 신체 단련을 받았고, 18세가 되면 2년간 군사훈련을 받은 후 완전한 시민권을 획득하면서 정치활동에 참여하였다.

하지만 페르시아 전쟁 이후 민주정치가 더욱 발달하고 개인주의와 자유주의가 확산되면서 아테네의 교육은 개인의 인문적 교양을 중시하는 방향으로 많은 변화를 갖게 되었다. 이에 과거와 달리 초등교육에서는 문자와 지식 교육이 중시되었고 중등교육에서는 문법, 수사학, 변증법의 3학과 산수, 기하, 음악, 천문학의 4과로 구성된 7자유과(seven liberal arts)의 인문교양 교육이 강화되었다. 7자유과는 현대 교과의 기원으로 볼 수 있을 만큼 학교 교육의 교과로서 큰 영향을 미치고 있다.

③ 로마시대

로마 시대 초기에는 절대적 부권 책임제로 가정을 중심으로 부모의 자녀에 대한 교육이 중시되었다. 자녀 중 아들은 아버지가 책임지고 교육하였고 딸은 어머니로부터 생활교육을 받았다. 이후 포에니 전쟁을 치루면서 그리스의 영향을 받아 형식적인 학교 교육을 하는 문법학교와 수사학교가 생겼다. 문법학교에서는 그리스 문법, 로마 문법, 그리스 위인전을 주요 과목으로 가르쳤고, 정치가 양성을 목적으로 하는 수사학교에서는 주요 과목으로 웅변술을 가르쳤다.

(2) 중세사회 교육

중세는 서 로마 제국의 멸망(476년)으로부터 동 로마 제국의 멸망(1453년)에 이르는 약 1000년간의 시기를 말한다. 기독교가 중세시대의 사회, 정치, 문화 전반에서 중심 역할을 하면서 중세는 절대적 신앙체계를 기초로 하는 기독교 문화와 엄격한 위계적 신분사회인 봉건제도에 의해 유지되었다. 심미적이고 실제적인 사회 문화는 도덕적이고 금욕적인 기독교 문화로 대체되는 등 기독교적 사회체제에 적합한 사회로 변화되면서 충성과 복종을 위한 기사 교육과 신에 대한 공경과 구원을 준비하기 위한 기독교 교육이 중심을 이루었다.

이 시기 교과는 아동을 대상으로 한 성경과 교리 교육, 읽기 쓰기 셈하기 교육이 있었고, 기독교를 보호하고 유지하려는 차원에서 우수한 종교 지도자를 체계적으로 양성하기 위한 신학 교육이 있었다. 그리고 당시 종교 중심의 교육과 상충 관계에 있음에도 다른 학문에 대한 이해를 토대로 기독교를 옹호하고자 그리스 철학, 수사학, 천문학, 물리학, 역사, 문학, 과학을 교육하였다. 세속적인 교육으로는 기사 교육과 시민 교육이 있었다.

중세 대학의 교육과정은 14세기경 학사과정, 교사 자격 과정, 교사 임용 과정으로 정착되었고 문과, 신학과, 법학과, 의학과를 개설하였다. 문과에서는 7자유과를 중심으로 심리학과 철학을, 신학과에서는 명제서와 신학범론을, 법학과에서는 로마법과 현행법, 사원법, 교회법을, 의학과에서는 의학서를 교육하였다.

(3) 근대사회 교육

근대사회 교육은 르네상스기와 종교개혁기로 나누어 볼 수 있다.

① 르네상스(문예부흥기) 교육

르네상스(Renaissance)란 재생 또는 부활을 의미하는 것으로 좁은 의미로는 그리스·로마의 문학, 철학, 미술, 음악 등에서의 문예부흥을 의미하고, 넓은 의미로는 14세기에서 16세기에 걸친 인간해방운동, 사회개혁운동으로 문예뿐만 아니라 정치, 경제, 사회 전반에 걸쳐 중세의 속박으로부터 벗어나고자 했던 것을 의미

한다. 문예부흥 운동은 중세의 봉건적, 기독교적 윤리와 세습과 제도에 대한 반항으로 인간의 자유를 추구하고 비기독교적 문화를 동경하며 현세의 행복 추구를 인생 최고의 목표로 생각하는 등 인간을 중심으로 세계를 이해하려는 휴머니즘이다.

문예부흥 운동기 교육의 중심은 자연스럽게 신 중심교육에서 인문주의 교육으로 변화되었다. 인문주의 교육은 개인의 교양, 사고와 표현 및 창조적 활동에서 자유를 추구하는 개인적 인문주의 교육과 사회개혁을 중시하는 사회적 인문주의 교육으로 나뉜다. 개인적 인문주의 교육에서는 그리스, 로마의 고전문학, 라틴어, 문법, 수사학, 수학, 체육, 음악, 미술, 무용 등 인문과학, 자연과학, 체육 및 예술 분야의 다양한 교과들이 교육 내용으로 도입되어 개인주의, 자연주의가 부활하였으나 귀족적 경향을 벗어나지 못하였다. 이후 인문주의 교육은 독일, 프랑스 등 북유럽국가로 확대되면서 종교, 도덕, 사회를 강조하는 사회적 인문주의 교육을 하게 되는데 사회적 인문주의 교육은 민주주의 사상을 기반으로 빈곤하고 무지한 하류계급을 위한 교육에 관심을 갖고 사회적, 도덕적, 대중적 개혁과 진보를 추구하였다.

교육 내용은 고전과 성서 문학의 결합을 꾀하고 라틴어, 그리스어, 히브리어 등 어학교육과 도덕과 종교 교육을 중시하면서 그리스어, 라틴어, 논리, 수사, 문법, 작문, 로마법, 기하학, 신학과 변증법과 같은 교과를 다루었다.

② 종교개혁기의 교육

종교개혁은 중세 말에서 근세 초에 이르는 유럽 사회의 근대화 시기에 나타난 움직임이다. 종교개혁 시기의 교육은 교육의 대중화, 종교 교육과 세속 교육 간의 조화, 가정교육의 의미 부각 등과 같은 변화를 갖게 되었다. 이 시기는 성서를 읽고 해석하는데 필요한 읽기 쓰기 교육과 셈하기 교육처럼 현세의 생활에 필요한 기초능력 교육을 강조하였고 신체 단련과 정서 훈련을 모두 중시하였다. 교육 내용으로 복음서, 교리문답서, 기도문, 시편, 찬송가, 라틴어, 습자, 산수, 도덕, 음악, 체조, 수공 등의 교과를 운영하였으며 고등교육에서는 법학, 의학, 철학, 과학 과목을 중요한 교과로 운영하였다.

(4) 실학주의 시기 교육

문예부흥을 통해 종교 권력에서 벗어나 인간 자신의 눈으로 세계를 이해하고 현세의 삶을 향유하려는 생각의 변화는 사람들로 하여금 관념적 세계보다 실제적 세계에 더 큰 관심을 갖도록 하였고, 현실적 삶의 향상을 위해 실제적 세계를 이해하고 이용하려는 욕구가 증대되면서 자연과학의 발달로 이어졌다. 그러나 고대의 고전에서 현세적 삶의 가치를 복원하려는 목적으로 시작되었던 인문주의 교육은 고전 자체가 교육의 목적이 되었고, 종교개혁은 중세 가톨릭의 부정과 타락을 비판하고 극복하는 데 기여하였지만 종교 교육에 치중하는 결과를 초래하였다. 이 같은 인문주의와 종교개혁의 편협성을 실생활과 과학으로 비판하고 극복하려는 시도로 실학주의가 대두되면서 교육은 실용적이며 실천적인 것에 가치를 두고 인간 생활과 관련된 사물교육과 실물교육을 강조하게 되었다. 이 시기 교육 내용은 그리스어, 라틴어와 같은 고전어가 여전히 중시되었고 성서, 철학, 우주학, 역사, 지리, 수학, 자연과학, 여행, 체육 등 실생활과 관련된 다양한 백과사전식 과목들이 강조되었다.

특히 이 시기 대표적인 실학주의 학자 코메니우스(Commenius, 1592~1670)는 교육학 이론서인『대교수학』(1632)을 통해 실학주의에 입각한 교육이론을 제시하였다. 코메니우스는 교육은 신분이나 계급과 관계없이 집단적인 학교 교육을 공통적으로 제공 받을 수 있도록 보통 의무교육이 되어야 함을 주장하였다. 교수와 학습에서는 자연의 질서에 따라 간단한 것으로부터 복잡한 것으로, 알고 있는 것에서부터 새로운 내용으로 접근하는 합 자연의 원리를 따르고 아동의 자발성과 직관의 원리에 입각하여야 함을 강조하였다. 또한 효과적인 학교 교육을 위해 아동 발달의 특징과 성숙단계를 고려하여 연령별로 6년씩 4기로 학교 교육을 단계화해야 함을 주장하였고, 교육학을 체계화하면서 교육이론, 교육과정, 교육 방법에 과학적 연구 방법을 적용하면서 오늘날 근대교육학의 아버지로 칭송되고 있다.

(5) 계몽주의 시기 교육

계몽시대는 17세기 영국 명예혁명(1688년)에서부터 18세기 후반 프랑스의 시민혁명(1789년~1794년)에 이르는 100년간의 시기를 말한다. 계몽주의는 이성의 해방과 합리적인 사회건설을 위한 근본 수단으로 교육을 중시하였으므로 계몽주의는 곧 교육 운동이라 할 수 있다. 계몽주의 시기 교육 내용은 과학을 중심으로 합리적인 것만 수용하려는 입장에서 철학, 과학, 정치, 경제, 미술, 문학, 예법 등의 교과를 중시하였으며 이치에 맞지 않는 것을 배격한다는 차원에서 종교 교육을 배척하였다. 이 시기 페스탈로찌(Pestallozzi, 1746~1827)는 초등학교 교육과정에 지리, 과학, 미술, 음악 교과를 도입하여 교육과정의 근대화에 공헌하였고, 교육학을 철학적으로 성찰하던 것에서 독립된 학문 영역으로 연구하게 되는 계기를 마련하였다.

(6) 20세기 교육

20세기는 동서양을 막론하고 자유와 억압, 풍요와 빈곤, 인권과 폭력, 통합과 분열, 전통과 혁신 등 공존할 수 없는 다양한 대립적 양상이 혼재한 시대이다. 이 시기 교육은 교육 내용의 개혁, 아동 해방 운동, 개성과 개인차를 고려한 학습지도법의 발달과 지역사회와 학교를 연결하는 지역사회 학교 운동이 있었다.

신교육 운동은 제도적으로 국가주의와 귀족적 특권 주의를 일소하고 민주적 교육을 확립하고자 하였다. 그 결과 교육 내용과 방법에서 교과 중심의 주입식 교육의 권위주의와 보수주의를 배격하고 아동의 내적 동기와 자발적 활동을 지향하는 진보적 교육 운동으로 변화하였으며, 교과 중심교육은 경험과 생활 중심의 종합적 교육과정으로 전환을 이루면서 교육 내용은 원예, 농경, 사육, 목공, 금속과 같은 근대적 직업 기술 교육을 위한 교과로 확대되었다.

이 시기 대표적인 학자인 듀이(Dewey, 1859~1952)는 진보주의교육을 제창하였다. 진보주의교육이란 실용주의 사상을 근간으로 이상적이고 기계적인 교육을 비판하면서 교육은 이상과 관념을 추구하는 것이 아니라 실생활 그 자체여야 함을 강조하였다. 그러나 1957년 소비에트 연방공화국에서 스푸트니크 1호라는 인공위성 발사를 성공시켰고, 미국의 과학과 교육 분야가 큰 타격을 받는 스푸트니크 쇼크(sputnik shock)가 발생하였다. 이는 지나친 진보주의 교육에서 강조한 생활 중심적. 경험 중심적인 교육을 비판하고 학문 중심, 교과 중심의 교육으로 전환하는 계기가 되었다.

그러나 1970년대 이르러 학문 중심주의 교육과정은 교육의 대중화와 과학화로 교육이 비인간화 되어가는 문제로 가치관의 혼란을 겪으며 회의를 갖게 되었다. 이로 인해 인간중심 관점에서 교육을 생각하게 되었고 이후 사회재건을 위한 교육과정, 인지 중심의 교육과정 등 시대 사회의 요구와 목적에 따라 다양한 교육과정이 출현하게 되었다.

CHAPTER 02

유아교과교육과 교수학습

1. 교수학습의 개념

교수학습이란 '가르침'과 '배움'이라는 두 개의 개념을 내포한 용어로 교육에서 가장 중요한 과정인 가르치고 배워 익힘을 의미한다. 교수(teaching)는 학습자의 학습을 위해 설정한 교육목적과 목표에 따라 교사가 의도적으로 조직하고 계획한 활동이다. 즉 교사가 학습이 일어날 수 있도록 도움을 주려는 목적으로 의도적으로 계획한 교육적인 활동으로 넓게는 교육과정을 좁게는 수업을 계획하고 실행하고 평가하는 일련의 과정을 말한다. 학습(learning)이란 의미 있는 경험의 결과로 개인의 지식과 기술과 태도가 긍정적인 방향으로 지속적으로 변화하고 누적되면서 학습자의 생활에 활용하고 적용하는 과정을 말한다. 교수학습이란 교과가 목표로 하는 내용을 가장 효과적으로 달성하기 위해 의도적으로 노력하는 것으로 교과는 교수와 학습을 위한 내용이며 교수학습은 교육 방법이라 할 수 있다.

유아를 대상으로 하는 교수학습에서 주목해야 할 것은 교사가 계획을 갖고 지원한 교육 활동뿐만 아니라 유아들의 일상에서 일어나는 상황을 교육적 상황으로 전환하여 활용하는 것을 중요하게 생각해야 한다는 것이다. 유아교육 기관에서 유아의 일상은 의미있는 교육내용이 될 수 있고, 자연스러운 상황에서 최적의 교수학습이 일어날 수 있기 때문이다.

예를 들어 남은 간식을 더 먹고 싶어하는 친구들과 공평하게 나누어 먹어야 하는 상황이라던가, 딱지치기 놀이를 하기 위해 갖고 있는 딱지를 골고루 나누어 가져야 하는 상황이 발생하였다고 가정할 때 교사가 주도적으로 공평하게 간식을 나누고 딱지를 나누어 주면서 문제를 해결해 주는 것이 아니라 유아들이 간식과 딱지라는 구체적인 실물을 갖고 나누기라는 방법으로 문제를 해결할 수 있도록 지원함으로써 유아는 자연스러운 상황에서 의미 있는 나누기를 경험하고 학습하는 기회를 갖게 되는 것이다. 유아교육 기관에서는 이처럼 교육적 상황으로 전환할 수 있는 의미 있는 일상이 매우 흔하게 일어나고 있어 교사는 이를 놓치지 않고 의미 있는 교수 상황과 학습 경험으로 활용할 수 있어야 한다.

2. 유아 발달과 교수학습

교수학습은 학습자의 발달과 특성에 대한 이해 및 학습을 이해하는 관점에 따라 접근방법이 다양해지므로 교수자가 갖고 있는 아동관이나 교육적 신념은 교수학습 과정 전반에 큰 영향을 미치게 된다. 교사가 특정 철학적, 심리학적 관점을 갖는다는 것은 학습자로서 유아를 어떤 존재로 이해할 것이며, 유아의 발달과 학습은 어떻게 이해할 것인가에 대한 토대로써 교수학습에 대한 이해와 방법도 결정짓게 되는 것이다. 대표적인 교육 신념으로 성숙주의, 행동주의, 상호작용주의 이론을 살펴봄으로써 교수학습에 대한 시사점을 알아보고자 한다(이기숙, 2013; 이선애, 정현숙, 송경섭, 김지혜, 유은석, 2016; 이영자, 이기숙, 이정욱, 2022: 염지숙, 김혜선, 김희태, 김경희 이명순, 서동미, 2017)

1) 성숙주의(maturationalism)

성숙주의는 개체마다 생득적으로 갖고 태어난 내적 발달프로그램에 의해 인간의 발달이 이루어진다고 주장하는 입장이다. 성숙주의에서 발달은 곧 유전자에 의해 안내되는 보편적 발달 패턴에 따라 개체의 내부 구조가 전개(unfolding)된 결과로 보고 있다.

성숙주의의 대표적 학자는 홀(Stanly Hall, 1844~1924)과 게젤(Arnold Gesell, 1880~1961)이 있다. 홀에 의하면 발달은 유전에 기초하므로 인간이 태어나 어떻게 발달해 가는가는 유전적 기질에 의해 결정되는 것임을 주장하였다. 게젤은 인간의 발달은 유전자에 의해 결정된 방향으로 성숙해 가는 것이므로 외부 환경이나 경험보다는 내적인 힘(inner power)에 의해 예정된 순서에 따라 개화(sequential unfolding)되는 것이라고 하였다. 게젤은 아동 발달을 체계적이고 과학적으로 연구하면서 연령별 특성을 규정하여 표준행동목록이라는 규준을 만들었고 이는 오늘날까지 아동의 발달을 기대하고 예측하는 중요한 기본 정보로 활용되고 있다.

성숙주의 이론에서 볼 때 학습 시기는 내재적으로 준비를 갖춘 시기가 가장 적절한 시기이다. 학습 경험은 표준행동목록에 제시된 것과 같이 연령에 따라 보편적으로 기대할 수 있는 발달 양상이 있으므로 교사는 이에 대한 학습자의 준비도를 세밀하게 관찰하여 발달 단계를 벗어나지 않는 것으로 구성하여 제공해 주어야 한다. 또한 인간 발달의 모든 영역(신체운동, 언어, 인지 정서, 사회성)이 성숙에 영향을 받는 만큼 개인이 생득한 유전형질의 차이는 발달의 속도와 결과에 영향을 미치게 되므로 개인차가 발생하는 것으로 보고 있다. 성숙주의적 신념을 갖고 있는 교사는 학습자를 관찰하여 준비도를 살피고 준비도에 따른 학습 경험과 환경을 제공하고 안내하는 등 유아의 자연적 성장을 기다려 주고 도와주는 정도의 소극적인 역할이 요구된다. 교사가 학습자의 성숙 범위를 벗어나 의도적으로 개입한다고 하여 성숙을 촉진할 수는 없다고 보기 때문이다.

〈표 2-1〉 성숙주의 이론의 주요 개념

주요 개념	내 용
발달의 보편성	• 인간의 발달은 타고난 유전자에 내재되어 있는 발달궤도를 따라 이루어진다. • 특정 시기에 나타나는 특정 행동이나 특성은 종족이나 문화권을 초월하여 보편적으로 나타난다. • 특별한 문제가 없는 한 모든 사람에게 예외 없이 드러난다.
준비도	• 발달의 내적 기제가 전개되기 위해서는 먼저 개체 내부의 내적 상태가 준비되어야 한다. • 내적 상태가 준비도를 갖추었다는 것은 발달을 위한 최적의 시간으로 최상의 상태에서 최대한의 발달이 일어날 수 있다는 것이다.
준비도에 적합한 환경	• 성숙주의 관점에서 발달은 준비된 내적 발달 기제가 전개되는 것이긴 하나 성장 발달을 도와줄 수 있는 외부 환경도 필요하다고 본다. • 그러나 환경이 발달에 영향을 미치고 발달을 이끄는 절대적 요인은 아니며 개체의 준비도에 부합하는 적절한 학습 경험을 제공함으로써 준비된 내적 기제와 외부 환경 조건의 적절한 조화가 필요한 것이다.

2) 행동주의

행동주의는 외적 환경에서 주어지는 자극과 반응에 의한 학습으로 인간의 행동이 변화되고, 행동의 변화가 축적되어 가는 것이 곧 인간의 성장과 발달이라고 주장하는 입장이다.

로크(John Locke, 1632~1704)는 성숙주의에서 주장하는 생득설과 달리 인간은 백지상태로 태어나며 모든 발달은 성장 과정에서 경험한 것에 의해 이루어진다는 백지설을 주장하였다. 스키너(Burrhus Frederic Skinner, 1904~1990)는 특정 행동의 변화를 위해 조작적으로 환경을 조건화하여 제공하면 변화를 촉진시켜 행동 변화의 가능성을 높일 수 있고, 이 과정에서 교사는 정적 또는 부적 강화로 행동 변화를 통제할 수 있다고 보았다.

행동주의는 발달에 있어 개체를 매우 수동적인 존재로 생각하는 반면 경험은 전적으로 발달과 학습을 이끄는 매우 의미 있고 중요한 요인으로 보고 있다.

적절한 학습 시기는 교사가 학습자에게 무엇인가를 가르칠 필요가 있다고 판단한 바로 그때라고 본다. 이는 지식을 단순화, 위계화, 순서화하여 난이도가 낮은 것으로부터 순서에 따라 적절한 경험으로 재구성하고 반복적으로 학습시키면 가르치지 못할 것이 없고, 학습 과정에서 정적, 부적인 강화기제로 학습자를 통제함으로써 교사가 의도한 바람직한 방향으로 발달시킬 수 있다고 보기 때문이다. 이에 행동주의 신념을 가진 교사는 매우 적극적으로 지식을 전달하고 강화기제를 사용하는 역할을 하게 된다.

〈표 2-2〉 행동주의 이론의 주요 개념

주요 개념	내용
조건화	• 주어진 조건에 대해 반응이 형성된 것이다 • 조건이 형성되었다는 것은 곧 목표로 하는 학습이고, 행동의 변화이며 행동의 출현이다.
강화	• 강화는 행동 형성에 영향을 미치는 자극이다. • 목표로 하는 학습을 위해 사용하는 강화의 형태는 정적 강화와 부적 강화가 있다. • 정적 강화는 주어진 조건에 따라 나타난 목표 반응으로써 특정 행동을 격려하고 유지하기 위한 긍정적인 자극이다. • 부적 강화는 주어진 조건에 따라 나타난 반응이 기대에 어긋나거나 바람직하지 않을 경우 그것을 소멸시키기 위한 부정적인 자극이다.
단순화	• 가르쳐야 할 지식을 분류하고 위계를 따져 가장 단순한 것으로 부터 난이도에 따라 순서를 정하여 하나씩 학습할 수 있도록 하는 것이다.

3) 상호작용주의(구성주의)

상호작용주의는 구성주의로 불리기도 한다. 상호작용주의는 인간의 발달을 유전 요인과 환경요인 간의 상호작용 결과로 보는 입장으로 개체의 내적 구조변화에 따른 능동적이고 적극적인 활동의 결과로 이루어지는 것으로 본다(이기숙, 2013). 상호작용주의에서는 유전자와 환경 모두 인간 발달에 큰 영향을 미치는 중요한 요인으로 생각하지만, 성숙주의나 행동주의에서의 주장처럼 성숙 또는 환경요인이 전적으로 인간의 발달을 주도한다고 생각하지 않는다. 상호작용주의에서 주장하는 발달의 두 축은 유전 요인에 의한 성숙과 환경요인에 의한 경험이지만 발달은 둘 간의 상호작용이 이끈다는 것이다. 유전 요인을 가진 개체로서 유아는 통합적이며 능동적인 학습자로 주변의 물리적 환경, 또래, 성인들과의 다양한 상호작용을 통해 지식을 구성하면서 발달해 나가는 것이다.

상호작용주의는 피아제(Piajet)의 인지 발달적 상호작용이론과 비고스키(Vygotsky)의 사회적 상호작용 이론으로 대표된다. 피아제의 인지 발달적 상호작용 이론에 의하면 유아는 주변 세계와 주도적이고 구체적인 상호작용을 통해 발달하는데 이때 성숙요인은 학습의 틀이 되어 유아가 상호작용을 통해 주변 사람과 사물을 경험하는 것으로 보았다. 유아의 경험은 내부 인지구조와 상호작용을 하게 되는데 그 과정에서 주어진 과제에 따라 동화 또는 조절이라는 기제를 활용하여 인지적 평형화를 꾀하며 발달을 이룬다는 것이다.

피아제와 비고스키는 발달을 개체와 환경과의 상호작용 결과로 보고 학습자를 능동적인 존재로 생각한다는 점에서는 동일한 주장을 하였으나 피아제는 개인적 구성주의이고 비고스키는 사회적 구성주의라는 점에서 차이를 보인다. 즉 피아제는 개별적인 인지구조 작용으로 지식을 구성해 가는 것임을 주장한 반면, 비고스키는 개별적 인지구조의 작용을 인정하지만 사회문화적 맥락을 더 중요하게 생각한다. 비고스키는 개인적 경험을 통해 구성한 개인 지식은 구성원들과의 관계 속에서 상황과 맥락에 따라 사회공동체로부터 타당성을 인정받아야 함을 중요하게 생각하며, 사회적 협력과 상호작용을 통한 맥락적 지식 형성을 위해 사회공동체와 분리될 수 없음을 강조하고 있다.

상호작용주의에서 생각하는 적절한 학습 경험의 시기는 유아의 내재적 성숙수준과 경험의 친숙도를 고려하여 적절성을 판단하여야 하며 적절한 학습 경험은 다양하고도 활발한 상호작용이 일어날 수 있는 것이어야 한다. 상호작용주의 입장에서 개인차는 개인의 유전적 요인, 경험의 질, 경험의 폭이 다르기 때문에 그 차이로 인해 발생하는 것으로 본다. 교사는 학습자인 유아들을 관찰하여 발달적으로 적합한 환경과 경험을 제공하고 효율적인 상호작용을 위해 상황과 맥락에 맞게 지시적(지시하기, 시범보이기, 협력하기) 또는 중재적(촉진하기, 지원하기, 함께 구성하기) 또는 소극적(인정하기, 모델보이기, 촉진하기)형태의 상호작용을 적절히 제공할 수 있어야 한다(Bredekamp & Rosergrant, 1992).

피아제와 비고스키가 제시한 지식 구성에 대한 핵심 개념을 살펴보면 다음과 같다.

〈표 2-3〉 피아제와 비고스키의 핵심 개념

구 분	핵심 개념	내 용
피아제	도식(scheme)	도식은 사물이나 사건에 대한 사고의 틀로 개념 또는 카테고리로 이해할 수 있다.
	동화(assimilation)	동화는 새로운 자극이나 사건에 대한 경험을 이해함에 있어 이미 갖고 있는 도식에 통합하는 인지과정이다.
	조절(accomodation)	조절은 새로운 자극이나 사건에 대한 경험을 이해함에 있어 이미 갖고 있는 도식에 통합하는 것이 적절하지 않을 때 기존의 인지구조를 수정 보완하거나 새로운 도식을 형성하게 되는 인지과정이다.
	인지적 평형화 (cognative equilibrium)	새로운 자극과 경험으로 인해 인지적 불균형이 초래되면 동화와 조절 기제를 사용하여 인지적 불균형을 평형화시켜 안정화를 추구하게 된다.
비고스키	근접발달지대 (zone of proximal development)	유아가 스스로 문제를 해결할 수 있는 실제적 수준과 능력 있는 또래 및 성인의 안내와 협동으로 문제를 해결 할 수 있는 좀 더 높은 수준의 잠재적 발달 수준 사이의 거리를 말한다.
	비계(scaffolding)설정	유아가 근접발달지대 안에서 다른 사람의 도움을 받아 문제를 해결할 때 상황에 따라 필요한 만큼 도움을 주기 위해 도움의 양을 조절하는 것을 말한다.

이상 성숙주의, 행동주의, 상호작용주의 이론에서 주장하는 인간의 발달과 교수학습에 대한 시사점을 살펴보았다. 〈표 2-4〉는 주요 개념을 중심으로 교육 신념에 따른 내용을 비교하며 이해할 수 있도록 종합적으로 정리한 것이다.

〈표 2-4〉 **교육 신념에 따른 주요 개념**

주요 개념	교육신념	내용
발달관	성숙주의	유전자에 의한 발달 패턴에 따른 개체 내부 구조의 전개결과 생리학적 성숙의 결과
	행동주의	학습이 축적된 결과 일련의 행동반응과 행동반응을 유도하는 자극과 행동반응을 지속시켜주는 강화의 점진적 조합
	상호작용주의	유전 요인과 환경적 요인 간의 상호작용의 결과
학습자로서 유아	성숙주의	능동적 학습자 발달과정에서 내부 기제가 준비도를 갖추었을 때 스스로 흥미와 호기심을 보이면서 환경과의 조화를 통해 발달해 가는 존재
	행동주의	수동적 학습자 발달과정에서 스스로 조절하거나 변화시키기 위해 경험을 선택하고 주도할 능력이 없으며 외부에서 주어진 것을 따라가는 존재
	상호작용주의	능동적 · 적극적 학습자 발달과정에서 개체 내부의 상황이 준비되기를 기다리기보다 관심과 호기심을 갖고 적극적으로 환경과 상호작용하면서 지식을 쌓고 발달해 가는 존재로 주어진 자극을 그대로 받아들이는 것이 아니라 이미 갖고 있는 지식과 경험에 기반하여 재구성하고 만들어가는 존재
지식의 원천	성숙주의	개체 내부(유전자)
	행동주의	개체 외부(환경)
	상호작용주의	개체 내부 구조의 성숙도와 환경에서의 경험을 기반으로 한 상호작용에 의한 구성 유전 요인에 의해 성숙하는 개체와 환경에서 제공되는 경험을 축으로 개체와 환경과의 상호작용을 통한 발달적 과제의 수행

주요 개념	교육신념	내용
경험과 학습 및 발달과의 관계	성숙주의	경험은 학습과 발달에 큰 영향을 미치지 않지만 적절한 시기에 적절한 경험은 학습과 발달에 도움을 주는 요인
	행동주의	경험은 학습과 발달에 절대적이며 매우 의미 있고 중요한 요인
	상호작용주의	경험은 준비된 환경, 또래, 성인과의 상호작용으로 구성된 것으로 학습과 발달을 이끄는 중요한 요인
학습 시기	성숙주의	내재적으로 준비되었을 때 학습이 가장 잘 이루어지므로 이때가 학습을 위한 가장 적절한 시기임
	행동주의	적절한 경험을 단순화하여 단계적으로 반복하여 학습시키므로 학습 내용 자체의 난이도는 크게 문제 되지 않으므로 가르치고자 하는 것이 발생하면 그때가 곧 학습해야 할 시기임
	상호작용주의	유아의 내재적인 발달 수준과 경험적 친숙도를 고려하여 적절한 학습 시기를 잡아야 함
학습경험의 구성	성숙주의	연령에 따라 보편적으로 기대할 수 있는 준비도를 갖춘 활동으로 구성함
	행동주의	학습 초기일수록 지식을 단순화하고 체계적으로 구성함
	상호작용주의	학습자의 발달적 수준을 고려하여 동화, 조절, 비계설정 등이 활발하게 일어날 수 있는 수준으로 구성함
개인차	성숙주의	개체마다 갖고 있는 유전형질의 차이로 발생함
	행동주의	특정 자극을 받고 일어난 행동반응에 대해 적절한 강화를 받지 못한 것으로 야기됨
	상호작용주의	개인의 유전적 요인과 경험의 질, 경험의 폭에 의해 발생함
교사의 역할	성숙주의	소극적 관찰, 환경제공, 안내
	행동주의	적극적, 능동적 지식 전달, 지시, 강화기제 사용
	상호작용주의	상황에 따라 적극적이기도 하고 소극적이기도 함 환경 및 경험의 제공, 관찰 상황에 따른 적절한 상호작용 (인정/모델링/촉진/지원/비계설정/함께하기/시범/지시)

3. 유아교과교육을 위한 교수학습

유아는 자신의 흥미와 필요와 능력에 따라 무엇을 할 것인지를 선택하고 주도적으로 참여함으로써 학습과 발달을 이루어 나간다. 유아교육은 이에 대한 믿음을 기초로 유아를 교수학습의 중심에 두는 것을 원칙으로 하고 있다. 유아가 주도적으로 이끌어 가는 유아 중심의 교수학습 방법은 유아가 직접 경험하며 탐구하고 발견하는 과정에서 개념을 형성해 나가는 개별학습과 탐구학습, 또래와의 협동학습이나 토의학습이 활발하게 진행될 수 있다. 그러나 교사 중심의 교수학습 방법을 무조건 배제해야 하는 것은 아니다. 특히 안전이나 사회적 지식과 같이 어떤 사실을 그대로 전달해야 하는 것을 교육 내용을 다루는 교수학습에서는 교사가 중심이 되기도 한다. 유아교과교육을 위한 교수학습 방법은 교육의 내용과 상황에 따라 유아가 더 주도적이거나 교사가 더 주도적일 수 있다는 것이다.

놀이 중심 교육과정 운영에서 교사 주도적인 교사 중심의 교수학습 방법이란 교사가 주체가 되어 전달식으로 학습시키고 유아는 수동적으로 학습하는 것으로 이해하기보다 유아를 중심에 두고 교사가 제안하거나 교사가 안내한 경우로 이해하는 것이 더 적절하다 하겠다. 다만 교사가 제안하고 안내한 놀이나 활동에서도 놀이 및 활동과정에서는 반드시 학습자인 유아가 능동적으로 참여할 수 있도록 유의하여야 한다.

교육 내용의 선정, 교육내용의 조직, 교수학습방법은 교육적 효율성에 매우 중요한 요인이다. 발달적으로 적합한 교과교육을 효율적으로 운영하려면 교사는 기본적으로 이에 대한 기본 원리를 이해할 필요가 있다(교육부, 2019; 보건복지부, 2020; 김정원, 김유정, 2020)

1) 유아교과교육의 내용 선정의 원리

교육 내용은 기본적으로 학습자 생활에서의 유용성과 학문적 지식을 기준으로 선정하고 있다. 생활의 유용성 기준이란 교육 내용이 학습자가 실제 생활을 영위하고 문제를 해결하는 과정에서 얼마나 유용하게 적용하고 활용할 수 있는 지식인가를 중시하는 것이고, 학문적 지식 기준이란 학문적 지식에 내재된 개념이나 원리와 같은 지식의 가치를 중요한 기준으로 생각하는 것이다. 이들 기준은 서로 상반된 내용이지만 실제 교과교육을 위한 내용을 선정함에 있어 통합적으로 적용할 수 있을 것이다(박찬옥, 서동미, 곽현주, 2021).

유아교과교육을 위한 내용은 결국 학습자의 흥미와 필요, 사회적 요구 등이 반영된 교육적 가치가 있는 학습 경험이어야 하며 유아들에게 의미 있는 학습 경험이 될 수 있는 교육 내용 선정을 위해 구체적으로 고려해야 할 원리는 다음과 같다(추정훈, 2011).

〈표 2-5〉 **교육 내용 선정을 위한 원리**

원리	내용
중요성의 원리	교육 내용은 발달과정에 있는 학습자가 발달과 학습을 위해 경험할 만한 중요한 가치가 있는 내용이어야 한다.
학습 가능성의 원리	교육 내용을 통해 달성하고자 하는 교육목표는 학습자의 학습 능력 범위 내에 있는 발달적 수준에 적합한 내용이어야 한다.
기회의 원리	교육 내용은 학습자가 학습 목표 달성을 위해 가능한 실제적이고 직접적으로 경험할 기회를 가질 수 있는 내용이어야 한다.
흥미의 원리	교육 내용은 학습 경험에서 사용하게 되는 구체적 자료가 학습자의 흥미를 유발할 수 있는 것이어야 한다.
만족의 원리	교육 내용은 학습 경험 과정에서 학습자가 만족감과 성취감을 느낄 수 있는 것이어야 한다.
타당성의 원리	교육 내용은 교육목표에 부합하는 것이어야 한다.
유용성의 원리	교육 내용은 학습자가 자신의 생활에 적용하고 활용할 수 있는 유용한 것이어야 한다.

원 리	내 용
다 경험의 원리	교육 내용은 동일한 목표 달성을 위해 다양한 유형의 학습 경험이 가능한 것이어야 한다.
확실성의 원리	교육 내용은 오류가 없는 확실한 내용으로 신뢰할 수 있어야 한다.
연계성의 원리	교육 내용은 유사 범주 내에서 상호 모순 없이 일관성을 갖고 연계되어야 한다.
균형성의 원리	교육 내용은 연령, 성, 인종, 종교, 장애, 직업에 따른 특정 집단에 이익을 주거나 편견을 갖지 않는 것이어야 한다.

2) 유아교과교육의 내용 조직

선정된 교육 내용은 교육 현장에서 실행될 수 있는 형태로 조직하게 되므로 교사는 교과교육의 내용 조직을 위해 어떤 놀이 속에 어떤 내용들을 다루어야 하는지 숙고하여야 한다. 교육 내용 조직에서 고려해야 할 기본 원리는 다음과 같다(가영희, 성낙돈, 김수현, 장청옥, 2011; 박찬옥 외, 2021).

〈표 2-6〉 **교육 내용 조직의 원리**

원리	내용
계속성의 원리	교과 내용 중 중요한 원리와 개념과 기술들은 충분히 익숙해질 때까지 동일한 수준에서 반복적으로 학습할 수 있도록 조직한다. 학습은 한 번의 경험만으로 되는 것이 아니라 동일한 교육 내용을 동일한 수준에서 지속적으로 반복 경험하는 가운데 점진적으로 이루어 나가게 된다.
계열성의 원리	교육 내용의 조직은 학습 내용이 단계적으로 심화되고 확대될 수 있도록 수직적으로 조직한다. 단순한 것에서 복잡한 것으로, 전체에서 부분으로, 친숙한 것에서 친숙하지 않은 것으로, 구체적인 것에서 추상적인 것으로의 계열성을 고려함으로써 학습자는 난이도 수준이 낮은 것에서 높은 것으로의 계열성을 경험하며 지식의 깊이와 넓이를 확대해 나갈 수 있다.

원리	내용
통합성의 원리	학습 경험을 통해 학습한 내용을 통합적으로 이해하고 자신의 생활 및 주변 세계와 관련 짓고 통합하는 수평적인 조직 원리이다. 즉 유아의 흥미와 교육 내용을 통합한다거나, 이전의 학습을 현재의 학습 경험과 통합한다거나, 각 교과를 교육과정이나 놀이 속에 통합한다거나, 유아의 학습 경험을 생활과 통합하는 것들이다.
균형의 원리	교육 내용은 우열의 차이는 있을 수 있으나 내재된 고유한 가치를 존중하여야 하므로 교육 내용의 중요도로 인해 편중되지 않도록 균형 있게 조직하여야 한다.
효율성의 원리	교육 내용 실행을 위한 시간과 공간의 구성은 교수학습의 효율성을 최대한 높일 수 있는 조건으로 조직하여야 한다.

3)유아교과교육을 위한 교수학습 방법의 원리

유아교과교육을 위한 교수학습 방법은 유아 시기의 발달적 수준과 특성을 고려하여야 하므로 교사는 다음과 같은 교수학습 방법의 기본 원리를 살펴야 한다(이영자 외, 2022)

(1) 생활 중심의 원리

감각적이고 구체적으로 사고하는 유아들은 시간적, 공간적으로 본인을 중심으로 가까운 주변에서 만날 수 있고 경험할 수 있는 것을 가장 의미 있게 받아들인다. 이는 유아를 위한 학습 경험은 학습자인 유아들의 생활반경 안에서 구체적이고 직접적인 경험으로 이루어져야 함을 의미하는 것이다. 학습 경험이 유아들의 생활과 관련된 것일 때 유아들은 학습 과정에 더욱 즐겁게 몰입하고 경험할 수 있으므로 의미 있고 효율적인 학습이 될 수 있다.

(2) 발달적 적합성 및 개별화의 원리

유아를 위한 교과교육은 발달적으로 적절한 교육과정을 구성하고 발달적으로 적합한 활동을 제공하는 것이다. 발달적 적합성이라는 것은 일차적으로 개별 학급 구성원의 보편적 연령 발달에 적합한 환경을 구성하고 활동자료를 제공하는 것을 의미한다. 그러나 혼합 학급은 물론 단일 연령 학급에서도 유아의 성숙도, 경험의 정도, 학습 능력 등에서 개인차가 다양하게 나타나고 현재의 관심과 흥미도 다를 수 있다는 점에서 개인차를 고려한 개별화된 구체적인 활동과 경험도 함께 제공할 필요가 있다.

(3) 흥미 중심의 원리

교과교육 활동에서 흥미는 유아들로 하여금 적극적이며 지속적으로 참여하고 경험할 수 있도록 하는 핵심적 요인이다. 유아는 흥미로운 것에 주의를 집중하며 적극적이고 지속적으로 참여하게 된다. 그러므로 학급 유아들의 연령 및 개별적 발달 수준에 적합하며 지금, 여기(here and now)라는 현재 상황에서 유아들이 흥미와 관심을 보이는 것이 무엇인가를 세밀하게 관찰하여 파악하는 것이 유아를 위한 교수학습의 기본이 되어야 한다.

(4) 놀이 중심의 원리

놀이는 학습자인 유아에게 생활이고 학습이다. 유아들은 놀이하는 가운데 다른 사람과 사회적 관계를 형성하고, 자신의 주변 사람과 사물 및 자연에 대해 호기심을 갖고 탐색, 탐구하면서 지식과 기술과 태도를 형성해 나간다. 놀이는 개별 유아들의 흥미와 관심에서 출발하는 만큼 그 무엇보다 내적 동기유발에 의한 자발적이고 자기주도적인 경험을 하게 되고 이러한 경험은 가장 효과적인 학습이 된다. 그러므로 놀이는 유아들에게 가장 적합한 형태의 교수 및 학습 방법이라 할 수 있다.

(5) 통합의 원리

유아교육에서 교과교육은 통합된 경험이어야 한다. 통합된 경험이란 유아들이 관심을 갖고 있는 주제를 중심으로 제공된 다양한 흥미 영역 활동들의 통합이고, 유아들의 이전 경험과 현재 경험 간의 통합이며, 학습한 결과를 적용하고 활용하게 되는 유아 생활과의 통합을 말한다. 이 같은 통합적 경험은 궁극적으로 유아들의 신체발달, 언어발달, 인지발달, 정서발달, 사회성 발달을 도모하여 전인 발달을 이루게 되는 것이다.

(6) 균형의 원리

유아교육기관에서 제공되는 교과교육은 하루 일과 속에서 유아들의 활동성을 고려하여 다양한 활동들이 균형적으로 운영되어야 한다. 정적 활동과 동적 활동, 실내활동과 실외활동, 개별활동과 집단 활동들 간의 균형을 고려함으로써 유아들의 신체적, 정서적 요구 및 활동성을 반영할 수 있어야 한다.

(7) 상호작용의 원리

유아는 학습에 있어 능동적인 존재로 준비된 환경, 또래, 교사와 다양한 유형의 상호작용을 통해 자신의 삶에 필요한 지식과 기술과 태도를 학습해 나간다. 양질의 환경에서 이루어지는 활발하고도 긍정적인 상호작용은 유아들의 발달을 이끌 수 있는 원동력이다.

CHAPTER 03

유아교과교육과 국가 수준의 교육과정

유아교육 기관에서 교육과정을 구성하고 운영함에 있어 가장 기초가 되는 것은 국가 수준의 교육과정으로 국가 수준의 교육과정 구성 방향과 운영 내용은 유아교육 기관에서 실천해야 할 교육의 방향과 내용에 대한 기준이다. 특히 국가 수준의 교육과정 영역별로 제시된 보편적이고 공통적인 교육목표와 교육 내용은 다양한 교과가 내재되어 있어 유아교육에서 교과 교육에 대한 기본을 이해하는 데에도 도움이 된다.

유아교육을 위한 국가 수준의 교육과정은 누리과정과 표준보육과정이 있으며 현재 2019 개정 누리과정(2019년 7월 24일 고시, 2020년 3월 1일 시행)과 제4차 어린이집 표준보육과정(2020년 4월 9일 고시, 2020년 9월 1일 시행)이 시행 중에 있다. 누리과정은 유치원과 어린이집에 재원하는 3세부터 5세 유아를 위한 국가 수준의 공통 교육과정이고 표준보육과정은 어린이집에 재원 중인 0세부터 5세 영유아를 위한 보육과정이다.

0~1세, 2세를 위한 목표와 내용은 제4차 어린이집 표준보육과정 중 0~1세 보육과정과 2세 보육과정을 통해 알아볼 것이며 3~5세를 위한 목표와 내용은 공통 교육과정인 2019 개정 누리과정을 통해 살펴볼 것이다(교육부, 2019; 보건복지부, 2020). 이를 위해 국가 수준의 교육과정을 각각 먼저 제시하고 이후 연령별 차이에 대한 이해를 돕고자 각 교육과정 영역을 기준으로 0~1세 보육과정, 2세 보육

과정, 3~5세 누리과정에 제시된 목표와 내용 범주의 내용을 정리하여 제시하고자 한다.

3~5세 공통 교육과정인 2019 개정 누리과정을 먼저 제시하면 다음과 같다.

1. 2019 개정 누리과정에 대한 이해

누리과정의 성격

누리과정은 3~5세 유아를 위한 국가 수준의 공통 교육과정이다.

가. 국가 수준의 공통성과 지역, 기관 및 개인 수준의 다양성을 동시에 추구한다.
나. 유아의 전인적 발달과 행복을 추구한다.
다. 유아 중심과 놀이 중심을 추구한다.
라. 유아의 자율성과 창의성 신장을 추구한다.
마. 유아, 교사, 원장(감), 학부모 및 지역사회가 함께 실현해가는 것을 추구한다.

누리과정의 구성 방향

1. 추구하는 인간상

누리과정이 추구하는 인간상은 다음과 같다.

가. 건강한 사람
나. 자주적인 사람
다. 창의적인 사람
라. 감성이 풍부한 사람
마. 더불어 사는 사람

2. 목적과 목표

누리과정의 목적은 유아가 놀이를 통해 심신의 건강과 조화로운 발달을 이루고 바른 인성과 민주 시민의 기초를 형성하는 데에 있다.

이를 실현하기 위한 목표는 다음과 같다.

가. 자신의 소중함을 알고, 건강하고 안전한 생활 습관을 기른다.
나. 자신의 일을 스스로 해결하는 기초능력을 기른다.
다. 호기심과 탐구심을 가지고 상상력과 창의력을 기른다.
라. 일상에서 아름다움을 느끼고 문화적 감수성을 기른다.
마. 사람과 자연을 존중하고 배려하며 소통하는 태도를 기른다.

3. 구성의 중점

누리과정 구성의 중점은 다음과 같다.

가. 3~5세 모든 유아에게 적용할 수 있도록 구성한다.
나. 추구하는 인간상 구현을 위한 지식, 기능, 태도 및 가치를 반영하여 구성한다.
다. 신체운동·건강, 의사소통, 사회관계, 예술경험, 자연탐구의 5개 영역을 중심으로 구성한다.
라. 3~5세 유아가 경험해야 할 내용으로 구성한다.
마. 0~2세 보육과정 및 초등학교 교육과정과의 연계성을 고려하여 구성한다.

누리과정의 운영

1. 편성 · 운영

다음의 사항에 따라 누리과정을 편성·운영한다.
가. 1일 4~5시간을 기준으로 편성한다.
나. 일과 운영에 따라 확장하여 편성할 수 있다.

다. 누리과정을 바탕으로 각 기관의 실정에 적합한 계획을 수립하여 운영한다.
라. 하루 일과에서 바깥 놀이를 포함하여 유아의 놀이가 충분히 이루어지도록 편성하여 운영한다.
마. 성, 신체적 특성, 장애, 종교, 가족 및 문화적 배경 등으로 인한 차별이 없도록 편성하여 운영한다.
바. 유아의 발달과 장애 정도에 따라 조정하여 운영한다.
사. 가정과 지역사회와의 협력과 참여에 기반하여 운영한다.
아. 교사 연수를 통해 누리과정의 운영이 개선되도록 한다.

2. 교수 · 학습

교사는 다음 사항에 따라 유아를 지원한다.

가. 유아가 흥미와 관심에 따라 놀이에 자유롭게 참여하고 즐기도록 한다.
나. 유아가 놀이를 통해 배우도록 한다.
다. 유아가 다양한 놀이와 활동을 경험할 수 있도록 실내·외 환경을 구성한다.
라. 유아와 유아, 유아와 교사, 유아와 환경 간에 능동적인 상호작용이 이루어지도록 한다.
마. 5개 영역의 내용이 통합적으로 유아의 경험과 연계되도록 한다.
바. 개별 유아의 요구에 따라 휴식과 일상생활이 원활히 이루어지도록 한다.
사. 유아의 연령, 발달, 장애, 배경 등을 고려하여 개별 특성에 적합한 방식으로 배우도록 한다.

3. 평가

평가는 다음 사항에 중점을 두고 실시한다.
가. 누리과정 운영의 질을 진단하고 개선하기 위해 평가를 계획하고 실시한다.
나. 유아의 특성 및 변화 정도와 누리과정의 운영을 평가한다.
다. 평가의 목적에 따라 적합한 방법을 사용하여 평가한다.

라. 평가의 결과는 유아에 대한 이해와 누리과정 운영 개선을 위한 자료로 활용할 수 있다.

영역별 목표 및 내용

Ⅰ. 신체운동 · 건강

1. 목표

실내·외에서 신체활동을 즐기고, 건강하고 안전한 생활을 한다.

1) 신체활동에 즐겁게 참여한다.
2) 건강한 생활습관을 기른다.
3) 안전한 생활습관을 기른다.

2. 내용

내용 범주	내용
신체활동 즐기기	신체를 인식하고 움직인다.
	신체 움직임을 조절한다.
	기초적인 이동운동, 제자리 운동, 도구를 이용한 운동을 한다.
	실내외 신체활동에 자발적으로 참여한다.
건강하게 생활하기	자신의 몸과 주변을 깨끗이 한다.
	몸에 좋은 음식에 관심을 가지고 바른 태도로 즐겁게 먹는다.
	하루 일과에서 적당한 휴식을 취한다.
	질병을 예방하는 방법을 알고 실천한다.
안전하게 생활하기	일상에서 안전하게 놀이하고 생활한다.
	TV, 컴퓨터, 스마트폰 등을 바르게 사용한다.
	교통안전 규칙을 지킨다.
	안전사고, 화재, 재난, 학대, 유괴 등에 대처하는 방법을 경험한다.

Ⅱ. 의사소통

1. 목표

일상생활에 필요한 의사소통 능력과 상상력을 기른다.

1) 일상생활에서 듣고 말하기를 즐긴다.
2) 읽기와 쓰기에 관심을 가진다.
3) 책이나 이야기를 통해 상상하기를 즐긴다.

2. 내용

내용범주	내용
듣기와 말하기	말이나 이야기를 관심 있게 듣는다.
	자신의 경험, 느낌, 생각을 말한다.
	상황에 적절한 단어를 사용하여 말한다.
	상대방이 하는 이야기를 듣고 관련해서 말한다.
	바른 태도로 듣고 말한다.
	고운 말을 사용한다.
읽기와 쓰기에 관심 가지기	말과 글의 관계에 관심을 가진다.
	주변의 상징, 글자 등의 읽기에 관심을 가진다.
	자신의 생각을 글자와 비슷한 형태로 표현한다.
책과 이야기 즐기기	책에 관심을 가지고 상상하기를 즐긴다.
	동화, 동시에서 말의 재미를 느낀다.
	말놀이와 이야기 짓기를 즐긴다.

Ⅲ. 사회관계

1. 목표

자신을 존중하고 더불어 생활하는 태도를 가진다.

1) 자신을 이해하고 존중한다.
2) 다른 사람과 사이좋게 지낸다.
3) 우리가 사는 사회와 다양한 문화에 관심을 가진다.

2. 내용

내용범주	내용
나를 알고 존중하기	나를 알고 소중히 여긴다.
	나의 감정을 알고 상황에 맞게 표현한다.
	내가 할 수 있는 것을 스스로 한다.
더불어 생활하기	가족의 의미를 알고 화목하게 지낸다.
	친구와 서로 도우며 사이좋게 지낸다.
	친구와의 갈등을 긍정적인 방법으로 해결한다.
	서로 다른 감정, 생각, 행동을 존중한다.
	친구와 어른께 예의바르게 행동한다.
	약속과 규칙의 필요성을 알고 지킨다.
사회에 관심 가지기	내가 살고 있는 곳에 대해 궁금한 것을 알아본다.
	우리나라에 대해 자부심을 가진다.
	다양한 문화에 관심을 가진다.

Ⅳ. 예술경험

1. 목표

아름다움과 예술에 관심을 가지고 창의적 표현을 즐긴다.

1) 자연과 생활 및 예술에서 아름다움을 느낀다.
2) 예술을 통해 창의적으로 표현하는 과정을 즐긴다.
3) 다양한 예술 표현을 존중한다.

2. 내용

내용범주	내용
아름다움 찾아보기	자연과 생활에서 아름다움을 느끼고 즐긴다.
	예술적 요소에 관심을 갖고 찾아본다.
창의적으로 표현하기	노래를 즐겨 부른다.
	신체, 사물, 악기로 간단한 소리와 리듬을 만들어 본다.
	신체나 도구를 활용하여 움직임과 춤으로 자유롭게 표현한다.
	다양한 미술 재료와 도구로 자신의 생각과 느낌을 표현한다.
	극놀이로 경험이나 이야기를 표현한다.
예술 감상하기	다양한 예술을 감상하며 상상하기를 즐긴다.
	서로 다른 예술 표현을 존중한다.
	우리나라 전통 예술에 관심을 갖고 친숙해진다.

Ⅴ. 자연탐구

1. 목표

탐구하는 과정을 즐기고, 자연과 더불어 살아가는 태도를 가진다.

1) 일상에서 호기심을 가지고 탐구하는 과정을 즐긴다.
2) 생활 속의 문제를 수학적, 과학적으로 탐구한다.
3) 생명과 자연을 존중한다.

2. 내용

내용범주	내용
탐구과정 즐기기	주변 세계와 자연에 대해 지속적으로 호기심을 가진다.
	궁금한 것을 탐구하는 과정에 즐겁게 참여한다.
	탐구과정에서 서로 다른 생각에 관심을 가진다.
생활 속에서 탐구하기	물체의 특성과 변화를 여러 가지 방법으로 탐색한다.
	물체를 세어 수량을 알아본다.
	물체의 위치와 방향, 모양을 알고 구별한다.
	일상에서 길이, 무게 등의 속성을 비교한다.
	주변에서 반복되는 규칙을 찾는다.
	일상에서 모은 자료를 기준에 따라 분류한다.
	도구와 기계에 대해 관심을 가진다.
자연과 더불어 살기	주변의 동식물에 관심을 가진다.
	생명과 자연환경을 소중히 여긴다.
	날씨와 계절의 변화를 생활과 관련짓는다.

2. 제4차 어린이집 표준보육과정에 대한 이해

표준보육과정의 성격

어린이집 표준보육과정은 0~5세 영유아를 위한 국가 수준의 보육과정이며 0~1세 보육과정, 2세 보육과정, 3~5세 보육과정(누리과정)으로 구성한다.

가. 국가 수준의 공통성과 지역, 기관 및 개인 수준의 다양성을 동시에 추구한다.
나. 영유아의 전인적 발달과 행복을 추구한다.
다. 영유아 중심과 놀이 중심을 추구한다.
라. 영유아의 자율성과 창의성 신장을 추구한다.
마. 영유아, 교사, 원장, 부모 및 지역사회가 함께 실현해가는 것을 추구한다.

표준보육과정의 구성방향

1. 추구하는 인간상

표준보육과정이 추구하는 인간상은 다음과 같다.

가. 건강한 사람
나. 자주적인 사람
다. 창의적인 사람
라. 감성이 풍부한 사람
마. 더불어 사는 사람

2. 목적과 목표

표준보육과정의 목적은 영유아가 놀이를 통해 심신의 건강과 조화로운 발달을 이루고 바른 인성과 민주 시민의 기초를 형성하는 데에 있다.

이를 실현하기 위한 목표는 다음과 같다.

가. 0~2세 보육과정 목표

1) 자신의 소중함을 알고, 건강하고 안전한 환경에서 즐겁게 생활한다.
2) 자신의 일을 스스로 하고자 한다.
3) 호기심을 가지고 탐색하며 상상력을 기른다.
4) 일상에서 아름다움에 관심을 가지고 감성을 기른다.
5) 사람과 자연을 존중하고 소통하는데 관심을 가진다.

3. 구성의 중점

표준보육과정 구성의 중점은 다음과 같다.

가. 영유아는 개별적인 특성을 지닌 고유한 존재임을 전제로 구성한다.
나. 0~5세 모든 영유아에게 적용할 수 있도록 구성한다.
다. 추구하는 인간상 구현을 위한 지식, 기능, 태도 및 가치를 반영하여 구성한다.
라. 표준보육과정은 다음의 영역을 중심으로 구성한다.

1) 0~1세 보육과정과 2세 보육과정은 기본생활, 신체운동, 의사소통, 사회관계, 예술경험, 자연탐구의 6개 영역을 중심으로 구성한다.
2) 3~5세 누리과정은 신체운동·건강, 의사소통, 사회관계, 예술경험, 자연탐구의 5개 영역을 중심으로 구성한다.

마. 0~5세 유아가 경험해야 할 내용으로 구성한다.
바. 초등학교 교육과정과의 연계성을 고려하여 구성한다.

표준보육과정의 운영

1. 편성 · 운영

다음의 사항에 따라 표준보육과정을 편성·운영한다.

가. 어린이집 운영시간에 맞추어 편성한다.
나. 표준보육과정을 바탕으로 각 기관의 실정에 적합한 계획을 수립하여 운영한다.
다. 하루 일과에서 바깥 놀이를 포함하여 영유아의 놀이가 충분히 이루어지도록 편성하여 운영한다.
라. 성, 신체적 특성, 장애, 종교, 가족 및 문화적 배경 등에 따른 차별이 없도록 편성하여 운영한다.
마. 영유아의 발달과 장애 정도에 따라 조정하여 운영한다.
바. 가정과 지역사회와의 협력과 참여에 기반하여 운영한다.
사. 교사 연수를 통해 표준보육과정의 운영을 개선할 수 있도록 한다.

2. 교수 · 학습

교사는 다음 사항에 따라 영유아를 지원한다.

가. 영유아의 의사 표현을 존중하고 민감하게 반응한다.
나. 영유아가 흥미와 관심에 따라 놀이에 자유롭게 참여하고 즐기도록 한다.
다. 영유아가 놀이를 통해 배우도록 한다.
라. 영유아가 다양한 놀이와 활동을 경험할 수 있도록 실내외 환경을 구성한다.
마. 영유아와 영유아, 영유아와 교사, 영유아와 환경 사이에 능동적인 상호작용이 이루어지도록 한다.
바.각 영역의 내용이 통합적으로 영유아의 경험과 연계되도록 한다.

사. 개별 영유아의 요구에 따라 휴식과 일상생활이 원활히 이루어지도록 한다.
아. 영유아의 연령, 발달, 장애, 배경 등을 고려하여 개별특성에 적합한 방식으로 배우도록 한다.

3. 평가

평가는 다음 사항에 중점을 두고 실시한다.

가. 표준보육과정 운영의 질을 진단하고 개선하기 위해 평가를 계획하고 실시한다.
나. 영유아의 특성 및 변화 정도와 표준보육과정의 운영을 평가한다.
다. 평가의 목적에 따라 적합한 방법을 사용하여 평가한다.
라. 평가의 결과는 영유아에 대한 이해와 표준보육과정 운영 개선을 위한 자료로 활용할 수있다.

0~1세 영역별 목표 및 내용

Ⅰ. 기본생활

1.목표

건강하고 안전한 일상생활을 경험한다.

1) 건강한 일상생활을 경험한다.
2) 안전한 일상생활을 경험한다.

2. 내용

내용범주	내용
건강하게 생활하기	• 도움을 받아 몸을 깨끗이 한다. • 음식을 즐겁게 먹는다. • 하루 일과를 편안하게 경험한다. • 배변 의사를 표현한다.
안전하게 생활하기	• 안전한 상황에서 놀이하고 생활한다. • 안전한 상황에서 교통수단을 이용해 본다. • 위험하다는 말에 주의한다.

Ⅱ. 신체운동

1. 목표

감각으로 탐색하고 신체활동을 즐긴다.

1) 감각 탐색을 즐긴다.

2) 신체활동을 즐겁게 경험한다.

2. 내용

내용범주	내용
감각과 신체 인식하기	• 감각적 자극에 반응한다. • 감각으로 주변을 탐색한다. • 신체를 탐색한다.
신체활동 즐기기	• 대소근육을조절한다. • 기본 운동을 시도한다. • 실내외 신체활동을 즐긴다.

Ⅲ. 의사소통

1.목표

의사소통 능력의 기초를 형성한다.

1) 일상생활에서 듣고 말하기를 즐긴다.
2) 읽기와 쓰기에 관련된 관심을 가진다.
3) 책과 이야기에 관심을 가진다.

2. 내용

내용범주	내용
듣기와 말하기	• 표정, 몸짓, 말과 주변의 소리에 관심을 갖고 듣는다. • 상대방의 이야기를 들으면서 말소리를 낸다. • 표정, 몸짓, 말소리로 의사를 표현한다.
읽기와 쓰기에 관심 가지기	• 주변의 그림과 상징에 관심을 가진다. • 끼적이기에 관심을 가진다.
책과 이야기 즐기기	• 책에 관심을 가진다. • 이야기에 관심을 가진다.

Ⅳ. 사회관계

1. 목표

나를 인식하고, 친숙한 사람과 관계를 맺는다.

1) 나를 고유한 존재로 안다.
2) 안정적인 애착을 형성하고, 또래, 교사와 함께 지낸다.

2. 내용

내용범주	내용
나를 알고 존중하기	• 나를 인식한다. • 나의 욕구와 감정을 나타낸다. • 나와 친숙한 것을 안다.
더불어 생활하기	• 안정적인 애착을 형성한다. • 또래에게 관심을 가진다. • 다른 사람의 감정과 행동에 관심을 가진다. • 반에서 편안하게 지낸다.

Ⅴ. 예술경험

1. 목표

아름다움을 느끼고 경험한다.

1) 자연과 생활에서 아름다움에 관심을 가진다.
2) 예술적 경험을 표현한다.

2. 내용

내용범주	내용
아름다움 찾아보기	• 자연과 생활에서 아름다움을 느낀다. • 아름다움에 관심을 가진다.
창의적으로 표현하기	• 소리와 리듬, 노래로 표현한다. • 감각을 통해 미술을 경험한다. • 모방 행동을 즐긴다.

Ⅵ. 자연탐구

1.목표

주변 환경과 자연에 관심을 가진다.

1) 일상에서 탐색을 즐긴다.
2) 주변 환경을 탐색한다.
3) 생명과 자연에 관심을 가진다.

2. 내용

내용범주	내용
탐구 과정 즐기기	• 주변 세계와 자연에 대해 호기심을 가진다. • 사물과 자연 탐색하기를 즐긴다.
생활 속에서 탐구하기	• 친숙한 물체를 감각으로 탐색한다. • 물체의 수량에 관심을 가진다. • 주변 공간과 모양을 탐색한다. • 규칙성을 경험한다.
자연과 더불어 살기	• 주변의 동식물에 관심을 가진다. • 날씨의 변화를 감각으로 느낀다.

2세 영역별 목표 및 내용

Ⅰ. 기본생활

1. 목표

건강하고 안전한 생활습관의 기초를 형성한다.

1) 건강한 생활습관의 기초를 형성한다.

2) 안전한 생활습관의 기초를 형성한다.

2. 내용

내용범주	내용
건강하게 생활하기	• 자신의 몸을 깨끗이 해 본다. • 음식에 관심을 가지고 즐겁게 먹는다. • 하루 일과를 즐겁게 경험한다. • 건강한 배변 습관을 갖는다.
안전하게 생활하기	• 일상에서 안전하게 놀이하고 생활한다. • 교통수단을 안전하게 이용해 본다. • 위험한 상황에 대처하는 방법을 경험한다.

Ⅱ. 신체운동

1. 목표

감각을 활용하고, 신체활동을 즐긴다.

1) 감각을 활용하고, 신체를 인식한다.

2) 신체활동을 즐긴다.

2. 내용

내용범주	내용
감각과 신체 인식하기	• 감각 능력을 활용한다. • 신체를 인식하고 움직인다.
신체활동 즐기기	• 대소근육을 조절한다. • 기본 운동을 즐긴다. • 실내외 신체활동을 즐긴다.

Ⅲ. 의사소통

1. 목표

의사소통 능력과 상상력의 기초를 형성한다.

1) 일상생활에서 듣기와 말하기를 즐긴다.
2) 읽기와 쓰기에 관심을 가진다.
3) 책과 이야기에 재미를 느낀다.

2. 내용

내용범주	내용
듣기와 말하기	• 표정, 몸짓, 말에 관심을 갖고 듣는다. • 상대방의 이야기를 듣고 말한다. • 표정, 몸짓, 단어로 의사를 표현한다. • 자신의 요구와 느낌을 말한다.
읽기와 쓰기에 관심 가지기	• 주변의 그림과 상징, 글자에 관심을 가진다. • 끼적이며 표현하기를 즐긴다.
책과 이야기 즐기기	• 책에 관심을 가지고 상상한다. • 말놀이와 이야기에 재미를 느낀다.

Ⅳ. 사회관계

1. 목표

나를 알고, 다른 사람과 더불어 생활하는 경험을 한다.

1) 나를 알고 긍정적으로 여긴다.
2) 다른 사람과 즐겁게 지내기 위한 태도를 기른다.

2. 내용

내용범주	내용
나를 알고 존중하기	• 나와 다른 사람을 구별한다. • 나의 감정을 표현한다. • 내가 좋아하는 것을 한다.
더불어 생활하기	• 가족에게 관심을 가진다. • 또래와 함께 놀이한다. • 다른 사람의 감정과 행동에 반응한다. • 반에서의 규칙과 약속을 알고 지킨다.

Ⅴ. 예술경험

1. 목표

아름다움을 느끼고 즐긴다.

1) 자연과 생활에서 아름다움을 느끼고 관심을 가진다.
2) 예술을 통해 자유롭게 표현한다.

2. 내용

내용범주	내용
아름다움 찾아보기	• 자연과 생활에서 아름다움을 느끼고 즐긴다. • 아름다움에 관심을 갖고 찾아본다.
창의적으로 표현하기	• 익숙한 노래와 리듬을 표현한다. • 움직임과 춤으로 자유롭게 표현한다. • 미술 재료와 도구로 표현해 본다. • 일상생활 경험을 상상놀이로 표현한다.

Ⅵ. 자연탐구

1. 목표

주변 환경과 자연을 탐색하는 과정을 즐긴다.

1) 일상에서 탐색하는 과정을 즐긴다.
2) 주변 환경에 관심을 가지고 탐색한다.
3) 생명과 자연에 관심을 가진다.

2. 내용

내용범주	내용
탐구과정 즐기기	• 주변 세계와 자연에 대해 호기심을 가진다. • 사물과 자연을 반복하여 탐색하기를 즐긴다.
생활 속에서 탐구하기	• 친숙한 물체의 특성과 변화를 감각으로 탐색한다. • 물체의 수량에 관심을 가진다. • 주변 공간과 모양을 탐색한다. • 규칙성에 관심을 가진다. • 주변 사물을 같고 다름에 따라 구분한다. • 생활 도구에 관심을 가진다.
자연과 더불어 살기	• 주변의 동식물에 관심을 가진다. • 날씨와 계절의 변화를 감각으로 느낀다.

3. 국가 수준 교육과정 영역별 목표 및 내용의 수준 이해

표준보육과정 중 0~1세와 2세를 위한 보육과정의 영역은 기본생활, 신체운동, 의사소통, 사회관계, 예술 경험, 자연 탐구의 6개 영역으로 구성되어 있고, 3~5세를 위한 공통 교육과정인 누리과정의 영역은 신체운동·건강, 의사소통, 사회관계,

예술 경험, 자연 탐구의 5개 영역으로 구성되어 있다. 0~1세와 2세를 위한 보육과정에서는 안전과 건강 관련 내용을 기본생활영역으로 구분하여 다루고 있어 총 6개 영역이 구성된 반면, 3~5세 누리과정에서는 건강과 안전 관련 내용을 신체운동·건강 영역으로 통합하여 총 5개 영역으로 구성된 것이다.

각 영역별 목표와 내용 범주 및 내용범주별 내용을 비교해 보면 모든 연령에서 동일한 내용, 연령 별 수준 차이를 반영하여 점진적으로 발전된 내용, 특정 연령에서만 제시된 내용들이 있음을 알 수 있다. 교사는 이를 통해 학급 유아 연령의 보편적 발달 수준 또는 개별 유아의 발달 수준을 이해하고, 교육목표와 교육 내용의 수준을 판단하는데 참고함으로써 유아들에게 연령에 따라 무엇을 얼만큼 기대할 수 있는가를 시사 받을 수 있을 것이다.

〈표 3-1〉과 〈표 3-2〉는 보편적인 연령에 따른 수준 차이를 보다 쉽게 비교해 볼 수 있도록 교육과정 영역을 기준으로 0~1세 보육과정, 2세 보육과정, 3~5세 누리과정에서 제시한 목표와 내용 범주 및 범주별 내용을 정리한 것이다.

〈표 3-1〉 0~1세, 2세, 3~5세를 위한 국가 수준의 교육과정 영역별 목표

영역	0~1세 보육과정 목표	2세 보육과정 목표	영역	3~5세 누리과정 목표
기본생활	건강하고 안전한 일상생활 경험을 경험한다.	건강하고 안전한 생활습관의 기초를 형성한다.	신체·운동·건강	실내외에서 신체활동을 즐기고, 건강하고 안전한 생활을 한다.
	1) 건강한 일상생활을 경험한다.	1) 건강한 생활습관의 기초를 형성한다.		
	2) 안전한 일상생활을 경험한다.	-안전한 생활습관의 기초를 형성한다.		
신체운동	감각으로 탐색하고 신체활동을 즐긴다.	감각을 활용하고 신체활동을 즐긴다.		1) 신체활동에 즐겁게 참여한다.
	1) 감각 탐색을 즐긴다.	1) 감각을 활용하고 신체를 인식한다.		2) 건강한 생활습관을 기른다.
	2) 신체활동을 즐겁게 경험한다.	2) 신체활동을 즐긴다.		3) 안전한 생활습관을 기른다.

영역	0~1세 보육과정 목표	2세 보육과정 목표	3~5세 누리과정 목표
의사소통	의사소통 능력의 기초를 형성한다.	의사소통 능력과 상상력의 기초를 형성한다.	일상생활에 필요한 의사소통 능력과 상상력을 기른다.
	1) 일상생활에서 듣고 말하기를 즐긴다.	1) 일상생활에서 듣기와 말하기를 즐긴다.	1) 일상생활에서 듣고 말하기를 즐긴다.
	2) 읽기와 쓰기에 관련된 관심을 가진다.	2) 읽기와 쓰기에 관심을 가진다.	2) 읽기와 쓰기에 관심을 가진다.
	3) 책과 이야기에 관심을 가진다.	3) 책과 이야기에 재미를 느낀다.	3) 책이나 이야기를 통해 상상하기를 즐긴다.
사회관계	나를 인식하고, 친숙한 사람과 관계를 맺는다.	나를 알고, 다른 사람과 더불어 생활하는 경험을 한다.	자신을 존중하고 더불어 생활하는 태도를 가진다.
	1) 나를 고유한 존재로 안다.	1) 나를 알고 긍정적으로 여긴다.	1) 자신을 이해하고 존중한다.
	2) 안정적인 애착을 형성하고, 또래, 교사와 함께 지낸다.	2) 다른 사람과 즐겁게 지내기 위한 태도를 기른다.	2) 다른 사람과 사이좋게 지낸다.
			3) 우리가 사는 사회와 다양한 문화에 관심을 가진다.
예술경험	아름다움을 느끼고 경험한다.	아름다움을 느끼고 즐긴다.	아름다움과 예술에 관심을 가지고 창의적 표현을 즐긴다.
	1) 자연과 생활에서 아름다움에 관심을 가진다.	1) 자연과 생활에서 아름다움을 느끼고 관심을 가진다.	1) 자연과 생활 및 예술에서아름다움을 느낀다.
	2) 예술적 경험을 표현한다.	2) 예술을 통해 자유롭게 표현한다.	2) 예술을 통해 창의적으로 표현하는 과정을 즐긴다.
			3) 다양한 예술 표현을 존중한다.
자연탐구	주변 환경과 자연에 관심을 가진다.	주변 환경과 자연을 탐색하는 과정을 즐긴다.	탐구하는 과정을 즐기고, 자연과 더불어 살아가는 태도를 가진다.
	1) 일상에서 탐색을 즐긴다.	1) 일상에서 탐색하는 과정을 즐긴다.	1) 일상에서 호기심을 가지고 탐구하는 과정을 즐긴다.
	2) 주변 환경을 탐색한다.	2) 주변 환경에 관심을 가지고 탐색한다.	2) 생활 속의 문제를 수학적,과학적으로 탐구한다.
	3) 생명과 자연에 관심을 가진다.	3) 생명과 자연에 관심을 가진다.	3) 생명과 자연을 존중한다.

〈표 3-2〉 0~1세, 2세, 3~5세를 위한 국가 수준 교육과정 영역의 내용범주 및 범주별 내용

<table>
<tr><th>영역</th><th>내용 범주</th><th colspan="2">0~1세 보육과정 내용</th><th>2세 보육과정 내용</th><th>3~5세 누리과정 내용</th></tr>
<tr><td rowspan="15">신체
운동
·
건강[1]</td><td rowspan="6">신체
활동
즐기기[2]</td><td rowspan="3">감각
과
신체
인식
하기[3]</td><td>• 감각적 자극에 반응한다.</td><td rowspan="2">• 감각 능력을 활용한다.</td><td rowspan="2"></td></tr>
<tr><td>• 감각으로 주변을 탐색한다.</td></tr>
<tr><td>• 신체를 탐색한다.</td><td>• 신체를 인식하고 움직인다.</td><td>• 신체를 인식하고 움직인다.</td></tr>
<tr><td colspan="2">• 대소근육을 조절한다.</td><td>• 대소근육을 조절한다.</td><td>• 신체 움직임을 조절한다.</td></tr>
<tr><td colspan="2">• 기본 운동을 시도한다.</td><td>• 기본운동을 즐긴다.</td><td>• 기초적인 이동운동, 제자리 운동, 도구를 이용한 운동을 한다.</td></tr>
<tr><td colspan="2">• 실내외 신체활동을 즐긴다.</td><td>• 실내외 신체활동을 즐긴다.</td><td>• 실내외 신체활동에 자발적으로 참여한다.</td></tr>
<tr><td rowspan="5">건강
하게
생활
하기[4]</td><td colspan="2">• 도움을 받아 몸을 깨끗이 한다.</td><td>• 자신의 몸을 깨끗이 해 본다.</td><td>• 자신의 몸과 주변을 깨끗이 한다.</td></tr>
<tr><td colspan="2">• 음식을 즐겁게 먹는다.</td><td>• 음식에 관심을 가지고 즐겁게 먹는다.</td><td>• 몸에 좋은 음식에 관심을 가지고 바른 태도로 즐겁게 먹는다.</td></tr>
<tr><td colspan="2">• 하루 일과를 편안하게 경험한다.</td><td>• 하루 일과를 즐겁게 경험한다.</td><td>• 하루 일과에서 적당한 휴식을 취한다.</td></tr>
<tr><td colspan="2">• 배변 의사를 표현한다.</td><td>• 건강한 배변 습관을 갖는다.</td><td></td></tr>
<tr><td colspan="2"></td><td></td><td>• 질병을 예방하는 방법을 알고 실천한다.</td></tr>
<tr><td rowspan="4">안전
하게
생활
하기[5]</td><td colspan="2">• 안전한 상황에서 놀이하고 생활한다.</td><td>• 일상에서 안전하게 놀이하고 생활한다.</td><td>• 일상에서 안전하게 놀이하고 생활한다.</td></tr>
<tr><td colspan="2"></td><td></td><td>• TV, 컴퓨터, 스마트폰 등을 바르게 사용한다.</td></tr>
<tr><td colspan="2">• 안전한 상황에서 교통수단을 이용해 본다.</td><td>• 교통수단을 안전하게 이용해 본다.</td><td>• 교통안전 규칙을 지킨다.</td></tr>
<tr><td colspan="2">• 위험하다는 말에 주의한다.</td><td>• 위험한 상황에 대처하는 방법을 경험한다.</td><td>• 안전사고, 화재, 재난, 학대, 유괴 등에 대처하는 방법을 경험한다.</td></tr>
</table>

의사소통	듣기와 말하기	• 표정, 몸짓, 말과 주변소리에 관심을 갖고 듣는다.	• 표정, 몸짓, 말에 관심을 갖고 듣는다.	• 말이나 이야기를 관심 있게 듣는다.
		• 상대방의 이야기를 들으면서 말소리를 낸다.	• 상대방의 이야기를 듣고 말한다.	• 자신의 경험, 느낌, 생각을 말한다.
		• 표정, 몸짓, 말소리로 의사를 표현한다.	• 표정, 몸짓, 단어로 의사를 표현한다.	• 상황에 적절한 단어를 사용하여 말한다.
			• 자신의 요구와 느낌을 말한다.	• 상대방이 하는 이야기를 듣고 관련해서 말한다.
				• 바른 태도로 듣고 말한다.
				• 고운 말을 사용한다.
	읽기와 쓰기에 관심 가지기	• 주변의 그림과 상징에 관심을 가진다.	• 주변의 그림과 상징, 글자에 관심을 가진다.	• 말과 글의 관계에 관심을 가진다.
				• 주변의 상징, 글자 등의 읽기에 관심을 가진다.
		• 끼적이기에 관심을 가진다.	• 끼적이며 표현하기를 즐긴다.	• 자신의 생각을 글자와 비슷한 형태로 표현한다.
	책과 이야기 즐기기	• 책에 관심을 가진다.	• 책에 관심을 가지고 상상한다.	• 책에 관심을 가지고 상상하기를 즐긴다.
		• 이야기에 관심을 가진다.	• 말놀이와 이야기에 재미를 느낀다.	• 동화, 동시에서 말의 재미를 느낀다.
				• 말놀이와 이야기 짓기를 즐긴다.
사회관계	나를 알고 존중하기	• 나를 인식한다.	• 나와 다른 사람을 구별한다.	• 나를 알고 소중히 여긴다.
		• 나의 욕구와 감정을 나타낸다.	• 나의 감정을 표현한다.	• 나의 감정을 알고 상황에 맞게 표현한다.
		• 나와 친숙한 것을 안다.	• 내가 좋아하는 것을 한다.	• 내가 할 수 있는 것을 스스로 한다.

사회관계	더불어 생활하기	• 안정적인 애착을 형성한다.	• 가족에게 관심을 가진다.	• 가족의 의미를 알고 화목하게 지낸다.
		• 또래에게 관심을 가진다.	• 또래와 함께 놀이한다.	• 친구와 서로 도우며 사이좋게 지낸다.
				• 친구와의 갈등을 긍정적인 방법으로 해결한다.
		• 다른 사람의 감정과 행동에 관심을 가진다.	• 다른 사람의 감정과 행동에 반응한다.	• 서로 다른 감정, 생각, 행동을 존중한다.
				• 친구와 어른께 예의 바르게 행동한다.
		• 반에서 편안하게 지낸다.	• 반에서의 규칙과 약속을 알고 지킨다.	• 약속와 규칙의 필요성을 알고 지킨다.
	사회에 관심 가지기			• 내가 살고 있는 곳에 대해 궁금한 것을 알아본다.
				• 우리나라에 대해 자부심을 가진다.
				• 다양한 문화에 관심을 가진다.
예술경험	아름다움 찾아보기	• 자연과 생활에서 아름다움을 느낀다.	• 자연과 생활에서 아름다움을 느끼고 즐긴다.	• 자연과 생활에서 아름다움을 느끼고 즐긴다.
		• 아름다움에 관심을 가진다.	• 아름다움에 관심을 갖고 찾아본다.	• 예술적 요소에 관심을 갖고 찾아본다.
	창의적으로 표현하기	• 소리와 리듬, 노래로 표현한다.	• 익숙한 노래와 리듬을 표현한다.	• 노래를 즐겨 부른다.
				• 신체, 사물, 악기로 간단한 소리와 리듬을 만들어 본다.
			• 움직임과 춤으로 자유롭게 표현한다.	• 신체나 도구를 활용하여 움직임과 춤으로 자유롭게 표현한다.

예술 경험	창의적으로 표현하기	• 감각을 통해 미술을 경험한다.	미술 재료와 도구로 표현해 본다.	다양한 미술 재료와 도구로 자신의 생각과 느낌을 표현한다.
		• 모방 행동을 즐긴다.	• 일상생활 경험을 상상놀이로 표현한다.	• 극놀이로 경험이나 이야기를 표현한다.
	예술 감상하기			• 다양한 예술을 감상하며 상상하기를 즐긴다.
				• 서로 다른 예술 표현을 존중한다.
				• 우리나라 전통 예술에 관심을 갖고 친숙해진다.
자연 탐구	탐구 과정 즐기기	• 주변 세계와 자연에 대해 호기심을 가진다.	• 주변 세계와 자연에 대해 호기심을 가진다.	• 주변 세계와 자연에 대해 지속적으로 호기심을 가진다.
		• 사물과 자연 탐색하기를 즐긴다.	• 사물과 자연을 반복하여 탐색하기를 즐긴다.	• 궁금한 것을 탐구하는 과정에 즐겁게 참여한다.
				• 탐구과정에서 서로 다른 생각에 관심을 가진다.
	생활 속에서 탐구하기	• 친숙한 물체를 감각으로 탐색한다.	• 친숙한 물체의 특성과 변화를 감각으로 탐색한다.	• 물체의 특성과 변화를 여러 가지 방법으로 탐색한다.
		• 물체의 수량에 관심을 가진다.	• 물체의 수량에 관심을 가진다.	• 물체를 세어 수량을 알아본다.
		• 주변 공간과 모양을 탐색한다.	• 주변 공간과 모양을 탐색한다.	• 물체의 위치와 방향,모양을 알고 구별한다.
				• 일상에서 길이, 무게, 등의 속성을 비교한다.
		• 규칙성을 경험한다.	• 규칙성에 관심을 가진다.	• 주변에서 반복되는 규칙을 찾는다.

자연 탐구	생활 속에서 탐구하기		• 주변 사물을 같고 다름에 따라 구분한다.	• 일상에서 모은 자료를 기준에 따라 분류한다.
			• 생활 도구에 관심을 가진다.	• 도구와 기계에 대해 관심을 가진다.
	자연과 더불어 살기	• 주변의 동식물에 관심을 가진다.	• 주변의 동식물에 관심을 가진다.	• 주변의 동식물에 관심을 가진다.
				• 생명과 자연환경을 소중히 여긴다.
		• 날씨와 변화를 감각으로 느낀다.	• 날씨와 계절의 변화를 감각으로 느낀다.	• 날씨와 계절의 변화를 생활과 관련 짓는다.

[1] 0~1세, 2세 보육과정에서는 기본생활영역과 신체운동 영역의 2개 영역으로 제시되어 있으나 3~5세 누리과정에서는 신체운동·건강영역으로 통합되어 있어 신체운동·건강영역을 기준으로 관련 내용을 정리함

[2] '신체활동 즐기기' 내용 범주와 내용은 3~5세 누리과정의 신체운동·건강 영역에 해당하는 내용 범주와 내용이며, 0~1세와 2세 보육과정에서는 '신체운동' 영역 중 '신체활동 즐기기' 내용 범주와 내용에 해당함

[3] '감각과 신체 인식하기'는 0~1세, 2세 보육과정의 신체운동 영역에 해당하는 내용 범주이며 내용은 해당 내용을 제시한 것임

[4] '건강하게 생활하기' 내용 범주와 내용은 3~5세 누리과정의 신체운동·건강 영역에 해당하는 내용 범주와 내용이며 0~1세, 2세 보육과정에서는 '기본생활' 영역 중 '건강하게 생활하기' 내용 범주와 내용에 해당함

[5] '안전하게 생활하기' 내용 범주와 내용은 3~5세 누리과정의 신체운동·건강영역에 해당하는 내용 범주와 내용이며 0~1세, 2세 보육과정에서는 '기본생활' 영역 중 '안전하게 생활하기' 내용 범주와 내용에 해당함

CHAPTER 04

놀이 중심 교육과정

1. 놀이의 개념

놀이는 기본적으로 유아의 자발적 행위로 유아들의 생활이고 학습이다. 유아들은 놀이하며 살아가고 그 과정에서 세상을 배워나가므로 놀이는 학습의 수단이나 도구가 아니라 그 자체가 생활이고 배움을 위한 최선의 방식이라 할 수 있다(교육부, 보건복지부, 2020b; Neil & Drew, 2013). 유아의 놀이는 모든 발달을 이끄는 초석이다. 유아들은 놀이에서 즐거움을 갖고 놀이를 통해 신체적, 언어적, 정서적, 인지적, 사회적으로 발달해 간다.

놀이 중심 교육과정에서 실행되는 놀이는 순수한 유아의 자발적 놀이(spontaneous play)뿐만 아니라 유아의 현재를 반영하여 안내된 놀이(guided play), 유아의 현재를 반영하여 교사가 계획한 놀이(teacher-planned play)를 모두 포함한다. 자발적 놀이는 유아의 흥미와 욕구에 따른 내적 동기가 강한 놀이이고 안내된 놀이란 유아의 자발적 놀이에 기초하여 교사에 의해 지원된 놀이이지만 유아의 능동적 참여와 선택과 결정의 여지가 충분한 놀이를 말한다. 교사가 계획한 놀이는 게임, 새 노래 배우기, 동시 감상하기 등과 같은 집단활동처럼 다른 놀이에 비해 교사의 주도성이 다소 높은 놀이이지만 놀이 과정에서 유아가 능동적으로 참여하고 생각할 수 있는 여지가 있는 활동을 의미한다. 자발적 놀이, 안내된 놀이,

교사가 계획한 놀이는 놀이의 시작과 내용과 방법에서 유아 또는 교사가 갖는 주도성의 정도가 달라질 수 있지만 중요한 것은 모든 놀이의 과정에서 유아는 능동적이고 주체적으로 참여할 수 있어야 한다는 것이다.

놀이 중심 교육과정 실행에 있어 자발적 놀이, 안내된 놀이, 교사가 계획한 놀이는 각각 분리된 놀이로 진행되는 것이 아니라 연속적 과정에서 자연스럽게 전환되고 순환되는 것이다. 즉 유아의 자발적 놀이에서 출발하여 교사의 교육적 지원으로 안내된 놀이와 교사가 계획한 놀이가 이어질 수 있고, 교사가 계획한 활동을 계기로 유아의 자발적 놀이가 이어질 수 있는 것이다. 교사는 놀이가 시작되고 진행되는 과정에서 가장 적절한 상황을 반영하고 가장 효율적인 형태를 고민하면서 유아의 자발적 놀이, 안내된 놀이, 교사가 계획한 놀이 유형을 균형적으로 운영하여야 한다(Judith, Patricia, Barbara, & Keith, 2018).

2. 놀이의 특성

놀이가 유아의 발달과 학습에 매우 의미 있고 중요한 영향을 미치고 있는 이유는 놀이의 특성을 통해 이해할 수 있다. 유아들은 일반적으로 자신의 관심과 흥미에 기초한 내적 동기에 의해 자신이 하고 싶은 놀이를 선택하고 자발적으로 참여한다. 내적 동기로 시작한다는 것은 그만큼 유아가 놀이 과정에 즐겁게 참여하고 몰입할 수 있는 기반을 갖고 주도적으로 놀이를 진행한다는 것이며 그 과정에서 자신의 행동을 통제하는 경험도 하게 되는 것이다. 놀이의 특성을 구체적으로 살펴보면 다음과 같다(박찬옥, 정남미, 곽현주, 2020; 정채영, 신윤승, 2020).

첫째, 놀이는 내적 동기에 의한 자발적 참여이다.

놀이는 대부분 외부의 조건보다 유아 자신의 현재 흥미와 요구에 따른 내적 동기에 따라 스스로 참여하게 된다. 놀이 과정에서 나타나는 유아의 자율성과 주도성 역시 내적 동기와 능동적인 참여에 기인하는 것이다. 유아는 자신이 하고 싶은 놀이를 스스로 선택하고 참여한 만큼 즐겁고 적극적으로 활동에 몰입하면서 더 높은 수준의 성취를 이룰 수 있다.

둘째, 놀이는 자유 선택적이다.

자유 선택이란 곧 자기 책임과 통제를 수반하는 자율적 선택을 의미하는 것이다. 유아가 자유 선택으로 놀이에 참여한다는 것은 곧 자율적 선택을 한 것으로 책임을 갖고 스스로 통제할 수 있다는 것이다. 놀이에서 유아는 주도자이고 결정권자이며 교수자이며 학습자로서 자신의 잠재된 능력을 최대한 발휘할 수 있고 결과적으로 성취감과 자신감을 갖게 된다.

셋째, 놀이는 외적 규칙으로부터 자유로울 수 있다.

놀이가 외적인 규칙으로부터 자유롭다는 것은 유아들이 주체가 되어 자기 주도적으로 놀이의 내용과 방향을 이끌어 가며 창의적으로 변화를 줄 수 있다는 것이다. 유아들은 자유롭게 놀이하는 가운데 융통성을 발휘하며 놀이 상황을 통제하는 경험을 하게 되고 자신감을 갖게 된다.

넷째, 놀이는 과정 중심적이다.

유아들은 놀이를 통해 특정 결과물을 산출하지 않더라도 놀이에 참여하여 즐겁게 경험하는 그 자체에 몰두하며 만족감을 느낀다. 놀이는 특정 목표 달성에 대한 부담이 없는 만큼 유아가 놀이의 목표나 목표를 성취하는 방법을 통제할 수 있어 활동의 내용도 매우 다양해질 수 있다. 연령이 어릴수록 교사가 유아들에게 결과 중심의 놀이 활동을 지시한다면 유아들은 흥미를 갖지 못하고 오히려 부담을 느낄 수 있다.

다섯째, 놀이는 긍정적 정서를 바탕으로 한다.

놀이는 자유로움, 만족감, 성취감과 같은 긍정적인 정서를 바탕으로 하고 있어 유아들이 즐거움을 갖고 참여할 수 있을 뿐만 아니라 놀이에서 오는 편안함으로 유아가 갖고 있는 불안이나 두려움과 같은 부정적 정서를 극복할 수 있다.

여섯째, 놀이는 비사실적인 행동을 포함한다.

유아들은 놀이를 통해 현실의 경험을 상징적으로 재현하거나 가상적, 상상적으로 설정된 상황에서 비사실적인 행동을 하게 된다. 비사실적 행동이라는 것은 유아가 사물이나 상황의 현실적 기능과 의미를 그대로 놀이에 반영하는 것이 아니라 상징의 사용과 창의적 사고를 통해 현실과 상상의 경계를 자유롭게 넘나들며 변형하는 가작화된 행동이다.

3. 놀이 유형과 발달 단계

유아의 놀이에 대해 학자들은 다양한 관점에서 놀이 유형과 발달 단계를 제시하고 있다. 놀이 유형과 발달 단계를 설명하는 대표적인 이론은 파튼(Parten)이 제시한 사회적 발달에 의한 놀이 유형, 에릭슨(Erikson)의 심리 사회적 발달에 의한 놀이 유형, 피아제(Piajet)와 스밀란스키(Smilansky)의 인지적 발달에 의한 놀이 유형이 있다. 각각의 놀이 발달과 유형은 다음과 같다(김진희, 강미영, 2020; 박찬옥 외, 2020).

첫째, 사회적 발달에 의한 놀이 유형

사회적 발달에 따른 놀이 유형은 유아가 놀이 참여에서 보이는 또래와의 사회적 상호작용을 기준으로 분류한 유형으로 사회성이 미숙한 시기에 보이는 비사회적인 혼자 놀이를 시작으로 사회성 발달과 더불어 제한된 사회적 놀이, 사회적 놀이의 단계로 발달해 간다고 보는 입장이다. 이를 주장하는 대표적 학자인 파튼(Parten)이 제시한 사회적 놀이 발달 단계와 단계별 놀이 유형 및 내용은 다음과 같다.

〈표 4-1〉 파튼의 사회적 놀이 발달 단계별 놀이 유형 및 내용

<table>
<tr><th>단계</th><th>유형</th><th>내용</th></tr>
<tr><td rowspan="3">비사회적 놀이</td><td>비참여 행동
(unoccpied behavior)</td><td>• 놀이에 참여하지 않고 다른 유아가 놀이하는 것을 바라보는 행동
• 다른 유아에 대한 관심의 여부를 판단하기 어려움
• 엄밀한 의미에서 놀이로 볼 수 없어 비 놀이라고도 함</td></tr>
<tr><td>방관자적 행동
(onlooker behavior)</td><td>• 놀이에 참여하지 않지만 다른 유아의 놀이에 관심을 갖고 지켜보거나 말을 건네는 등 매우 소극적으로 상호작용하는 행동
• 비참여 행동과 다른 점은 우연 또는 순간적인 흥미로 보는 것이 아니라 놀이하고 있는 특정 유아에 관심을 갖고 지켜본다는 것임</td></tr>
<tr><td>혼자 놀이
(solitery play)</td><td>• 주변에 다른 유아가 놀이하고 있다는 것을 인식은 하지만 그 유아들과 상관없이 단독으로 놀이함</td></tr>
<tr><td>제한된 사회적 놀이</td><td>병행 놀이
(parallel play)</td><td>• 다른 유아들과 같은 공간에서 동일한 놀잇감을 갖고 유사한 놀이를 하지만 다른 유아들과의 상호작용은 없음</td></tr>
<tr><td rowspan="2">사회적 놀이</td><td>연합놀이
(associative play)</td><td>• 다른 유아와 놀잇감을 공유하고 상호작용하며 놀이하는 집단놀이
• 서로 따라 하면서 비슷한 놀이 행동을 보이기도 함
• 각자 관심사에 따라 행동하므로 공동의 목표를 갖고 역할을 분담하거나 정해진 놀이 규칙을 갖고 있진 않음</td></tr>
<tr><td>협동 놀이
(cooperative play)</td><td>• 공동의 목표를 갖고 구체적으로 역할을 분담하며 규칙을 만들어 조직적이고 체계적으로 협동하며 놀이하는 형태</td></tr>
</table>

출처: 김진희 외, 2020, p. 111. 재구성

둘째, 심리 사회적 발달에 의한 놀이 유형

유아는 놀이를 통해 주변 환경을 알아가고 적응해 가므로 유아의 놀이에 심리 사회적 발달 정도가 자연스럽게 반영되므로 놀이 유형은 유아의 심리 사회적 발달 단계에 따라 함께 발달해 간다고 보는 입장이다. 에릭슨(Erikson)은 심리 사회적 발달 측면에서 자기 세계 놀이, 미시영역 놀이, 거시영역 놀이의 유형을 제시하였다.

〈표 4-2〉 에릭슨의 심리 사회적 놀이 발달 단계별 놀이 유형 및 내용

단계별 놀이 유형	연령	내 용
자기 세계 놀이 (autocosmic play)	1.5세경	• 자기 신체로 놀이하며 탐색하는 단계 손 관찰하기, 팔다리 움직이기, 뒤집기, 기어가기 등 • 반복적인 감각적 자극과 신체 활동을 통한 자기 탐색
미시영역 놀이 (micro-sphere play)	2~3세경	• 자신이 다룰 수 있는 놀잇감이나 사물로 놀이하는 단계 인형 놀이, 자동차 굴리기 등 • 사물 다루기가 숙달되면서 통제감이 향상되고 자아를 형성해 나감 • 혼자 놀이 세계
거시영역 놀이 (macro-sphere play)	3~4세경	• 다른 유아와 상호작용하며 놀이하는 단계 • 모방이나 상상을 놀이로 표현함 • 다른 사람과 공유하는 놀이 세계로 사회적 관계를 형성하고 사회적 기술을 익힘 • 놀이를 통해 문화 및 사회적 역할에 대한 이해를 갖게 됨

출처: 김진희 외, 2020, p. 113. 재구성

셋째, 인지발달에 의한 놀이 유형

유아의 인지가 단계적으로 발달하면서 유아의 놀이 유형도 그에 따라 단계적으로 발달해 간다고 보는 입장이다. 인지발달 측면에서 유아의 놀이를 분석한 대표적인 학자는 피아제(Piajet)와 스밀란스키(Smilansky)이다. 이들 학자가 제시한 놀이 단계와 유형의 차이를 보면 피아제는 전 조작 시기 놀이 유형으로 상징 놀이를 제시하고 있는 반면, 스밀란스키는 구성 놀이, 극놀이, 사회극 놀이로 세분화하여 제시하고 있다는 점이다. 이들이 제시한 인지적 놀이 발달 단계별 놀이 유형과 내용은 각각 다음과 같다.

〈표 4-3〉 피아제의 인지적 놀이 발달 단계별 놀이 유형 및 내용

인지발달 단계(연령)	놀이 유형	내용
감각운동기 (0~2세)	연습/기능놀이 (practice/functional play)	• 감각과 신체 움직임의 단순 반복 • 신체를 통한 외부 세계 탐색
전조작기 (2~7세)	상징 놀이 (symbolic play)	• 상징 놀이는 구성 놀이와 극놀이가 있음 • 구성 놀이는 대상을 표상하기 위해 구체물을 사용하는 놀이 • 상징 놀이는 상상적 상황을 설정하여 '~하는 척' 하는 가작화 행동의 정교한 놀이
구체적조작기 (7~11세) 및 형식적 조작기 (12세 이상)	규칙이 있는 게임 (games with rules)	• 탈 중심화, 조망 능력과 같은 인지능력 발달로 행동 조절이 가능함 • 놀이 규칙을 인식하고 수용하는 전략적 놀이

출처: 김진희 외, 2020, p. 114. 재구성

〈표 4-4〉 스밀란스키의 인지적 놀이 발달 단계별 놀이 유형 및 내용

인지 발달 단계	놀이 유형	내용
감각운동기 (0~2세)	기능 놀이 (functional play)	• 단순 반복적인 감각 운동 • 즐거움을 위한 반복 행동 집고 던지기, 떨어뜨리고 줍기, 넣고 빼기 등
전조작기 (2~7세)	구성 놀이 (constructive play)	• 사물을 이용하여 구성물을 만드는 놀이 • 상징을 사용하여 새로운 사물을 창조하는 놀이
	극화 놀이 (dramatic play)	• 다른 사람이 되어 그 사람의 행동이나 언어를 모방하는 놀이 • 역할 및 사물의 가작화 행동
	사회극화 놀이 (social dramatic play)	• 또래와 함께 현실적 또는 상상적 상황을 설정하고 그에 맞는 역할을 정하여 하는 놀이 • 사회적 상호작용 및 의사소통이 활발한 고도화된 상징 놀이
구체적조작기 (7~11세) 및 형식적조작기 (12세 이상)	규칙 있는 게임 (games with rules)	• 정해진 놀이 규칙을 알고 규칙에 따라 놀이하거나 새로운 규칙을 만들어 놀이하는 형태

출처: 김진희 외, 2020, p. 115. 재구성

4. 놀이 지원을 위한 자유 선택 놀이와 집단활동의 이해

놀이 중심 교육과정을 운영한다는 것은 유아의 현재 발달 수준과 특성, 관심과 흥미, 유아들이 처한 다양한 학급 상황과 사회적 상황 등을 고려하여 유아를 중심에 둔 놀이 주제를 선정하고 놀이를 지원하여 놀이를 중심으로 운영하는 것을 말한다. 교사는 개별 유아들의 즉흥적인 놀이를 단편적으로 수용하는 것에 그치기보다 유아들의 놀이와 생각이 의미 있게 발전되고 심화될 수 있도록 지원하여 학습으로 연결할 수 있어야 한다.

놀이 중심 교육과정이 실행되는 과정에서 이루어지는 다양한 놀이는 놀이를 선택하고 이끌어가는 주도권을 누가 갖고 있는가에 따라 유아의 자발적인 자유놀이, 교사의 지원으로 심화되는 놀이, 교사가 유아들의 놀이 요소를 반영하여 계획적으로 지원하는 교육적 놀이가 있다. 그러나 기본적으로 모든 놀이의 흐름은 유아가 주도할 수 있어야 하며 놀이의 형태는 개별적으로 자유롭게 선택할 수 있는 놀이뿐만 아니라 다양한 집단활동 형태로도 지원하게 된다. 그러므로 교사는 자유 선택 놀이 유형 및 집단놀이 유형에 대한 이해를 갖고 적절한 놀이 지원을 위해 활용할 수 있어야 한다.

1) 자유 선택 놀이

자유 선택 놀이는 유아들이 자기 주도적으로 자유롭게 탐색하고 놀이하는 것이다. 이를 위해 교사는 놀이영역을 구성하고 각 영역과 관련된 놀이자료를 제공하여 유아들이 자유롭게 하고 싶은 놀이를 선택하고 능동적으로 다양한 놀이를 경험할 수 있는 환경을 조성하여야 한다. 유아들은 자유 선택 놀이에서 개별적인 관심, 요구, 흥미와 자신의 발달적 수준에 따라 자신의 속도에 맞추어 스스로 선택한 놀이를 하게 되므로 유아 중심, 놀이 중심의 의미가 실현되는 중요한 놀이이다.

자유 선택 놀이의 교육적 가치를 구체적으로 살펴보면 다음과 같다(김금주, 유윤영, 오진희, 김은정, 박형신, 2012).

첫째, 자유 선택 놀이는 개별 유아의 자유와 흥미가 존중되므로 즐거운 분위기에서 다양한 놀이를 즐길 수 있다.

둘째, 자유 선택 놀이에서 유아는 개별적 흥미와 요구에 따라 스스로 선택한 놀이에 자발적으로 참여하고 주도적으로 놀이를 이끌어감으로써 개별 수준에 적합한 능동적인 학습이 활발하게 이루어질 수 있다.

셋째, 자유 선택 놀이에서는 유아와 놀이환경, 유아와 유아, 유아와 교사 간 다양한 유형의 긴밀한 상호작용이 일어난다.

넷째, 자유 선택 놀이에서 유아는 놀이 주제에 따라 다양한 놀이를 경험하면서 특정 요소들에 대한 반복, 확대, 심화 과정을 거쳐 자연스럽게 개념을 형성해 나간다.

다섯째, 자유 선택 놀이에서 유아는 스스로 선택하고 결정하고 놀이하는 가운데 자율성과 의사결정 능력 및 책임감을 발달시킬 수 있으며 성취감과 만족감을 느낄 수 있다.

놀이 중심 교육과정 운영을 위한 환경으로 학급 내 구성된 자유 선택 놀이 영역의 구성은 놀이영역의 유형, 놀이영역의 수, 놀이영역별 공간의 크기와 위치 등이 놀이 주제 및 놀이 진행 방향에 따라 융통성 있게 변화되어야 한다. 놀이 진행 상황에 따라 유아의 요구나 필요에 의해 특정 놀이영역이 빠지기도 하고, 새로운 영역이 마련될 수도 있으며, 빠졌던 영역이 다시 구성될 수 있는 것이다. 이에 놀이영역의 수가 줄기도 하고 늘어날 수도 있으며 놀이 공간의 크기 역시 필요에 따라 더 넓게 확장할 수도 있고 좁힐 수도 있다. 교사가 이처럼 놀이영역을 융통성 있게 구성하려면 먼저 기본적인 놀이영역에 대한 이해가 요구되므로 대표적인 놀이영역을 중심으로 살펴보고자 한다.

(1) 언어 놀이영역

언어 놀이영역은 언어생활의 범주인 말하고, 듣고, 읽고, 쓰기 및 문학과 관련된 경험을 지원하는 자료들을 진행되는 놀이 주제와 연결하여 제공하는 영역이다. 이 영역에서의 놀이는 유아의 언어발달을 도모하여 효율적 의사소통 능력을 향상하고 문학적 감수성을 키워나가는데 영향을 미치게 된다.

유아들은 언어 놀이를 통해 상대방의 표정과 몸짓으로 제시되는 메시지에 관심을 갖고, 다른 사람의 말을 주의 깊게 듣고 이해할 수 있는 능력과 태도를 형성한다. 이와 함께 자신의 경험과 생각과 느낌을 다른 사람에게 언어로 표현하면서 말하는 상황과 대상을 고려하여 바르게 말할 수 있는 능력 및 태도를 길러나간다. 또한 문어와 관련하여 글자 및 말과 글과의 관계에 대한 개념을 형성하여 읽기와 쓰기에 대한 관심을 확대해 나갈 수 있고 문학 작품에 관심을 갖고 말놀이와 이야기의 재미를 통해 책의 즐거움을 경험하며 문학적 소양을 키워나갈 수 있다. 언어 놀이영역 운영 시 교사가 기본적으로 유의할 점과 지도할 내용은 다음과 같다.

첫째, 교사는 정확한 발음, 올바른 어법, 풍부한 어휘를 사용함으로써 언어 사용의 바람직한 모델이 되어야 한다.

교사는 유아의 언어 사용과 발달의 모델로서 유아들의 언어발달에 직접적이며 의미 있는 영향을 미치게 된다. 교사는 정확한 발음으로 말하고 짧은 문장이라도 주어, 목적어, 동사를 갖춘 완전한 문장으로 말하며, 유아들이 이해할 수 있는 수준에서 다양하고 풍부한 어휘를 사용 하는 등 언어 사용에서 발음이나 문장구조 및 어휘 발달에 바람직한 본보기가 되어야 한다.

둘째, 교사는 유아 스스로 동기 유발된 상황에서 언어로 표현을 할 수 있는 기회를 제공하고 유아가 표현한 것을 긍정적으로 수용하고 반응해 주어야 하며 특히 편안한 마음으로 말할 수 있는 분위기를 조성하여야 한다.

말하기 발달을 위해 유아는 자신의 생각과 경험과 느낌을 언어로 표현할 수 있는 기회를 풍부히 가져야 한다. 유아들은 자신이 알고 있거나 경험한 것, 흥미와 관심을 가진 것에 대해 더 즐겁고 적극적으로 이야기할 수 있으므로 자발적 동기를 갖고 이야기할 수 있도록 배려하는 것은 매우 중요하다. 유아들은 자신이 한 말을 교사가 구체적이고 수용적으로 반응해 주게 되면 언어 표현의 중요성을 인식하게 되고 언어 사용의 다양한 규칙을 발견하면서 발달해 나갈 수 있다. 교사는 유아가 표현한 것에 대해 긍정적, 구체적으로 반응해주거나 적절한 질문으로 유아의 사고를 자극하고 이해를 도와 언어 표현을 더 분명하게 할 수 있도록 도움을 주어야 한다. 그리고 무엇보다 유아가 긴장감 없이 말할 수 있는 분위기를 조성하는 것을 중요하게 생각하여야 한다.

셋째, 교사는 말하고 듣기를 촉진하는 놀이자료를 제공하여 유아의 음성언어 발달을 돕는다.

유아의 일상은 음성언어의 사용이 바탕이 되는 만큼 유아의 음성언어 발달은 일과 속에서 자연스러운 접근을 통해 지도하는 것이 기본이다. 또한 교사는 유아의 발달 수준에 따라 자극이 될 수 있는 교육적 경험을 적절히 제공하여야 한다. 예를 들어 이야기 꾸미기나 수수께끼처럼 놀이 과정에서 유아가 자연스럽게 말하고 듣는 것에 집중할 수 있는 형태의 놀이를 지원한다면 유아의 음성언어 발달 촉진에 도움을 줄 수 있다.

넷째, 교사는 풍부한 문해 환경을 제공하여 유아가 글자에 관심을 가질 수 있도록 한다.

글자에 관심을 갖는 것은 향후 문자로 쓰인 상징을 해독하고 의미를 이해하며 사용할 수 있는 문자 언어 능력의 가장 기본이다. 유아들이 관례적인 글자에 대한 이해가 없어 글자를 읽어 내지 못하더라도 가까이 접할 수 있는 의미 있는 문해 환경을 제공하는 것은 중요하다. 유아 교육기관에서 흔히 볼 수 있는 사물함이나 신발장에 유아의 이름을 적어 둔다던가 가위, 풀, 시계, 피아노와 같은 물건과 색종이, 수수깡 등 자료를 모아 둔 것에 이름을 적어서 붙여 둔 것들이 곧 문해 환경이라 할 수 있다.

다섯째, 교사는 유아들의 읽고 쓰기를 위한 준비 과정을 중요하게 생각하여야 한다.

관례적 읽기와 쓰기에는 우선되어야 하는 기초능력이 요구된다. 유아 시기 문자 언어 발달 단계를 고려하면 이 시기는 관례적 읽고 쓰기를 위한 기초능력 발달에 도움을 줄 수 있는 다양한 기술 습득 등 준비 과정을 더 의미 있게 생각해야 하는 시기이다. 유아의 읽기와 쓰기 발달에 요구되는 기초능력 함양을 위해 필요한 기술은 다음과 같다(이영자, 이금구, 2018).

〈읽기와 쓰기를 위한 기초능력〉

- 시각 기술: 모양 분류, 모양 구성, 모양의 같고 다름 찾기
- 청각 기술: 소리 변별, 언어의 낱자 소리 인식
- 방향 인식: 위·아래, 좌·우의 방향 인식
  위·아래 인식: 인쇄물 읽기와 글자 쓰기를 위한 위·아래의 구분
  좌·우 인식: 인쇄물 읽기와 글자 쓰기를 위한 좌·우 인식
- 어휘 수 확대: 단어의 의미, 같은 의미의 다른 단어, 새로운 단어
- 소근육 발달과 조절력
- 눈과 손의 협응력

여섯째, 교사는 유아의 발달 초기에 나타나는 읽기 활동을 인정하고 격려하여야 한다.

유아의 읽기 발달은 그림을 보고 마음대로 읽고, 비슷한 의미로 이야기를 만들어 읽고, 동화책에 제시된 단어나 구절을 기억하여 이야기하기 시작하면서 점차 동화책 속의 단어와 문장을 기억하는 양이 늘어나고, 글자에 대한 개념을 알고 글자를 읽어 내는 정도가 점진적으로 확대되면서 관례적인 읽기 수준으로 발달

해나가게 된다. 그러므로 교사는 관례적 읽기 이전에 나타나는 유아들의 읽기 행동들을 유아 수준의 읽기로 인정하고 격려하며 단계적으로 발달해 나가도록 지도하여야 한다.

일곱째, 교사는 유아의 발달 초기에 나타나는 쓰기 활동을 인정하고 격려하여야 한다.

유아의 쓰기 발달은 긁적거리기를 시작으로 우연히 한, 두 개의 자형 쓰기, 의도적으로 한, 두 개의 자형 쓰기, 오류가 있는 글자 형태 쓰기, 오류가 있는 단어 쓰기, 정확한 단어 쓰기, 부분적으로 틀린 문장 쓰기, 정확한 문장 쓰기로 발달해 나간다. 쓰기 지도에서도 관례적인 쓰기 이전의 다양한 형태를 유아 수준의 쓰기로 인정하고 발달 수준에 적절한 상호작용과 교육적인 지원을 제공하여야 한다.

여덟째, 교사는 말하는 것이 글자로 전환되는 것에 유아가 관심을 가질 수 있도록 한다.

유아가 글자 쓰기에 어려움이 있는 경우 교사는 유아가 하고 싶은 말을 하면 그것을 듣고 적어주게 되는데 이러한 상황은 유아교육 기관에서 흔히 일어나는 일이다. 교사는 글자를 쓰지 못하는 유아를 위해 대신 적어주는 것에만 목적을 두기보다 유아의 말이 글자로 전환되는 것에 관심을 갖도록 도와주어 유아가 말과 글과의 관계를 이해할 수 있도록 연결하여야 한다.

아홉째, 교사는 다양한 문학 작품을 개별 또는 소집단으로 자주 읽어 들려 주어야 한다.

언어 놀이영역은 놀이 주제와 관련된 내용을 담은 다양한 문학 작품을 제시하고 있다. 유아들은 자기 수준에서 문학 작품을 감상하고 즐기므로 그림만 보기도 하고 그림을 보면서 이야기를 만들어 보기도 한다. 관례적 읽기와 쓰기는 유아의 문어 발달 단계의 가장 높은 수준에 있기 때문에 유아 시기는 읽고 쓰기에 어려움을 갖는다. 이 같은 발달적 특성으로 유아들은 대부분 교사가 읽어 들려주는 형태로 문학 작품을 감상하게 된다. 문학 작품에 대한 감상은 가장 기초적인 문학적 경험이며 문학적 소양을 기를 수 있는 활동이다. 문학 작품을 감상한다는 것은 유아들이 문학 작품 속 그림을 보는 즐거움, 교사가 읽어 들려주는 소리의 청각적 즐거움, 문학 작품 내용에 대한 즐거움과 함께 이야기의 이해, 이야기 꾸미기, 문학적 표현 및 및 상상력 발달을 촉진할 수 있다.

열 번째, 교사는 문학 작품 감상뿐 아니라 문학 작품에 기반한 문학적 이해, 문학적 표현, 이야기 짓기 놀이를 골고루 제공하여 유아들의 문학적 경험을 다양하게 지원하여야 한다.

이야기 지도나 망짜기와 같이 문학 작품의 이해를 지원하는 놀이는 유아들의 이야기 스키마를 발달시켜 이야기를 이해하는 능력 향상을 도울 수 있다. 문학 작품에 기반한 극놀이나 미술 활동으로 문학적 반응을 표현하는 놀이는 유아들의 문학 작품에 대한 느낌과 생각을 다양하게 표현해 볼 수 있는 경험으로 유아들의 문학적 표현력 발달에 도움이 된다. 동화 짓기, 동시 짓기와 같은 이야기 짓기는 문학적 창작 활동으로 언어에 대한 이해 능력과 표현력이 요구되는 놀이이다. 유아들은 다양한 이야기를 즐겁게 듣고, 다각적으로 이해하며, 다양하게 표현하면서 창의적인 이야기 짓기 능력이 향상되어 간다.

문학 작품을 감상하거나 문학 작품에 기반한 이해와 표현과 짓기 형태의 문학적 경험은 각각 고유한 교육적 가치를 갖고 있어 유아들은 균형적으로 문학 경험을 하는 것은 중요하다. 균형적 문학 경험은 유아들에게 문학적 즐거움을 제공할 뿐만 아니라 문학적 소양을 함양하는데 중요한 영향을 미치게 된다(서정숙, 남규, 2019).

(2) 미술 놀이영역

미술 놀이영역은 미적 탐색, 미적 표현, 미적 감상과 관련된 다양한 활동과 자료를 중심으로 미술 활동이 이루어지는 영역이다. 미술 놀이영역에 제공되는 자료는 미적 요소(선, 형, 색, 명암. 질감, 공간)와 미적 원리(균형, 강조, 비례, 움직임, 리듬/반복/패턴, 조화와 통일)를 탐색하고 감상할 수 있는 자연물, 예술품,

교구들과 창의적인 미적 표현을 위한 다양한 평면 활동(그리기, 찢고, 자르고, 구기고 붙이기, 판화 등) 및 입체 활동(폐품, 점토 등을 이용한 입체물 구성, 모빌 등)을 위한 자료들이 제공된다. 미술 영역에서의 놀이는 유아의 미적 지각 능력, 평면 표현 능력, 입체 표현 능력, 창의성 발달은 물론 소근육과 협응력 발달, 사회성 발달, 정서발달, 인지발달 등 인간 발달영역 전반에 긍정적인 영향을 미친다. 유아들에게 의미 있는 미술 놀이는 유아의 발달 수준에 적합하며 특정 결과물을 요구하지 않는 개방적인 활동으로 유아들은 놀이하는 과정을 즐기며 활동할 수 있어야 한다. 미술 놀이영역 운영에서 교사가 기본적으로 유의할 점과 지도할 내용은 다음과 같다(이정욱, 임수진, 2021).

첫째, 교사는 미적인 요소와 원리에 대해 충분한 이해를 갖고 우연적이든 교육적 상황에서이든 유아가 이해할 수 있는 수준에서 자연스럽게 자연과 사물에 내재 된 미적 요소와 원리를 발견하고 탐색할 수 있도록 지원할 수 있어야 한다.

미적 요소와 원리는 유아들에게 직접적으로 설명하거나 가르칠 수 있는 개념은 아니지만 유아들이 주변에서 관심을 보이는 것을 통해 흥미롭게 발견하고 탐색할 수 있도록 함으로써 유아들의 미적 요소와 원리에 대한 이해 증진과 함께 미적 지각 능력 발달을 도울 수 있다.

둘째, 교사는 유아의 미적 표현 활동 시 완성된 결과를 미리 보여주지 않도록 유의하여야 한다.

특히 교사가 유아들의 관심을 지원하는 차원에서 활동을 준비하였을 경우 특정 결과물을 제시하며 '이런 것을 그릴 것이다', '이런 것을 만들 것이다'라고 하며 유아들의 이해를 돕는다는 생각으로 교사의 결과물을 미리 보여주기 쉽다. 그러나 교사가 활동의 결과물을 제시하는 순간 유아들은 자료와 방법에 대해 스스로 고민하기 보다 교사가 보여준 결과물처럼 그리거나 만들어야 한다는 생각에 집중하게 되므로 창의적 활동에 제한을 받을 뿐 만 아니라 선생님처럼 할 수 없다는 것에 좌절감도 느낄 수 있다. 이에 교사는 유아들의 활동 과정을 지켜보면서 필요한 시점에서 필요한 만큼만 정보를 제공하거나 도움을 주면서 유아들의 생각, 노력, 방법에 대해 구체적으로 언급하며 인정하고 격려해 주어야 한다.

셋째, 교사는 유아가 자연물, 사물, 예술 작가의 작품, 또래의 작품 등 다양한 감상물에 대한 느낌과 생각을 공유하고 의견을 나눌 수 있는 기회를 제공하여야 한다. 나아가 유아들이 표현의 다양성과 창의성을 발견하고 나의 생각과 같고 다름을 받아들일 수 있도록 지도하여야 한다.

넷째, 교사는 유아들의 작품을 잘한 것과 그렇지 못한 것으로 구별하지 않아야 하며, 활동 내용에 따라 가장 효과적인 전시 방법을 지원하여 원하는 유아들의 작품을 차별 없이 전시하여야 한다. 유아들은 이를 통해 지속적으로 또래의 작품을 감상하고 자신의 작품에 대한 성취감을 느낄 수 있다.

(3) 음률 놀이영역

음률 놀이영역은 음악 활동과 동작 활동이 중심이 되는 영역이다. 유아들은 음률 놀이를 통해 음악과 신체를 이용한 탐색과 표현과 감상 활동을 경험하게 된다. 즉 유아들은 음악적 요소(음, 리듬, 멜로디)와 신체 표현에 필요한 동작 요소(신체와 공간에 대한 인식, 움직임을 위한 노력과 움직임의 관계 등)를 탐색하고 이해하며 활용하는 경험을 할 수 있다. 또한 노래 부르기, 악기 연주와 같은 음악적 표현 및 감상과 리듬 동작, 모방 동작, 창의적 동작 표현 및 감상 등 다양한 음악적, 신체적 놀이를 경험할 수 있는 영역이다. 음률 놀이영역에 제공되는 대표적인 자료는 노랫말 판, 다양한 연주 방법과 음색을 경험할 수 있는 타악기, 동요 CD와 CD 플레이어, 헤드폰, 리듬막대, 리본 막대, 고무밴드 등이 있다. 음률 놀이영역에 제공되는 자료 역시 진행 중인 놀이 주제와의 관련성을 고려하여 제공한다. 음률 놀이영역 운영에서 교사가 기본적으로 유의할 점과 지도할 내용은 다음과 같다(신동주. 김향숙, 김선희, 2021).

첫째, 교사는 음률 영역 놀이에서 발생하는 놀이 소음이 허용되는 사회적 분위기를 조성하여 유아들이 편안하게 활동할 수 있도록 한다.

음률 영역의 놀이자료와 놀이는 그 특성상 시끄러운 영역일 수밖에 없다. 교사는 공간 배치 시 조용한 영역과 거리를 둔다거나 부분 카펫을 깔아 놀이 소음을 흡수할 수 있도록 한다. 동시에 유아들도 노래 부르고 악기를 연주하면서 발생하는 소리를 수용하는 분위기를 조성하여 이로 인한 갈등이 발생하지 않도록 지도하여야 한다.

둘째, 교사는 유아들에게 음악과 신체활동의 모델이 되어야 한다.

교사는 음악적 요소와 동작 요소에 대한 이해를 갖고 적절하게 상호작용함으로써 유아의 자발적 행동을 격려하여 발전되고 심화될 수 있도록 지원해 주어야 한다. 즉 유아가 음악적 요소나 동작 요소를 발견하고 인식할 수 있도록 도움을 주어야 하고, 자신의 생각과 느낌을 반영하여 음악적, 동작적으로 표현할 수 있도록 하며 그것을 공유하도록 격려함으로써 유아들의 음악적, 동작적 인식 능력 발달을 도울 수 있어야 한다.

(4) 수학 놀이영역

수학 놀이영역은 수학적 개념을 다루는 활동을 중점적으로 할 수 있는 놀이영역이다. 유아의 발달 수준과 흥미와 관심을 중심으로 전개되는 놀이 주제에 따른 다양한 놀이를 통해 유아는 주변 세계에 호기심을 갖고 탐색 과정을 즐기면서 물체의 수량, 위치, 방향, 길이, 무게를 알아보고 사물의 규칙성을 발견하며 일정 기준을 갖고 분류해 보는 경험을 하면서 수학적 개념의 기초를 형성하게 된다.

수학 놀이영역에 제시되는 기본 자료는 수의 모양을 익히고 수 세기를 할 수 있는 숫자 카드나 게임 자료, 서열화, 일대일 대응을 해볼 수 있는 교구, 기하 보드(geo board), 패턴 블록, 칠교놀이와 같이 공간과 도형을 이해하기 위한 자료, 양팔 저울, 모래시계, 온도계 등 측정을 위한 도구, 패턴 그림 카드와 같은 규칙성을 발견할 수 있는 자료와 특정 기준에 따라 물건을 분류해 볼 수 있는 사물

자료들로 환경을 구성한다. 수학 놀이영역 운영에서 교사가 기본적으로 유의할 점과 지도할 내용은 다음과 같다(서현아, 윤정진, 좌승화, 이해정, 엄세진, 2021).

첫째, 교사는 추상적 사고가 어려운 유아 시기의 발달 수준을 고려하여 구체물로 경험할 수 있는 수학적 놀이를 제공하여야 한다.

수학적 개념 자체는 추상적 개념이지만 유아들은 자기 수준에서 의미있는 정보를 추출할 수 있다. 즉 유아 시기는 감각적 경험과 구체물을 직접 조작하면서 개념을 형성하는 시기인 만큼 유아들은 구체물을 갖고 직접 경험하면서 수학의 기초개념을 형성해 나갈 수 있다는 것이다(David, 2012). 예를 들면 유아가 셀 수 있는 수의 범위를 5 이하 또는 10 이하라고 할 때 상징적인 숫자와 기호(+, −)를 이용하여 수를 더하고 빼는 것은 어려우나 구슬과 같은 구체물을 조작하며 수를 세는 것은 가능하다.

둘째, 교사는 가능한 다양한 수학적 경험을 제공하여야 한다.

수학 놀이영역의 놀이 내용은 진행되는 놀이 주제에 따라 다양하게 제공할 수 있고 수학적 경험의 형태도 다양하게 지원할 수 있다. 수와 수 세기의 경우 유아들은 주사위를 던져 나온 수만큼 게임판의 말을 이동하는 게임 방법을 통해 수와 수 세기를 경험할 수 있고, 주사위를 던져 나온 수만큼 자료를 떼면서도 수와 수 세기를 경험할 수 있다. 또한 도형 놀이로 칠교놀이나 도형 칩을 이용한 놀이를 하는 것처럼 동일한 개념을 다루면서도 놀이자료, 도구의 내용과 형태는 얼마든지 다양하게 지원할 수 있다. 이 같은 접근은 유아들이 수학 놀이에 대한 흥미를 유지하여 지속적으로 관심을 갖고 즐겁게 참여하는데 도움을 줄 수 있다.

셋째, 교사는 유아가 갖고 있는 수학적 개념을 활용하여 문제를 해결해 보는 경험을 지원하여야 한다.

유아가 수학 놀이를 통해 형성한 수학적 개념들은 실제 상황에서 문제를 해결하는데 활용할 수 있어야 한다. 예를 들면 여러 유아가 큰 공룡의 신체 부분을 각각 분담하여 작업한 후 그것을 합하는 협동작업을 하였는데 각자 만든 공룡의 다리 길이가 달라 공룡을 세울 수 없는 문제를 만났다고 가정해 보자. 이 상황은 유아들이 수학적으로 문제를 해결할 수 있는 매우 좋은 상황으로 교사가 문제의 원인과 해결 방법을 직접 제시하기보다 유아들이 스스로 문제를 해결할 수 있도록 지원하는 것이 바람직하다는 것이다. 교사는 유아들이 이같은 문제의 원인이 무엇인지 발견하고 문제를 해결하기 위해 측정이라는 개념을 활용할 수 있도록 격려할 수 있다. 유아들이 비표준 단위로 사용할 끈이나 블록과 같은 일정한 물건을 선택하고 공룡의 다리를 측정하여 공룡이 설 수 있도록 다리의 길이를 조절할 수 있도록 돕는다면 유아는 수학적 개념을 활용하여 문제상황을 파악하고 활용하는 경험을 하게 되는 것이다.

(5) 과학 놀이영역

과학 놀이영역은 과학적 현상을 탐색하고 탐구하여 과학적 개념을 형성하기 위한 영역이다. 유아들은 과학 놀이를 하며 관찰하고, 비교하고, 조직하고, 관계짓고, 예측해 보는 등 과학적 과정을 경험하면서 과학적 개념을 형성하고 발달해 나간다.

유아는 기본적으로 주변 세계에 강한 호기심을 갖고 있고 적극적으로 알고 싶어하는 성향을 갖고 있다. 유아는 이 같은 성향을 토대로 과학적 놀이를 경험하면서 동식물, 날씨, 계절, 자연환경과 현상들에 관심을 갖고 탐색하여 과학적 개념은 물론 자연을 소중히 생각하는 마음과 자연과 더불어 살아가는 태도를 길러 나간다. 과학 놀이영역은 유아들이 감각적이고 직접적인 경험을 통해 관찰할 수 있는 자연물이나 물건들, 탐구할 수 있는 도구와 자료들로 환경을 구성한다. 열매나 낙엽, 조개 껍데기와 같은 관찰을 위한 자연물이나 자석과 같이 사물의 특성과 힘을 실험해 볼 수 있는 자료, 확대경, 현미경 등 물리적 특성을 탐구할 수 있는 도구, 거북이, 금붕어, 꽃 화분 등 교실에서 키울 수 있는 동식물, 과학적 개념을 다루는 지식 그림책, 놀이 주제 관련 과학교구 및 활동자료 등을 제공한다. 과학 놀이영역 운영에서 교사가 기본적으로 유의할 점과 지도할 내용은 다음과 같다(유칠선, 김희영, 김현령, 최유경, 김채연, 2021).

첫째, 교사는 유아가 과학적 지식을 알아가고 과학적 현상을 이해할 수 있기 위해 실물로 직접 경험할 수 있는 놀이자료를 제공하되 자료의 위생과 안전에 유의하여야 한다.

유아는 구체물을 사용하는 감각적이고 직접적인 경험에 흥미를 갖고 집중하여 관찰하고 탐색하게 되므로 과학영역의 자료는 다른 영역에 비해 실물 자료를 제시하는 비중이 높다. 그러나 실물 자료는 안전과 위생의 문제가 있을 수 있으므로 교사의 사전 관리는 물론 유아들도 스스로 문제를 인식하고 관리할 수 있도록 지도하여야 한다.

예를 들어 새의 깃털은 유아들이 매력을 느끼는 실물 자료로 유아들이 종종 기관에 가져오기도 하는데 위생 문제가 있는 새의 깃털은 세척 후 관찰 자료로 제공하여야 하고, 망가진 전화기나 시계 등 기계 속 부품을 관찰 자료로 제공하고자 한다면 교사는 납땜한 부품이나 톱니처럼 날카로운 것들을 미리 파악하여 제거한 후 제시하여야 하는 것이다.

또한 유아들이 호기심에 관찰 자료로 제공한 열매를 함부로 몸에 넣거나 먹지 않도록 사전에 안전교육을 해야 하는 것처럼 필요시 사전 안전교육을 통해 유아들이 특정 자료를 다룸에 있어 위험한 요인과 이유를 알고 그로 인해 발생할 수 있는 위험한 상황을 예측하여 유아들도 스스로 안전을 위해 유의하고 관리할 수 있도록 해야 한다.

둘째, 교사는 유아들이 흥미와 관심을 갖게 되는 사람과 동식물의 특성, 물체와 물질의 속성 등 기초적인 과학적 개념에 대해 정확한 이해를 갖고 지도하여야 한다.

교사가 과학적 개념을 정확하게 이해하고 있어야 유아들이 보이는 호기심에 적절히 반응해 줄 수 있고 필요한 환경을 제공해 줄 수 있으며 탐색에서 탐구과정으로 심화하여 정확한 개념을 형성할 수 있도록 지도할 수 있다.

셋째, 교사는 유아가 탐구적으로 과학적 개념을 형성하고 과학적 기술을 발달시킬 수 있도록 지도하여야 한다.

유아가 과학적 개념을 형성하는데 있어 가장 적합한 방법은 탐구이다. 유아들은 궁금한 것을 질문하거나 필요한 정보와 자료를 조사하고 수집하여 궁금한 것에 대해 답을 얻으려는 탐구적인 노력을 하는 과정에서 과학적 개념을 형성해 나간다. 교사는 유아들이 주변에서 보고 경험하게 되는 자연현상이나 물체에 대한 궁금증에 대해 관찰하고 탐구하며 답을 찾아갈 수 있도록 격려하고 지원하여야 한다.

넷째, 교사는 유아의 자발적 놀이를 통한 과학적 학습과 교사의 계획된 교육적 놀이를 통한 과학적 학습이 조화를 이룰 수 있도록 지도하여야 한다.

교사는 유아들의 자발적 놀이를 계기로 계획적이지만 비구조적인 놀이와 계획적이며 구조적인 놀이 형태의 교육적 놀이를 지원할 수 있다. 교사의 계획된 놀이 지원은 유아의 자발적 놀이에 대한 흥미를 유지하고 다양한 경험을 증대시켜 심화, 발전시켜 나갈 수 있으므로 유아는 과학적으로 탐구하며 과학적 현상에 대한 이해를 키워나갈 수 있다.

다섯째, 교사는 유아의 탐구과정에서 적절한 질문으로 유아의 과학적 사고와 기술 발달을 촉진하여야 하며, 유아에게 충분한 시간을 제공하고 적절한 물리적 환경을 제공해 주어야 한다. 이와 함께 유아의 과학적 탐구과정을 수용하고 지지하는 사회, 정서적 분위기를 조성하여야 한다.

유아가 궁금한 것을 다양한 방법으로 탐구해 나가는 과정이 긍정적으로 받아들여진다는 것은 유아가 자신의 생각이 무엇이든 받아들여진다고 생각할 수 있으므로 실수에 대한 두려움을 극복하는데 매우 중요하다. 교사는 유아의 탐구과정을 주의 깊게 지켜보며 적절한 상황과 각 시점에 적합한 상호작용으로 유아의 과학적 사고를 촉진하고 과학적 기술을 활용 하는데 도움을 주어야 한다. 교사는 개방적 질문을 통해 유아가 자신이 하고 있는 것들과 자신이 생각하는 것에 대해 언어로 표현하도록 격려한다. 이 과정에서 관찰을 격려할 수 있고, 탐구 대상이 갖고 있는 속성에 집중하며 생각하는데 도움을 줄 수 있다. 또한 유아가 비교하고 분류하고 관계지어 보고, 예측하고 적용하는 등의 과학적 기술 활용을 지원하는 적절한 질문을 함으로써 유아의 사고 확장에 도움을 줄 수 있다.

(6) 조작 놀이영역

조작 놀이영역은 블록을 조립하여 구성하는 놀이나 퍼즐 맞추기, 구슬 꿰기, 바느질하기와 같이 비교적 작은 놀잇감과 자료를 이용하여 정교한 놀이를 하는 영역이다. 조작 놀이는 짝짓기, 분류하기 등의 놀이 방법으로 수학적 개념형성을 지원하고, 손가락과 손목을 주로 사용하면서 소 근육 운동 능력과 눈과 손의 협응력을 키우며, 감각기능 및 탐색 능력 발달을 돕고 집중력과 사고력 발달에 도움을 줄 수 있다. 조작 놀이영역은 놀이 주제와 관련된 내용의 퍼즐, 구성 놀이를 할 수 있는 작은 블록류(듀플로 블록, 레고 블록, 와플 블록, 렉스 블록 등), 블록 구성 시 활용할 수 있는 주제 관련 소품, 주제 관련 모양의 판에 바느질할 수 있도록 가장자리에 일정 간격으로 구멍 뚫은 것과 굵은 실, 바늘 등을 제공하게 된다. 조작 놀이영역 운영에서 교사가 기본적으로 유의할 점과 지도할 내용은 다음과 같다(덕성여자대학교 유아교육연구소, 1993).

첫째, 교사는 조작 놀이를 위한 놀잇감이나 놀이자료의 난이도를 고려하여 발달적으로 적합한 수준의 자료를 제공하여야 한다.

작은 블록은 크기와 모양에 따라 끼우고 빼면서 조립하고 분해하는 조작 과정의 난이도가 다르다. 예를 들면 듀플로 블록과 레고블록은 유사한 블록이지만 듀플로 블록은 레고블록에 비해 각 조각의 크기가 더 크고 조립이 쉬워 어린 연령에 더 적합하다. 퍼즐의 경우 4조각 정도의 단순한 것부터 20조각 내외의 복잡한 것을 사용하게 되는데 연령이 어릴수록 전체 조각의 수가 적고, 각각의 조각이 크며, 퍼즐 그림이 단순하고 분명하여 단서를 쉽게 찾을 수 있거나 조각마다 손잡이가 있어 잡기 편한 꼭지 퍼즐이 적당하다.

둘째, 교사는 진행중인 놀이 주제를 반영하여 놀이자료를 교체해 주어야 한다.

조작 놀이영역의 놀이자료는 그때그때 진행 중인 놀이 주제가 반영된 것으로 교체하며 제공하여야 한다. 그러나 블록류의 경우 블록 자체를 교체하는 것은 한계가 있으므로 블록 구성에 활용할 수 있는 소품을 교체하여 유아의 현재 관심이 자연스럽게 놀이에 반영될 수 있도록 하여야 한다. 블록 놀이를 위한 소품을 교체하여 제공하게 되면 동일한 블록이지만 구성물의 변화를 유도할 수 있다. 예를 들면 유아들이 탈것에 관심을 보여 탈것을 놀이 주제로 진행하고 있다면 교통 표지판, 주차장, 도로 모양의 판을 소품으로 제공할 수 있다. 유아들은 자연스럽게 블록으로 자동차나 건물을 조립하여 도로를 구성하고 다양한 교통 표지판을 활용하여 놀이하면서 탈것과 관련된 사회지식의 개념을 형성해 나가게 되는 것이다.

(7) 쌓기 놀이영역

쌓기 놀이영역은 다양한 크기와 형태의 블록을 이용한 구성 놀이와 구성물을 이용한 극놀이가 자연스럽게 이루어지는 영역이다. 유아들은 쌓기 놀이에서 사용하는 블록의 모양, 크기를 감각적으로 경험하면서 대 근육 발달, 소 근육 발달, 협응력 발달, 공간 능력 발달과 문제해결력 향상과 사회적 기술 및 태도를 형성하게 된다. 쌓기 놀이영역에 제공되는 블록은 공간 블록, 우레탄 블록, 유니트 블록, 벽돌 블록 등 비교적 크기가 큰 블록들이므로 놀이 공간을 충분히 확보해 주어야 한다. 쌓기 놀이영역에서도 놀이 주제에 따라 미니 자동차, 사람 모형 등 적절한 소품을 교체해 주어 주제를 반영한 놀이가 활발하게 진행될 수 있도록 지원하여야 한다. 쌓기 놀이영역 운영에서 교사가 기본적으로 유의할 점과 지도할 내용은 다음과 같다.

첫째, 교사는 쌓기 놀이영역에 제공하는 큰 블록의 재질과 무게 및 크기에 따른 연령 적합성을 고려하여야 한다.

연령이 어린 유아들의 경우 유아들이 다룰 수 있을 만큼 가벼우면서도 크기가 큰 블록을 제공하여 짧은 시간에 성취감을 느낄 수 있는 것이 적합하다. 우레탄 블록은 내부가 스티로폼으로 되어 있고 겉면을 우레탄 소재로 감싼 블록이며 벽돌 블록은 종이 재질의 속이 비어 있는 블록으로 둘 다 크기에 비해 가볍기 때문에 어린 연령 유아에게 적합하다. 블록의 무게가 가벼우면 어린 유아들이 블록을 옮기거나 쌓기에 편리하고, 주로 쌓고 무너뜨리기를 즐기는 블록 구성 초기 단계에서의 놀이 특성을 고려할 때 안전 문제에 대한 염려가 덜 하며, 블록의 크기로 구성물에 대한 성취감을 쉽게 느낄 수 있기 때문이다. 반면 나무 재질로 된 공간 블록이나 유니트 블록은 무게도 있고 정확히 계산된 기하 모양으로 정교한 구성을 하기에 적합하므로 큰 연령 유아들이 사용하기에 적합하다.

둘째, 교사는 놀이 주제를 반영한 소품을 제공하여 블록 놀이가 다양하게 진행될 수 있도록 지도하여야 한다.

블록은 그 자체에 변화를 주기 어렵고 사용 중인 블록을 빼거나 다른 종류의 블록을 추가하는 것도 한계가 있어 놀이가 제한적일 수 있다. 그러므로 진행 중인 놀이 주제를 반영한 소품으로 변화를 주어 구성물이 다양해지고 구성물에 따라 놀이도 다양하게 일어날 수 있도록 지도하여야 한다.

셋째, 교사는 쌓기 놀이가 일부 유아들의 전용 놀이가 되지 않도록 지도해야 한다.

쌓기 놀이는 대부분 남아 또는 적극적인 성향의 유아들이 독점하는 경향이 있다. 쌓기 놀이가 갖고 있는 고유한 교육적 가치를 고려하면 학급의 모든 유아들이 균등한 기회를 가질 수 있어야 한다. 교사는 몇몇 특정 유아들의 독점으로 다른 유아들이 놀이 기회를 갖지 못하는 일이 없도록 세심하게 살펴야 한다.

(8) 역할 놀이영역

역할 놀이는 유아의 실제 경험이나 상상으로 상황을 설정하고 상황 속 역할을 말과 몸짓과 행동으로 표현하는 놀이로 유아들의 관심에 따라 가족 놀이, 가게 놀이, 병원 놀이, 소방서, 우체국과 같은 관공서 놀이 등 다양한 역할 놀이가 이루어지는 영역이다. 역할 놀이는 유아의 실제 경험과 상상에 의한 가상적 상황을 상징적, 창의적으로 표현하는 놀이이므로 사회적 역할에 대한 이해는 물론 다른 사람의 입장에서 생각하고 느껴보는 경험을 통해 사회성 발달, 사회적 지식의 형성, 탈 중심화를 이룰 수 있다. 또한 다양한 상황을 가작화 하고 역할을 수행하면서 상상력 향상과 문제해결력 향상도 꾀할 수 있다.

역할 놀이영역은 현재 진행되는 놀이가 원활하게 진행되고 더 발전하는데 도움이 되는 다양한 가구나 소품으로 환경을 구성하게 된다. 예를 들면 가족 놀이를 지원하기 위해 주방가구, 주방 도구와 모형 음식, 소파와 테이블, 화장대, 의상, 가방과 신발, 인형, 유모차, 아기 침대 등으로 구성된 환경이 제공된다.

역할 놀이는 대개 모든 유아들이 친숙하게 생각하는 가족 놀이를 위한 가구와 소품으로 구성된 환경으로 시작하지만, 가족놀이 환경을 지속적으로 유지하여야 하는 것은 아니다. 유아들의 관심이 달라지고 놀이 주제가 달라지면 해당 놀이에 더 적합한 환경으로 일부를 재구성하거나 완전히 새롭게 구성하는 것이 필요하다.

역할 놀이에서 사용하는 소품들은 경우에 따라 유아들이 만든 것을 활용하거나 필요한 것을 만들어 이용할 수 있다. 즉 미술 활동으로 꽃 만들기를 하게 되었고 유아들이 만들어 낸 꽃이 많아지면서 꽃가게 놀이로 이어진다면 유아들이 만든 꽃으로 꽃가게를 차려 놀이할 수 있다. 반면 유아들이 꽃가게 놀이를 먼저 제안했다면 꽃과 간판 등 필요한 것들을 유아들이 만들어 놀이할 수 있을 것이다. 역할 놀이영역 운영에서 교사가 기본적으로 유의할 점과 지도할 내용은 다음과 같다(덕성여자대학교 유아교육연구소, 1993).

첫째, 교사는 유아들의 역할 놀이에서 구성원의 한 사람으로 함께 놀이하며 맡은 역할에 적합한 언어 사용과 태도에 대한 모델을 보일 수 있고 놀이의 이해를 돕고 확장을 격려할 수 있다.

둘째, 역할 놀이에 쉽게 들어가지 못하는 유아의 경우 교사는 놀이에 참여할 수 있는 계기를 마련해 주고 놀이 참여가 안정될 수 있도록 도움을 주어야 한다.

셋째, 역할놀이에서 소외되는 유아들이 있다면 교사는 진행되는 역할 놀이에서 어떤 역할이 필요한지, 어떤 역할이 부족한지 유아들과 의논하면서 유아의 역할을 지원하여야 한다. 그러나 역할의 문제가 아니라 특정 유아와 함께하는 것을 거부하는 경우라면 이를 원만하게 중재하기 위한 도움을 주어야 한다.

넷째, 교사는 유아들이 다양한 역할을 골고루 경험할 수 있도록 지도하여야 한다.

유아들의 역할 놀이에서 흔히 볼 수 있는 것 중의 하나는 유아들이 선호하는 역할을 특정 유아들이 독점하는 것이다. 교사는 유아가 요구는 있어도 친구들에게 의사 표현을 하지 못하거나, 당연시한다거나, 포기하는 등의 이유로 특정 유아가 대부분의 유아들이 선호하는 역할을 독점하지는 않은지 세심하게 살펴야 한다. 이 같은 상황이 발생하였다면 순서를 정하여 놀이하기와 같은 해결 방법을 의논하면서 유아들이 역할을 바꾸어 가며 다양한 역할을 골고루 경험할 수 있도록 지도하여야 한다.

다섯째, 교사는 역할 놀이에서 성역할에 대해 고정된 생각을 하지 않도록 배려하여야 한다.

많은 유아들이 역할 놀이에서 남, 여를 구분하여 놀이하는 것을 흔히 볼 수 있다. 그러나 교사는 유아들이 역할놀이 경험을 통해 다양한 사회적 역할에 대한 이해를 갖게 된다는 점을 중요하게 생각하여야 한다. 예를 들면 여아도 아빠처럼 꾸미고 아빠 역할을 할 수 있고, 남아도 엄마처럼 꾸미고 엄마 역할을 경험해 볼 수 있는 것처럼 남, 여를 구분하지 않고 놀이할 수 있도록 격려하고, 이를 자연스럽게 받아들일 수 있는 분위기를 조성할 필요가 있는 것이다. 남아 또는 여아가 할 수 있는 것이라는 성역할에 대한 고정된 기준을 벗어나는 것만으로도 유아들은 다양한 역할에 대한 확대된 경험을 할 수 있다.

2) 집단활동

(1) 이야기 나누기

이야기 나누기 활동은 유아들과 정보와 경험을 공유하거나, 특정 상황이나 주제를 갖고 느낌과 생각을 이야기하면서 유아들의 생각을 모으고 협의하기 위한 목적을 가진 활동이다. 흔히 놀이를 계획하거나, 놀이 과정 중에 발생한 문제를 해결하기, 진행된 놀이 평가하기, 주말 지낸 이야기 나누기, 유아들이 경험한 상황이나 주제에 대한 토론, 학급의 규칙 정하기 등이 있다.

유아들은 이야기 나누기를 위한 의사소통 과정에서 적절한 언어 표현을 통해 자신의 생각을 말하고 정리하는 경험을 하거나, 다른 사람이 말하는 것을 경청하는 기회를 가짐으로써 의사소통 능력이 향상되고 사고력, 문제해결력이 발달하며 자신감도 갖게 된다. 또한 나와 같은 생각을 하고 있는 친구도 있지만 나와 다른 다양한 생각이 있다는 것도 알아가면서 점차 나와 다른 생각을 인정하고 수용하며 공유하거나 조율해 나가게 된다.

이야기 나누기 활동에서 갖게 되는 교육적 가치를 실현하기 위해 교사가 가장 중요하게 생각해야 할 것은 '이야기하기'와 '이야기 나누기'의 근본적인 차이를 올바로 이해하여 활동의 실제에 명확히 반영하는 것이다. 이야기 나누기 활동은 교사가 일방적으로 주제를 정하여 유아들에게 정보나 개념을 전달하는 형태로 이야기하는 시간이 아니다. 이야기 나누기란 유아를 중심에 두고 이야기하고자 하는 주제를 벗어나지 않으면서 교사와 유아, 유아와 유아 상호 간 이야기를 나누는 시간인 것이다(이선애 외, 2016). 교사는 이같은 이야기 나누기 활동에 대한 기본적인 이해를 바탕으로 장소, 집단 크기와 운영시간, 유아들의 참여 기회에 대해서도 구체적으로 고려할 필요가 있다.

첫째, 이야기 나누기 활동을 위한 장소

이야기 나누기 활동을 위한 장소는 대부분 집단 구성의 크기가 대집단 구성인지 소집단 구성인지에 따라 공간의 크기를 고려하게 되지만 이야기 나누기 활동에서 다루는 내용이 특정 공간에 해당하는 것이라면 그 공간에서 이야기 나누기를 하는 것이 더 효과적일 것이다.

예를 들면 흥미 영역별 자료와 도구의 올바른 사용에 대해 이야기 나누기를 할 경우 언어, 미술, 쌓기, 음률 등 한 번에 한 영역씩 이야기를 나누면서 해당 영역들을 활동 공간으로 활용할 수 있을 것이다. 안전한 그네 타기를 주제로 이야기 나누기를 한다면 실내에서 이야기를 나누기보다 그네 주변에 모여 안전한 그네 타기를 위해 조심해야 할 것들에 대해 이야기 나누기를 하고 바로 안전한 방향으로 줄도 서보고 안전하게 그네도 타고 내려보는 것으로 연결한다면 유아들도 이야기 나누기 주제에 더 집중하며 참여할 수 있고 이해와 적용도 더 효과적으로 이루어질 것이다.

둘째, 이야기 나누기를 위한 집단 크기 및 운영시간

이야기 나누기 활동을 위한 집단 크기와 시간은 먼저 유아들이 한 번에 집중할 수 있는 시간을 고려한다. 일반적으로 유아들은 한 번에 집중할 수 있는 시간이 길지 않다. 그러므로 연령이 어릴수록 집중 시간의 한계를 반영하여 10분 이내로 하는 것이 적절하며, 짧은 운영 시간에 유아들이 골고루 이야기를 주고 받을 수 있으려면 집단의 크기도 작게 하는 것이 바람직하다. 또한 집단의 크기는 이야기 나누기 주제에 따라서도 달라지는데 학급 유아 모두가 공유해야 하는 것이라면 대집단으로, 유아들이 충분한 시간을 갖고 생각하고 의견을 공유하거나 조율하기 위한 것이라면 소집단으로 구성하는 것이 효과적이다.

셋째, 유아들의 참여 기회

이야기 나누기 활동 중 교사는 최대한 유아들이 골고루 기회를 가질 수 있도록 하여야 한다. 특히 수줍어하는 성향의 유아들의 경우 유아가 스스로 의사 표현을 하지 않으므로 교사가 의도적으로 기회를 제공하고 격려해 줄 필요가 있다. 또한 이야기 나누기 활동 중 교사가 질문하였다면 잠시 소란함이 있더라도 유아들이 생각할 수 있는 시간을 가질 수 있게 기다려 주어야 한다. 이때 모든 유아들이 각자 생각해 보는 시간을 잠시 갖는 형태로 운영하거나 4, 5세 연령 정도의 유아 경우 필요에 따라 친구와 짝이 되어 함께 생각해 보는 시간을 먼저 가진 후 대집단에서 다 같이 공유하는 형태로 운영할 수 있다. 특정 유아가 자신의 생각을 말하고 다른 유아들이 듣는 다거나, 교사의 질문에 모든 유아가 동시에 자신의 생각을 말해보는 것을 적절히 혼용한다면 길지 않은 활동 시간 안에 모든 유아들이 좀 더 적극적으로 참여하도록 하는데 도움이 될 것이다.

〈표 4-7〉 이야기하기와 이야기 나누기의 요소별 속성

요소	이야기하기	이야기 나누기
활동의 주체	교사	교사와 유아
역할	교사는 가르치고 유아는 배우기를 하게 됨	교사와 유아 모두 적극적으로 상호작용하게 되므로 가르치고 배우는 사람으로 특정하여 구분하지 않음
주제 및 내용선정	교사가 일방적으로 선정한 주제와 내용	유아의 필요와 관심에 기초하여 선정한 주제와 내용 또는 유아와 교사가 함께 선정한 주제와 내용
상호작용 내용	교사는 설명하거나 전달하고 유아는 수동적으로 듣는 입장에서 교사가 기대하는 반응을 유아들에게 요구하게 되므로 닫힌 질문, 수렴적 질문이 많음	교사와 유아, 유아와 유아간 상호작용이 활발한 가운데 유아의 반응에 따라 이야기 나누는 내용이 심화되기도 하고, 생략되기고 하며 열린 질문, 확산적 질문이 많음
의사소통	교사로부터 유아로의 일방향으로 진행되며 교사는 주로 말하기 유아는 주로 듣기를 함	교사와 유아, 유아와 유아 간 쌍방향으로 진행되며 활발한 의사소통이 일어나면서 교사, 유아 모두 상황에 따라 말하기도 하고 듣기도 함
사회적 분위기	정적, 통제적, 폐쇄적	역동적, 허용적, 개방적

출처: 허미애(2007). 중앙대학교 박사학위논문. p.172. 재구성

이야기 나누기 활동은 유아들이 자유롭게 자신의 생각을 표현하고 교사, 또래들과 의견을 교환하며 생각과 느낌과 정보 등을 공유하는 것이 매우 중요하다. 교사는 '이야기하기'와 '이야기나누기'의 속성을 충분히 이해하고 있어야 하고 이야기 나누기 과정에서 흔히 발생하는 유아들의 우발적 관심과 돌발적인 행동이 장난이나 방해되는 행동이 아니라면 교사의 기대와 예측을 벗어난 것이라도 존중하고 수용하여야 한다.

(2) 동시 들려주기

동시란 아름다운 심리와 감정, 사물을 소재로 동심을 가진 어른과 아이들이 읽고 쓰는 시이다. 시는 적은 수의 단어를 함축적이고 운율적으로 사용하여 이미지를 그려내고 그것을 읽고 듣는 독자의 감정을 움직이는 힘이 있다. 유아들은 동시를 들으며 시어의 리듬감과 운율을 통해 감각적 즐거움을 느낄 수 있고 감성과 상상력을 키워나간다. 유아들은 3, 4행으로 구성된 1연 또는 2연 정도 길이의 비교적 짧은 시, 운율과 리듬감이 살아있는 시, 감각적이고 함축적인 시어를 사용한 시, 사람이나 동물의 모습 또는 움직임이 그려지는 시, 일상생활 경험이나 자연현상을 묘사한 시, 유아가 이해할 수 있는 수준의 유머를 담고 있는 시를 흥미있어 하고 좋아한다. 교사는 들려줄 동시를 선정할 때 유아의 발달 수준이나 관심과 함께 유아들의 선호도를 함께 고려하여 선정할 필요가 있다.

동시 들려주기는 교사가 읽어들려 주기, 나누어 읽기, 다 같이 읽기로 진행하면서 유아들이 가락을 느끼고, 시의 내용에 대한 이미지를 그려보고, 의미를 생각할 수 있도록 한다. 동시 들려주기는 다음과 같이 진행할 수 있다(김금주 외, 2012; 조경자, 이현숙, 이문정, 곽아정, 2013).

첫째, 교사가 시의 분위기와 운율을 살려 들려준다.
둘째, 유아와 함께 나누어 읽는다.

교사는 유아와 나누어 읽기를 할 때 유아들이 후렴구나 반복되는 단어, 구, 문장 또는 묻고 답하는 대화 시에서 좀 더 간단한 부분을 할 수 있도록 하여 글씨를 읽지 못하는 유아들도 쉽게 참여할 수 있게 배려한다. 나누어 읽기는 교사와 유아, 유아와 유아 등 다양한 조합으로 할 수 있다.

셋째, 시에 대한 생각과 느낌에 대해 이야기해본다.

넷째, 다 같이 운율을 느끼며 소리 내어 읽어본다.

동시를 충분히 감상한 후 유아들의 수준이나 시의 난이도에 따라 의성어, 의태어를 변형해 보거나 대화 시의 묻고 답하는 말을 바꾸어 보는 등 동시를 재구성해 볼 수 있다. 유아들에게 들려준 동시 자료는 언어영역으로 전환하여 유아들이 관심을 갖고 더 즐길 수 있도록 한다. 동시 짓기는 팝콘 튀기기, 낙엽 뿌리고 밟기, 금붕어 움직임 관찰하기, 비눗방울 놀이처럼 유아가 언어적으로 다양하게 표현할 수 있는 소재가 풍부한 경험을 직접 해 본 후 이를 바탕으로 생각을 모아 지을 수 있다.

(3) 동화 들려주기

동화 들려주기는 문학 작품을 감상하는 활동이다. 교사는 먼저 들려줄 동화에 대해 유아들의 흥미와 관심을 모으고 유아들이 집중할 수 있는 분위기를 조성한 후 분위기를 살려 입체감 있게 들려주되 너무 과장되지 않도록 한다. 교사는 동화 들려주기를 마친 후 유아들과 동화의 내용을 회상하며 간단히 이야기를 나눈다. 이야기 나누기를 위한 내용은 동화의 문학적 요소인 주제, 등장인물, 배경, 이야기 구조(plot)에서 유아들의 이해 수준과 관심, 동화 내용을 고려하여 선정하고 분석적 감상과 경험적 감상이 조화롭게 이루어질 수 있도록 고려야 한다(고문숙, 김수향, 임영심, 손혜숙, 2021).

〈표 4-8〉 문학적 요소별 감상(토의)내용의 예

문학적 요소	감상(토의)을 위한 내용
주제	• 이야기에서 가장 기억에 남는 것 • 이야기에 대한 느낌
등장인물	• 등장인물의 신체적 특징 및 변화 • 등장인물의 성격 친절한지, 용감한지, 행복한지, 겁이 많은지, 화를 잘 내는지 등 • 등장인물에 대한 유아의 생각과 느낌
배경	• 이야기가 일어난 장소와 시간 • 장소 및 시간의 변화 • 내가 좋아하는 장소 또는 시간 • 바꾸고 싶은 장소 또는 시간 / 바꾸고 싶은 이유
이야기 구조	• 이야기 속 사건들 • 사건들 간의 관계 • 주인공의 갈등 해결 방법 • 이야기 속 사건에 대한 유아의 생각과 느낌 • 이야기 속 갈등해결 방법에 대한 유아의 생각과 느낌

대집단 활동으로 동화를 들려줄 때 한 가지 더 고려해야 할 점은 문학 작품의 내용을 검토하여 효과적인 전달 매체로 전환하는 것이다. 대집단으로 동화 들려주기를 하면서 동화책을 직접 보여주는 것은 집단 크기에 비해 자료의 크기가 너무 작아 적절치 않다. 한편 접근성 좋고 사용이 용이하다는 이유로 최근 많이 활용하고 있는 컴퓨터 매체를 사용하는 것도 너무 의존도가 너무 높으면 문학경험의 다양성 측면에서 문제가 될 수 있다.

대집단 형태로 동화 들려주기를 할 경우 들려줄 동화의 내용을 살펴 효과적으로 전달할 수 있는 적절한 유형의 매체로 전환 제작하여 사용한다면 유아들도 문학작품을 다양하게 경험할 수 있어 문학에 대한 관심과 흥미를 높일 수 있고 심미감, 창의성, 상상력 향상에도 영향을 미치게 되어 바람직하다(이춘희, 장미정, 이유나, 2016). 교사가 제작하여 사용할 수 있는 대표적인 동화 매체 유형은 큰 그림 동화, TV 동화, 융판(자석)동화, 손가락 동화가 있다. 교사는 각 매체 유형의 특징과 제작 방법 및 제시 방법을 충분히 이해하여 동화 내용을 가장 효과적으로 전달할 수 있는 유형을 선택하고 올바로 제작하여 활용할 수 있어야 한다(김현자, 조미영, 김기웅, 서희연, 서화니, 조득현, 2017).

〈큰 그림 동화〉

큰 그림 동화는 낱장식 동화라고도 하며 장면마다 낱장으로 그린 것을 모아 교사의 무릎 위에 놓고 한 장씩 장면을 바꾸면서 들려주는 형태이다. 큰 그림 동화로 전환하기에 적절한 문학 작품은 한 장면당 이야기가 충실하고 그림이 분명하며 배경이 섬세한 것이다.

1. 제작 시 유의점

1) 큰 그림 동화 제작 시 적절한 종이는 동화 자료를 양손으로 세워서 잡고 있을 때 흐느적거리지 않을 정도의 두께를 가진 마닐라 용지가 적당하다.
2) 집단의 크기가 10명 내외인 경우엔 8절 크기도 적절하나 15명이 이상이 되면 4절 크기로 제작하는 것이 좋다.
3) 유아의 연령이 3세 이하인 경우 전체 매수는 10~12장 정도를 넘지 않도록 하고, 만 3, 4세 경 유아의 경우 15장~20장 정도, 5세 이상의 경우 20-25장 내외로 하는 것이 적절하다.
4) 3세 이하는 한 장면당 이야기 길이가 짧아야 하고 연령이 높아갈 수록 한 장면당 이야기 길이는 길어질 수 있다.
5) 큰 그림 동화 자료의 첫 페이지는 제목을 적는다.

2. 제작 방법

큰 그림동화 장면 선정과 그리기

1) 큰 그림 동화 형태로 매체 전환을 하려면 먼저 원본 동화책의 전체 페이지 수, 이야기 전개 과정의 기승전결을 고려하여 총 몇 장면으로 할 것인가를 결정한다.
2) 그림의 내용은 원본 동화책을 옮겨 그리면서 필요한 부분을 확대, 축소, 생략하거나 두 페이지 이상의 내용을 병합하여 그릴 수 있다.
3) 그림 속 인물들의 표정이나 행동이 분명히 드러나도록 하고 특히 유아들이 관심을 보이는 손가락 수, 눈썹 등 신체의 작은 부분이 생략되지 않도록 주의하며 그려야 할 자료들의 상대적 크기를 고려하여 적절한 비율로 그린다.
4) 색연필, 매직펜 등 그려야 할 내용의 특성을 살릴 수 있는 적절한 도구를 사용하여 색칠 작업을 하되 시각적 효과를 위해 옷감, 노끈, 한지, 색지 등 두껍지 않은 다양한 재료를 복합적으로 사용할 수 있다. 그림물감은 사용이 번거롭기도 하고 물을 포함하고 있어 건조 후 그림 장면이 울 수 있다.

움직임 효과 주기

동화의 내용 중 움직임이 있는 특정 장면은 움직임을 효과적으로 보일 수 있게 제작할 수 있다.

1) 등장 인물이 뛰어가거나, 떨어지거나, 미끄럼을 타는 등의 움직임이 있는 것이라면 해당 인물을 큰 그림 장면에 직접 그리지 않고 별도로 그려 잘라낸 뒤 뒷면에 종이 막대로 손잡이를 만들어 붙인다. 큰 그림의 해당 장면에는 등장인물이 움직이는 경로를 따라 칼집을 낸 후 별도로 제작한 자료를 뒤에서 끼워 넣어 그림 장면에 나타나게 하고 손잡이는 뒷면에 남아 있게 한다.
2) 칼집을 낸 양 끝은 뒷면에 테이프를 붙여 종이가 더 이상 찢어지지 않도록 하고 움직이는 자료의 손잡이용 막대와 칼집 낸 부분을 보호하기 위해 해당 부분에 주머니를 만들어 주는 느낌으로 종이를 덧대고 움직여야 할 자료의

손잡이는 주머니 밖으로 나오게 한다.

3) 자료가 움직이는 경로에 따라 어디서 시작하여 어디로 움직여 가는지를 알 수 있게 그림 뒷면에 화살표로 표시해 두면 교사가 구연을 하며 움직이는 자료를 자연스럽게 조작할 수 있어 극적인 효과를 높일 수 있다.

움직이게 할 인물을 별도로 제작함

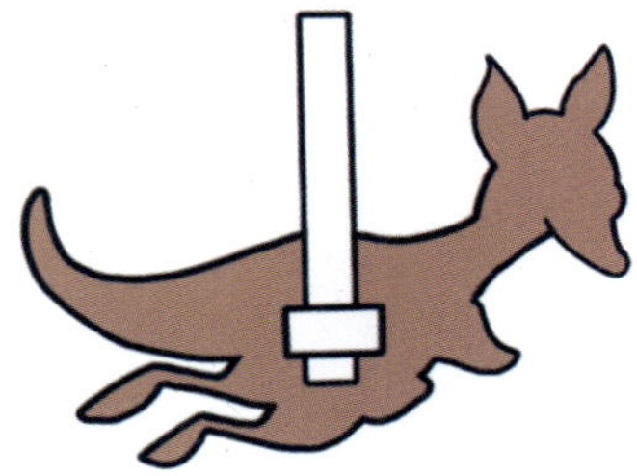

뒷면에 손잡이용 종이막대 붙이기

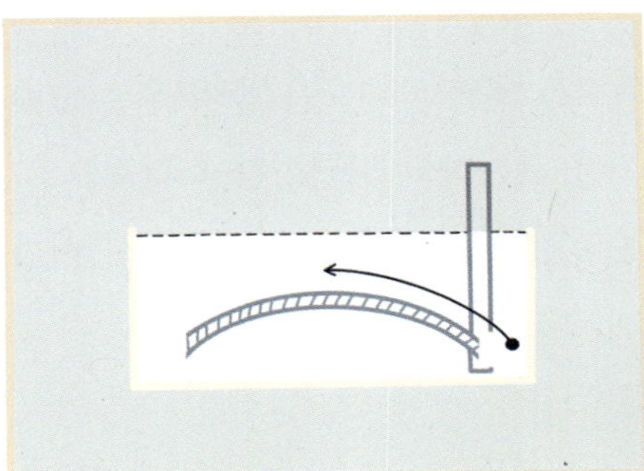

해당 그림 장면에 움직일 자료가 앞으로 나오게 끼운 후 뒷면은 자료를 보호하기 위하여 종이 주머니를 만듦

해당하는 장면에 움직이는 자료의 이동 경로를 따라 칼집을 내어 자료를 움직임

이야기 붙이기

그림이 모두 완성되면 장면별로 해당 이야기를 뒷면에 붙여둔다. 다만 움직임 효과를 준 장면이 있는 경우와 그렇지 않은 경우를 구분하여야 한다.

1) 움직임 효과를 사용한 장면이 없는 경우

큰 그림 동화는 한 장씩 뒤로 보내면서 보여주기 때문에 장면마다 해당하는 이야기를 붙이지 않고 한 장면 앞서 붙인다. 즉 첫 번째 장면의 이야기는 가장 앞장인 제목을 적은 페이지 뒷면에 붙여야 하므로 한 장면씩 앞서서 붙여가게 되는 것이다.

2) 움직임 효과를 준 장면이 있는 경우

한 장면이라도 움직임 효과를 넣어 제작한 장면이 있다면 구연 시 교사는 그 장면 뒷면에서 움직이는 자료를 조작하여야 하므로 장면마다 해당 장면의 이야기를 붙여두어야 한다. 즉 제목을 적은 첫 페이지 뒷면은 그대로 비워 두고 이야기가 시작되는 첫 장면부터 각 장면에 해당하는 이야기를 붙여나간다.

큰 그림 동화 자료에 이야기를 붙여 두는 것은 교사가 그것을 보고 읽어 들려주기 위한 것이 아니다. 제작한 동화 자료는 기관에서 장기적으로 사용하게 되므로 언제, 어떤 교사라도 활용하기에 편리하도록 동화의 내용을 붙여두는 것이다. 큰 그림 동화를 이용할 경우 교사는 이야기를 숙지하고 장면마다 효과적으로 구연할 수 있게 충분히 연습하여 이것에 의존하지 않고 동화를 들려주면서 시선은 가능한 유아들을 보며 반응을 살펴야 한다.

자료 보관 시 고려사항

큰 그림 동화 자료는 그림의 순서가 바뀌지 않게 제목을 적은 페이지를 제외하고 이야기가 시작되는 첫 장면부터 순서대로 일련 번호를 기입해 두는 것이 좋다. 또한 제목을 적은 첫 페이지의 가로면 상단 한쪽 옆에 꼬리표를 달아 자료의 일련번호와 동화의 제목을 적어 두고 색인목록을 함께 작성해 나가면 자료를 보관하고 찾아 쓰기에 편리하다.

3. 제시 방법

1) 그림의 일련번호를 확인한다.
2) 움직임이 있는 경우 움직일 수 있도록 제작한 장면의 자료가 움직이는 시작점에 준비되어 있는지 확인한다.
3) 자료의 크기가 4절 크기라면 그림이 교사의 입을 가리지 않도록 동화 자료를 교사의 무릎에 올려 두고 사용하는 것이 좋다.
4) 무릎에 동화를 올려놓고 구연할 경우 교사가 몸을 움직이면 동화 자료도 같이 흔들려 유아들이 집중하여 듣는 데 방해가 되므로 교사는 몸을 움직이지 않도록 주의한다.
5) 큰 그림동화 자료는 전체를 모아 양손으로 화면이 바르게 보이게 세워 잡는다. 이때 교사는 그림 자료 아래로부터 1/3 지점에 양손을 마주 보게 잡는다. 이때 자료를 잡고 있는 교사의 양손이 그림을 가리지 않도록 최대한 가장자리를 살짝 잡도록 한다. 특히 손가락이나 손을 움직여 유아들의 시선을 흩트리지 않도록 특히 유의하여야 한다.
6) 큰 그림 동화의 장면을 바꿀 때는 장면에 해당하는 이야기의 구연을 모두 마친 후 그림이 기울어지지 않도록 주의하면서 오른쪽 옆으로 천천히 빼낸 후 가장 뒷 장면 뒤쪽에 두고 왼쪽으로 밀어 넣듯이 천천히 끼운다.
7) 그림 장면을 바꾸기 위해 서서히 빼고 끼는 과정은 유아들이 볼 때 다음 장면이 서서히 나타나고(fade in) 방금 보았던 장면은 서서히 사라지는(fade out) 것처럼 보이므로 교사가 구연을 하지 않더라도 유아들은 그림 장면의 변화에 집중할 수 있으므로 서두르지 않도록 한다.
8) 동화를 들려주는 교사의 목소리는 분명하고 또렷한 음성과 적당한 속도로 과장되지 않게 분위기를 살려 구연한다.
9) 교사는 동화의 내용을 충분히 익혀 등장인물들의 음색을 달리하며 목소리 연기를 하고 어디에서 쉬어야 이야기 흐름이 자연스러운지 스스로 점검하기 위해 소리 내며 충분히 연습한 후 들려준다.

10) 동화를 들려주는 동안 교사는 최대한 유아들을 바라보며 동화의 흐름을 끊지 않고 시선으로만 반응을 살피면서 유아들의 주의가 산만해지지 않도록 한다.
11) 동화 들려주기를 마친 후 교사의 구연 없이 그림만 처음부터 천천히 다시 보여주면서 유아들이 그림 장면마다 어떤 이야기가 있었는지 마음속으로 생각하며 회상할 수 있는 기회를 가질 수 있다.
12) 동화 내용 중 유아들이 관심을 보이는 내용을 중심으로 이야기 나눈다.

〈TV 동화〉

TV 동화는 나무나 두꺼운 상자를 이용해 TV 형태의 틀을 만들고 양쪽에 끼워 둔 둥근 봉에 두루마리로 제작한 그림을 연결하여 한 장면씩 돌려가며 이야기를 들려주는 형태이다. TV 동화로 전환하기에 적절한 동화 내용은 장면 장면이 서로 연속성을 갖고 연결되는 이야기가 적당하다.

1. 제작 시 유의점

1) TV 동화는 두루마리 형태의 그림을 연결하여 한 장면씩 돌려가며 사용하는 것이므로 그림 제작을 위한 종이는 두루마리로 말아 사용하기에 불편하지 않을 만큼 부드러우면서도 너무 얇지 않은 목탄지를 사용하는 것이 좋다.
2) TV 틀 화면의 위, 아래와 양옆에서 각각 1cm 정도 여유를 두고 목탄지를 제작할 장면 수만큼 재단한다. 양옆에 여유를 두는 것은 두루마리 형태로 그림을 연결하기 위한 여분이고 위, 아래에 여유를 둔 것은 그림과 TV 틀 사이가 벌어져 보이지 않도록 하기 위함이다.
3) 종이를 잘라 준비할 때 두 장은 다른 종이 보다 7cm 정도 여유를 두고 자른다. 이때 한 장은 그림 뒷면을 기준으로 오른쪽에 다른 한 장은 왼쪽에 여유분을 두며 이 부분은 투명 테이프로 앞뒤에 붙인다. 그 이유는 그림 자료를

봉에 연결하고 빼기를 반복하여 사용하게 되므로 이 과정에서 종이가 찢어지거나 상하지 않도록 하기 위해서이다.

4) 종이를 뒤집었을 때 오른쪽에 여유분이 있는 종이에는 제목을 적고 왼쪽에 여유분이 있는 종이에는 '끝' 자를 적어 둔다. 첫 장면을 제목으로 처리하고 이야기가 끝난 다음 장면에 그림 없이 끝이라는 글자만 적어 두는 것은 글을 읽지 못하는 유아도 시각적으로 이야기가 끝났음을 쉽게 알 수 있게 하기 위함이다.

5) 잘라 둔 종이마다 그림을 그려 넣을 공간의 크기를 알 수 있게 TV 틀 화면 크기를 재어 연필로 표시해 둔다.

6) 그림 그리기가 완성되면 낱장 낱장의 그림을 하나로 연결하여 두루마리로 형태로 만든다. 이때 그림은 뒤집은 상태에서 제목을 적은 부분을 오른쪽에 두고 차례대로 이어서 연결한다.

7) 자료를 오랫동안 공유하며 사용하기 위해 각 장면에 해당하는 이야기를 뒷면에 붙여 두는데 위에서 7~8cm 정도 내려온 위치에 붙이면 보기에 편하다.

8) TV 틀 봉에 두루마리 그림을 끼울 때는 그림의 첫 장면을 오른쪽 봉에 먼저 연결한 후 그림을 계속 감아 끝자가 적힌 마지막 장면이 나타나면 왼쪽 봉에 연결한다. 그리고 다시 제목이 적힌 장면으로 되돌린다.

TV동화 틀 앞면

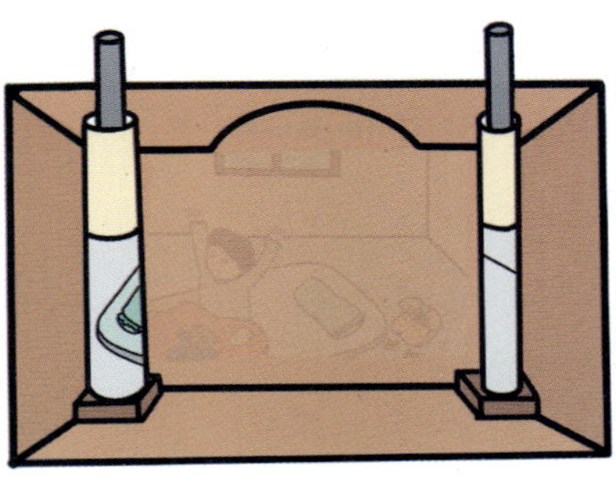

TV동화 틀 뒷면

*TV동화 틀 및 용지 크기의 예(단위cm)

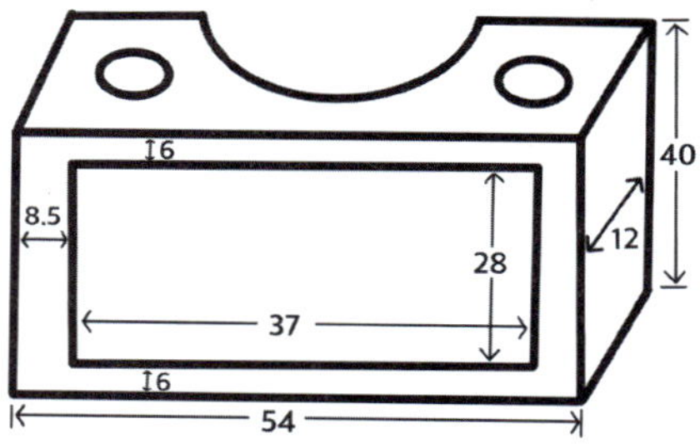

TV동화 틀 앞면 크기의 예

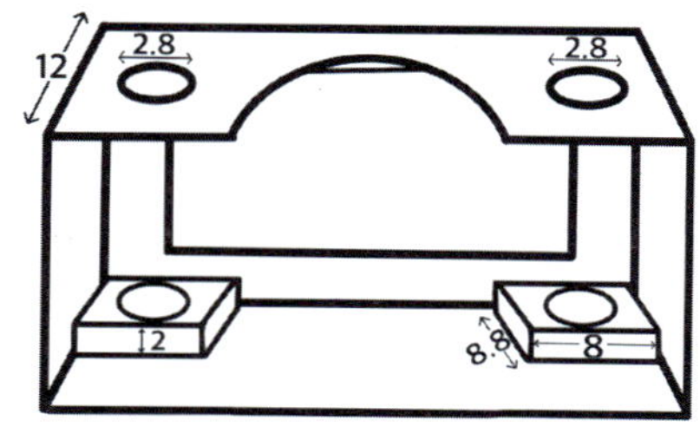

TV동화 틀 뒷면 크기의 예

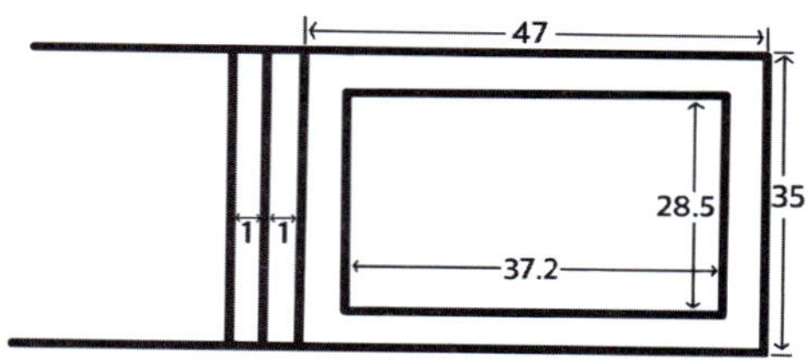

TV동화 그림 용지 크기의 예

PVC 파이프 크기의 예

2. 제작 방법

TV 동화 제작 방법은 큰 그림 동화의 제작과 동일하다. 다만 두루마리 형태로 사용하기 때문에 다른 재질을 혼합하여 사용하거나 입체물 사용으로 효과를 주는 것은 어렵다.

3. 제시 방법

1) TV 틀의 높이가 있으므로 교사의 입이 가려지지 않을 정도의 낮은 테이블에 TV 틀을 올려 둔다.

2) 두루마리 그림의 위치가 제목이 적힌 시작 장면에 와 있는지 확인한다.
3) 장면마다 구연을 하며 진행하는데 각 장면에서 구연이 완전히 끝나고 난 후 봉을 천천히 돌려 다음 장면으로 바꾸고, 다음 장면의 그림이 TV 틀 화면에 바르게 위치한 후에 그 장면에 해당하는 구연을 시작한다. 이 같은 과정을 질서 있게 진행한다.
4) 교사는 충분히 연습하여 자연스럽게 들려주면서 가능한 유아에게 시선을 골고루 주며 반응을 살핀다.
5) 구연 시 양손은 봉을 잡고 있으므로 구연 중 불필요하게 손을 움직여 유아들의 시선을 빼앗지 않도록 주의한다.
6) 구연이 끝나고 유아들이 그림을 더 보고 싶어 하면 그림 전체를 돌려서 처음부터 시작할 수도 있지만 시간이 걸리므로 유아들에게 양해를 구하고 마지막 장면에서부터 시작 장면으로 진행하며 감상할 수도 있다. 이때 동화를 들려줄 때처럼 한 장면씩 돌리면서 유아들이 볼 수 있는 시간을 잠시 갖고 다음 장면으로 바꾸기를 질서 있게 진행한다.
7) 들려준 동화를 회상하며 이야기 나눈다.

〈융판 동화〉

융판 동화는 마닐라지나 부직포를 이용하여 문학 작품에 등장하는 인물과 배경을 각각 제작하고 뒷면에 까칠이를 붙인 자료를 구연 내용과 연결하여 융판에 붙이고 떼면서 이야기를 들려주는 형태이다. 융판 동화는 인물이나 배경을 자유롭게 변형할 수 있는 것이 특징이다. 이에 융판 동화로 제작하기 좋은 동화는 커다란 무와 같이 누적적인 이야기이거나 자료를 덮고 붙이고 떼면서 변화를 줄 수 있는 이야기, 등장인물의 등장과 퇴장을 의미 있게 연출해야 하는 이야기가 적절하다. 그러나 융판 크기가 제한되어 있어 배경의 변화가 적고 등장인물의 수가 너무 많지 않으며 반복되는 사건이나 대사가 있어 기억하기 좋은 동화가 적당하다(김현희 외, 2020).

융판 동화와 유사한 자석 동화는 매체의 특징과 제작 및 제시 방법은 거의 동일하다. 단, 자석 동화는 자료 뒷면에 자석을 붙이고 자석이 붙는 판을 이용하여 동화 자료를 붙이고 떼면서 이야기를 들려주는 것이다.

1. 제작 시 유의점

1) 융판 동화를 들려줄 융판의 전체 크기를 고려하여 인물과 배경을 구성한다.
2) 융판 자료는 제작할 것들 중 가장 큰 것과 가장 작은 것을 기준으로 하여 상대적 크기를 고려하여 제작한다.

2. 제작 방법

1) 이야기를 충분히 읽고 제작할 등장인물과 소품 및 배경 등을 결정한다.
2) 방향을 자유롭게 바꾸는 것이 필요하다면 양면으로 제작하여 방향에 따라 앞뒤를 모두 사용할 수 있도록 한다.

3. 제시 방법

1) 융판 자료는 들려줄 이야기의 순서를 생각하며 차례대로 뒤집어 제일 먼저 사용하는 것이 위로 오게 바구니에 담아 둔다. 양면 자료가 아니라면 뒷면에 일련번호를 붙여두면 도움이 된다.
2) 융판은 오른쪽에 두고 교사가 앉을 의자를 왼쪽에 두되 교사는 융판도 사용해야 하고 유아들도 보아야 하므로 의자는 융판과 사선이 되게 두고 앉는다. 그러나 교사가 왼손을 사용하는 것이 편하다면 융판을 왼쪽에 두고 오른쪽에 앉는다. 이것은 융판에 자료를 붙이고 떼는 과정에서 몸을 기울이거나 화면을 가리지 않도록 하기 위해서이다.
3) 교사는 구연과 함께 융판 자료를 자연스럽게 조작하여 극적인 재미를 줄 수 있어야 한다. 이를 위해 동화의 내용을 숙지하는 것은 물론 이야기 흐름에 따라 자료를 어디에 붙일 것인지, 어떻게 움직여 줄 것인지, 언제 어디로 위

치를 바꾸어야 하는지, 어디로 등장하고 퇴장해야 하는지, 변신을 위해 언제 무엇을 어떻게 바꾸어야 하는지를 충분히 연습하여야 한다.
융판 동화를 들려줄 때 자료를 찾느라 뒤적거린다거나 서투른 조작으로 구연의 흐름이 끊이지 않도록 충분히 연습하는 것은 유아들이 이야기에 몰입하는 데에도 도움이 되고 교사는 동화를 들려주는 과정에서 유아들의 반응을 수시로 살필 수 있기 때문에 매우 중요하다.

4) 융판의 전체 화면을 균형 있게 사용하여 교사에게 가까운 공간에 쏠리지 않도록 한다.

〈 막대 동화 〉

막대 동화는 동화 속에 등장하는 인물을 그리고 잘라 낸 후 막대로 연결한 자료를 손으로 잡고 움직이며 이야기를 들려주는 형태이다. 막대 동화는 자료를 손에 쥐고 조작하게 되므로 등장인물의 수가 많지 않고 배경 변화도 크지 않은 이야기가 적당하며 손을 이용하여 움직임을 연출할 수 있는 특징을 살려 구르고, 뛰고, 날아가고, 넘어지는 등 활발한 움직임이 있는 내용의 동화가 적절하다.

1. 제작 시 유의점

1) 제작하게 될 자료들의 상대적 크기 비율을 고려하여 제작한다.
2) 구연 과정에서 막대 자료를 손에서 내려놓으려면 자료를 꽂아 둘 수 있는 배경 판을 제작하여 사용할 수 있다. 자료를 꽂는 바닥 면은 5cm 정도 두께의 스티로폼을 사용하며 막대 자료를 꽂아 둘 바닥 면 전체를 종이 테이프로 감싼 후 일정 간격으로 미리 구멍을 뚫어 둔다.

2. 제작 방법

1) 이야기 내용을 잘 살펴 제작해야 할 자료를 결정한다. 필요한 자료를 그려서 제작하거나 복사한 것을 이용하여 제작할 수 있다. 자료는 마닐라지에 직접 그리거나 부직포를 이용하여 제작할 수 있고 얇은 종이에 그렸다면 자료가 힘이 없어 휘어지므로 뒷면에 마닐라지를 붙여 사용한다.
2) 배경을 사용할 경우 마닐라지에 그려 세워서 사용할 수 있게 제작한다.

막대 동화 자료의 예

배경판의 예

3. 제시 방법

1) 막대 자료를 사용할 순서대로 뒤집어 바구니에 정리해 둔다.
2) 배경판을 사용할 경우 낮은 책상에 놓고 배경 판 안에서 자료를 조작하며 구연한다.
3) 언제 어떤 자료를 어떤 방법으로 등장시킬 것인지 구연 내용에 따라 자료의 등장, 퇴장, 위치, 움직임 등을 자연스럽게 연출할 수 있도록 충분히 연습한다.
4) 가능한 시선은 유아들과 교환하면서 반응을 살핀다.

〈 손가락 동화 〉

손가락 동화는 자료 뒷면에 손가락을 끼울 수 있는 고리를 달아 손가락에 끼워서 조작하며 들려주는 형태이다. 손가락 동화는 손가락에 끼워 사용하므로 자료 크기가 제한적이므로 10명 이하의 소집단 규모에 적절하다. 또한 손가락에 끼울 수 있는 자료의 수에도 한계가 있어 동화 내용과 등장인물이 단순한 것이 좋고 손가락을 접고 피거나, 손가락을 구부리거나 흔들면서 움직임을 보여주거나, 날아가는 움직임의 효과를 살릴 수 있는 내용으로 하면 흥미롭게 진행할 수 있다.

손가락 동화 자료 앞면

손가락 동화자료 뒷면

(4) 동극

동극 활동은 유아들이 문학 작품 속에 등장하는 인물의 역할을 맡아 이야기 속 장면의 대사와 연기를 하면서 인물의 성격, 행동을 표현하는 극놀이의 하나이다. 동극 활동은 유아들의 문학 작품에 대한 이해를 돕고 표현력 향상에 도움을 주며, 극중 인물이나 관객이 되어 상호협력하는 태도를 기를 수 있다. 동극활동에 적합한 작품은 등장인물의 수가 너무 적지도 많지도 않아야 하고, 배경 변화가 거의 없으며, 등장인물들의 대사가 간단하고 반복적인 것이 적절하다(김현희, 박상희, 2020; 윤희경, 김애옥, 나은숙, 이분려, 황혜경, 2016).

동극에 필요한 자료를 교사가 모두 준비하기도 하지만 유아들이 필요한 자료를 분담하여 제작한 것을 사용할 수도 있다. 극중 인물이 누구인지 나타내기 위해 흔히 머리띠 또는 목걸이를 사용하며 나무, 집, 바위 등 공간적 배경을 보여주기 위한 것과 의상 등 작품에 나오는 소품은 제작하거나 실제 있는 물건을 활용할 수 있다.

동극 활동은 동화를 들려주고 동극 활동으로 연결할 것에 대해 교사가 제안하거나 유아의 제안으로 결정할 수 있다. 교사가 제안할 경우 미리 필요한 자료를 준비해 왔다면 동화를 들려주고 바로 진행할 수 있지만 동화를 들려주고 나서 유아들과 제작에 대해 이야기 나눈 후 유아들이 자료를 제작한다면 자료를 제작할 시간을 갖고 준비가 된 후에 동극 활동을 진행한다. 대본은 동극 활동에 적절하게 네레이션의 길이와 내용, 직접 화법, 간단한 문장이나 단어의 반복 등을 고려하며 각색하여 사용한다. 동극 활동 중 네레이션은 교사가 맡아 하거나 글을 읽을 수 있는 유아가 있다면 원하는 유아가 하도록 한다.

동극 활동은 다음과 같이 진행할 수 있다.

첫째, 등장하는 인물에 대해 이야기하며 역할을 정한다.

둘째, 역할이 정해진 유아는 앞으로 나와 교사의 도움을 받아 머리띠나 목걸이를 착용한다.

셋째, 배경을 상징하는 소품을 어디에 둘지 유아들과 의논하며 배치한다.

넷째, 등장인물의 역할을 하게 되는 유아들은 무대 어디에서 기다리고 등장하고, 퇴장할지에 대해 의논하여 정해진 자리에서 등장할 준비를 하며 기다린다.

다섯째, 동화 내용을 회상하며 등장인물마다 해야 할 대사와 행동을 간단히 해본다.

'00가 무엇이라고 말했지?', '00는 어떻게 대답했지?'
'00가 어떻게 했지?', '그래서 00는 어떻게 되었지?'

여섯째, 관객으로 참여하는 유아들과 동극을 보는 태도에 대해 이야기한다.

일곱째, 동극의 시작을 알린 후 바로 이어서 동극의 제목을 분명하게 말한다.

여덟째, 네레이션에 따라 등장인물들이 대사를 하고 연기를 한다.

아홉째, 동극을 마치면 역할을 맡은 유아들, 관객인 유아들의 입장에서 간단히 평가한다.

열 번째, 등장인물 역할을 맡은 유아들은 관객인 친구들에게 인사한 후 소품을 정리하고 들어간다.

'00을 맡은 000입니다.'

동극 활동을 운영하면서 교사가 가장 어려운 상황은 유아들이 맡게 되는 역할이 많지 않으므로 참여하지 못하는 유아가 대부분이고, 참여하더라도 자기가 하고 싶은 역할을 하지 못하는 경우가 있어 유아들이 불만을 갖게 된다는 것이다. 이에 역할을 정하는 과정에서 교사는 유아들에게 다음 기회가 있음을 안내하는 것이 필요하다. 즉 이번에 하지 못한 친구들중에 역할을 정하여 내일 동극 활동을 한 번 더 할 것이라던가, 자유 선택 놀이 시간에 하고 싶은 친구들이 할 수 있도록 동극 소품과 배경과 공간을 계속 제공할 것이라는 안내를 하면 유아들은 당장 참여하지 못하더라도 다음을 기대하며 관객으로서 더 즐겁게 동극 활동에 참여할 수 있을 것이다.

(5) 새 노래 배우기

노래 부르기는 대부분 유아들이 매우 즐거워하는 활동이며 진행 중인 놀이 주제에 대한 유아의 흥미와 관심을 높이는데 효과적이다. 또한 노래 부르기는 유아들이 음악적 아름다움을 느끼고 즐기는 태도의 함양과 음악성 발달에 도움을 주는 활동이다.

새 노래 배우기를 위한 노래 선정 시 교사는 노래의 음악적 요소나 노랫말이 발달 수준에 적합한지, 유아들이 선호하는 요소들이 포함되었는지 고려하여야 한다. 유아의 발달 수준에 적합하고 유아들이 선호하는 노래는 유아들의 현재 관심과 흥미를 반영한 주제와의 관련성, 유아들이 편안하게 부를 수 있는 음역대(중앙 도부터 라까지 6도 이내), 멜로디, 리듬, 노랫말의 반복, 장조로 된 밝은 분위기의 노래이다(신동주 외, 2021).

새 노래 배우기에서 활용하는 노랫말 판은 집단의 크기를 고려하여 모든 유아들이 보기에 불편함이 없는 크기로 제작하여야 하며 15명 규모 이상의 대집단 형태라면 2절 크기로 제작하는 것이 적절하다. 노랫말을 글로만 제시하기보다 해당 단어의 옆 또는 아래에 단어를 연상할 수 있는 작은 그림을 그려 넣거나, 노래의 전체적인 분위기를 나타내는 삽화를 곁들여 제작하면 유아들이 노랫말을 더 쉽고 빠르게 이해하는데 도움을 줄 수 있다

노랫말 판은 활동 이후 유아들이 새로 배운 노래에 지속적으로 관심을 갖고 부를 수 있도록 음률 영역의 자료로 전환해 준다. 새 노래 배우기는 유아가 노래의 멜로디와 노랫말을 점진적으로 익힐 수 있도록 하기 위해 다음과 같이 운영할 수 있다.

첫째, 교사가 반주 없이 정확한 음의 육성으로 들려준다.

반주 없이 육성으로만 들려주는 것은 유아들이 새로 배우게 될 노래의 멜로디와 노랫말에 더 집중하며 들을 수 있도록 하기 위해서이다. 그러나 교사가 정확한 음정 잡기에 어려움이 있다면 피아노나 다른 건반악기로 반주 없이 멜로디만 치면서 부른다거나 도움을 받을 수 있는 다른 교사가 부르는 것을 녹음하여 들려줄 수 도 있다.

둘째, 노랫말로 부르기 전 한음 부르기를 통해 멜로디를 익힌다.

노랫말을 넣어 부르기 전에 한음으로 부르기를 하면 유아들이 멜로디를 익히는데 도움이 된다. 한음으로 부를 때 '아', '오'처럼 모음 소리로 부르게 되면 멜로디를 분명하게 따라가기 어려우므로 '라', '다', '나', '마'와 같이 자음과 모음이 결합 된 음을 사용하여 한음 한음 정확하게 멜로디를 따라갈 수 있는 음으로 부르는 것이 좋다. 노래는 한마디씩 짧게 끊어 부르기보다 처음부터 끝까지 부르는 것이 유아들이 노래의 흐름을 느낄 수 있어 적절하다.

셋째, 노랫말을 넣어 부른다.

노랫말로 부르기 전 노랫말의 내용을 짧은 이야기로 만들어 동화를 들려주듯이 소개하면 유아들이 좀 더 흥미롭게 노랫말을 이해할 수 있다. 노랫말 부르기에서도 가능한 노래 전체를 부르거나 짧지 않게(전체 1/2정도) 끊어 부르도록 한다.

넷째, 노랫말을 넣어 나누어 부른다.

멜로디와 전체 흐름을 느끼면서 한음 부르기, 노랫말 부르기를 한 후 나누어 부르기를 하면서 지루하지 않게 노래를 익히는 기회를 갖는다. 나누어 부르기는 교사와 전체 유아가 나누어 불러보고 이후 유아들을 두 집단으로 나누어 유아끼리 나누어 부르기를 할 수 있다. 교사와 유아가 나누어 부를 때는 교사와 유아가 어느 부분을 부를 것인지 정한 후 나누어 부르기를 하는데 반복되는 부분이나 후렴구와 같이 좀 더 쉽게 접근할 수 있는 부분을 유아가 할 수 있게 배려한다. 그러나 유아들이 부르는 부분에서도 교사는 크지 않은 소리로 함께 불러 필요한 유아들이 교사의 노래를 들으며 따라 부를 수 있도록 한다. 노랫말로 나누어 부르기에서도 마디마디 끊어 부르기보다 전체 노래 마디의 1/2 정도(8마디 중 4마디씩, 16마디 중 8마디씩)로 너무 짧지 않게 끊어 부른다.

다섯째, 다 같이 불러 본다.

다 같이 부르기는 교사와 유아가 노래 시작부터 끝까지 끊지 않고 불러보는 것으로 이때 반주로 흥을 돋우며 완성도를 높일 수 있다. 그러나 아직 노래를 익히는 단계이므로 유아들이 멜로디를 익히는데 방해되지 않도록 간단한 반주로 맞추어 주는 것이 좋다.

새노래 배우기에서는 유아들이 노래의 멜로디와 노랫말을 점진적으로 익혀가는 것이 필요하다. 그러나 너무 반복하여 훈련하듯 부르는 것은 유아들이 흥미를 잃을 수 있으므로 시간을 두고 기회가 될 때마다 함께 부르기도 하고 음률 영역에서 관심 있는 유아들이 개별적으로 부르며 익힐 수 있도록 지원하여야 한다. 노래가 익숙해지면 유아들과 노랫말을 바꾸어 불러볼 수 있으며 노랫말 바꾸기는 노랫말에 제시된 의성어나 의태어를 바꾸어 본다거나 겨울 놀이를 겨울 음식으로 노랫말 내용을 바꾸어 볼 수도 있다. 유아들과 무엇을 어떻게 바꿀지 함께 이야기하면서 바꾸어 보고 바꾼 노랫말을 넣어 불러본다.

(6) 신체 활동

신체활동이란 신체 기능을 탐색하기 위한 기본 동작 활동과 몸을 움직여 대상의 움직임을 모방하거나 자신의 생각과 느낌을 창의적으로 표현하는 동작 표현 그리고 감상 활동을 말한다. 유아는 움직임을 통해 신체의 부분과 전체 움직임을 인식하고 움직이는 공간, 강도, 빠르기, 관계 등 동작의 기본 요소를 탐색할 수 있으며 이동 동작, 비 이동 동작, 조작적 동작과 같은 동작의 유형들을 경험하게 된다. 유아들은 기본 동작 활동을 통해 신체의 기능을 인식하고 조절하는 능력과 운동 능력을 키우게 되고 동작 표현 및 감상 활동을 통해 상상력과 창의력을 키우며 긍정적인 정서 함양과 건강 증진을 도모할 수 있다.

신체활동은 몸을 움직이는 활동이므로 활동에 필요한 공간을 충분히 확보하여야 하고 활동 시 유아들 간의 간격도 적정하게 유지하여 부딪치는 일이 없도록 하여야 한다. 또한 신체를 움직이는 활동이므로 준비운동 시간을 가져 신체를 유연하게 풀어준 후 본 활동을 하는 것이 필요하다.

신체활동 시 유아들이 움직임에 대한 요소들을 먼저 탐색하고 탐색한 것을 생각하며 실제로 움직여 보도록 한다. 신체 표현을 위한 활동은 탐색단계에서 나타난 다양한 표현에 유아들의 감정과 생각을 반영하여 개별 유아들의 창의적인 표현을 격려하고 친구들의 표현도 감상하는 시간을 갖도록 한다. 활동의 마무리 단계에서는 활동 과정에서의 경험을 회상하고 평가하는 시간을 갖는다(김금주 외, 2012).

(7) 게임

게임은 규칙이 있는 놀이이다. 게임을 하기 위해 유아들은 게임의 규칙을 알아야 하고 규칙에 따라 행동할 수 있어야 한다. 유아들은 게임을 통해 규칙을 지켜 행동하는 경험을 하게 되고, 규칙을 함께 의논하여 만들거나 변형하는 과정에서 사고력과 문제해결 능력이 향상될 수 있다. 또한 지나친 경쟁심을 자제하고 좌절 또는 공격성과 같은 부정적 정서를 통제하는 능력을 기를 수 있다.

집단놀이 형태로 하는 대표적인 게임에는 원게임과 편 게임이 있다. 원게임은 유아들이 하나의 원으로 둘러앉아 편을 가르지 않고 하는 형태인 반면, 편 게임은 집단을 나누어 팀 간의 승부를 겨루게 되는 형태이다. 연령이 어릴수록 승부를 가리는 편 게임보다 원게임 형태가 더 바람직하며, 편 게임이 승부를 가리는 것이라 하여도 유아들이 게임 방법을 잘 지키고 끝까지 마무리하는 태도를 더 중요하게 생각하도록 격려하여 지나치게 승부에 몰두하지 않도록 유의하여야 한다(윤희경 외, 2016).

원게임 활동에는 '수건돌리기', '오리 오리 사자' 게임처럼 술래가 다른 유아를 술래로 만들기 위해 쫓고 쫓기는 게임, 의자 빼기 게임처럼 먼저 자리를 차지하는 게임 등 일정한 게임 방법이 정해져 있는 게임과, 다양한 방법으로 공놀이 하기(마주 보는 친구에게 주고 받기, 일정 규칙에 따라 위로, 옆으로 전달하기 등)와 같이 필요한 내용을 반영하여 교사와 유아가 게임의 내용과 규칙과 방법을 만들어 가며 하는 게임이 있다. 편 게임의 내용 또한 유아들의 관심을 반영하여 게임의 내용과 방법을 다양하게 계획하여 운영할 수 있다.

쫓기 게임은 대부분 술래가 한 명이고 유아들은 서로 술래가 되고 싶어 하므로 교사는 적극적인 일부 유아들이 반복하여 술래를 하지 않도록 유의하며 골고루 기회를 갖도록 해야 한다. 한편 의자 뺏기 게임처럼 마지막 한 명의 유아가 남을 때까지 탈락자가 계속 나오는 게임은 탈락한 유아들은 계속 늘어나는데 게임을 지켜보게만 한다면 흥미를 잃고 게임 진행에도 방해가 될 것이므로 탈락한 유아들도 다른 형태로 참여하면서 게임을 즐겁게 지켜볼 수 있도록 배려하여야 한다. 즉 의자 뺏기 게임에서 의자를 차지하지 못한 유아들이 일정 공간에 모여 악기 연주와 함께 노래를 불러주게 되면 노래 부르는 유아들도 흥이 나고 게임 진행에도 흥을 돋우어 줄 수 있을 것이며, 게임이 끝나고 최종적으로 남은 유아가 지휘자가 되어 다 함께 악기 연주와 함께 노래를 부르며 즐겁게 마무리하면 모든 유아들에게 게임의 전 과정이 흥미롭고 의미 있을 것이다.

편 게임은 대개 두 팀으로 나누어 승부를 가리는 활동이므로 게임 시작 전에 두 팀의 유아 수가 동일 해야 함을 이해할 수 있도록 팀별 유아 수를 함께 세어 보는 절차를 갖기도 한다. 게임 방법은 교사가 설명으로만 하기보다 직접 시범을 보이거나 유아의 도움을 받아 시범을 보이는 것이 더 적절하다. 게임을 마친 뒤에는 두 팀의 결과를 함께 평가하되 승부를 강조하기보다 결과에 대해 서로 칭찬하고 격려함으로써 유아들도 게임 과정을 더 의미있게 생각할 수 있도록 한다.

5. 놀이 중심 교육과정운영

1) 놀이 중심 교육과정의 의미

국가 수준의 교육과정(제4차 어린이집 표준보육과정, 2019 개정 누리과정)에서 가장 강조하고 있는 것은 유아 중심, 놀이 중심의 교육과정을 구성하여 운영하는 것이다. 유아교육의 본질상 유아 중심, 놀이 중심의 교육과정 운영은 유아교육 패러다임의 새로운 전환이기보다 유아교육 현장에서 유아를 주체로 한 놀이 중심의 교육과정을 보다 더 충실하게 실천해야 함을 강조하는 것으로 이해할 수 있다.

유아교육에서 '유아 중심'을 주장할 수 있는 가장 근본적인 이유는 유아가 학습의 주체로서 능동적이고 적극적인 존재라는 믿음에 있다. 유아가 주체적으로 학습의 중심이 되기 위해서는 유아가 주도하는 놀이 중심의 교육과정을 운영하여 유아들이 자신의 수준과 흥미에 따라 즐겁게 놀이하는 과정에서 자기를 알고 주변 세상을 알아갈 수 있어야 한다. 이를 위해 교사는 학급 유아들의 현재 발달 수준과 관심 및 흥미를 관찰하고 관찰된 내용을 반영한 놀이 활동이나 상황을 지원하여 학습 내용으로 연계하여야 한다(Neil & Drew, 2013). 그러나 유아의 놀이와 상황을 관찰한 것을 기초로 교사가 유아에 대한 기대와 예측을 하며 놀이가 시작되었더라도 유아들의 놀이는 놀이 과정에서 방향과 내용이 얼마든지 변화할 수 있는 특성이 있다는 점을 유념해야 한다. 따라서 교사는 유아의 실제 놀이상황을 지속적으로 지켜보면서 변화에 융통성 있게 대처하여야 하는 것이다.

놀이 중심 교육과정이란 교육과정의 구성과 운영의 중심은 유아이고 유아에게 최선의 경험인 놀이로 운영되는 교육과정이다. 놀이 중심 교육과정은 기본적으로 유아가 능동적인 학습자라는 믿음으로 그들의 자율성과 주도성을 존중하고, 유아들에게 있어 놀이는 가장 최선의 학습 경험이고 학습방식이라는 생각을 바탕으로 교사와 유아가 함께 배움의 방향과 내용 및 실행방법을 구성해 가는 것이다. 놀이 중심 교육과정의 특징을 구체적으로 살펴보면 다음과 같다(교육부·보건복지부, 2020c; 김진희 외, 2020)

첫째, 놀이 중심 교육과정에서는 유아들이 자유롭게 놀이할 수 있는 환경이 제공되고 능동적, 주도적으로 놀이에 참여할 수 있는 기회가 보장된다.

둘째, 놀이 중심 교육과정에서 유아들은 선택의 자유가 있고 자발성과 주도성을 갖고 놀이에 참여하며 놀이 자체가 즐거운 학습 경험이다.

셋째, 놀이 중심 교육과정에서는 유아와 교사가 상호 주도적으로 이끌어낸 다양한 형태의 놀이가 이루어진다.

넷째, 놀이 중심 교육과정에서는 유아들이 놀이할 수 있는 충분한 시간을 제공하고 유아들의 놀이 흐름을 반영하여 일과를 운영한다.

2) 놀이 중심 교육과정의 계획 및 운영

놀이 중심 교육과정은 놀이가 중심이 되는 교육과정이다. 그러나 유아의 놀이에 기초한 교육과정이라 하여 매일, 매시간 유아의 자연 발생적인 자발적 놀이에만 의존하여 교육과정 구성에 대한 주제도 없고 교육목표도 계획도 없이 일과를 진행한다면 이는 유아의 자유를 존중하는 놀이 중심의 운영이 아니라 유아의 놀이가 무엇이든 방관하는 오류를 범하는 것이다. 놀이 중심 교육과정은 자유 방임적 교육과정이 아니라 놀이가 갖고 있는 힘을 통해 유아의 전인 발달을 꾀하는 교육과정이다.

놀이 중심 교육과정을 위한 주제와 내용은 항상 유아의 자발적 놀이로만 구성되어야 하는 것은 아니다. 유아 시기에 중요한 기본생활 습관 형성 및 안전 관리와 같은 일상생활 관련 내용도 포함되어야 한다. 다만 이 역시 교사의 판단으로 가르쳐야 할 필요성을 따르는 것이 아니라 유아의 발달 수준과 요구와 상황으로부터 시작되어야 하는 것이다. 그러므로 놀이 중심 교육과정이란 학습자인 유아의 자발적 놀이, 유아의 요구, 유아 및 학급의 특별한 상황으로부터 주제가 선정되고 교육과정 내용이 구성되며 유아가 주도하는 자발적 놀이뿐만 아니라 교사에 의해 안내된 놀이, 교사가 계획한 교육적 놀이로 운영하되 유아가 능동적으로 참여하는 놀이로 실천되는 순환을 통해 유아와 교사가 함께 만들어 가는 것이다. 또한 이를 효율적으로 실행하기 위해서는 적절한 환경구성과 상호작용이 뒷받침되어야 한다(이은희, 유소연, 이선영, 이성주, 김현경, 2019). 놀이 중심 교육과정의 계획 및 운영 시 유의할 사항을 구체적으로 살펴보면 다음과 같다.

첫째, 주제 선정

놀이 중심 교육과정을 계획하는 단계에서 가장 먼저 진행되는 작업은 놀이의 주제를 선정하는 것이다. 주제는 교육과정 내용과 활동 범위에 대한 방향을 설정하는 기능을 갖는 것으로 주제를 선정하는 이유는 반드시 학급 유아들의 현재의 관심과 흥미, 요구나 필요 또는 유아들이 공유하고 있는 학급 상황으로부터 도출되어야 한다. 그러므로 교육기관 내에 동일연령 학급이 2학급 이상 구성된 상황에서 연령별로 대표성을 갖는 하나의 교육과정을 계획하여 공유하는 것은 매우 잘못된 접근이다. 학급연령이 동일하다는 것은 교사가 보편적으로 예측하고 기대할 수 있는 발달 수준이 유사할 수는 있어도 학급 구성원인 유아들의 관심과 흥미까지 동일 하지 않기 때문이다. 이같은 이유로 주제 선정과 교육과정 계획은 최소한 학급 단위로 진행되어야 하며 교사는 반드시 학급 유아들의 현재의 흥미와 관심에 따라 주제를 선정하되 선정한 주제를 중심으로 교육과정을 계획을 할 경우 발달적 수준 및 흥미에 따른 적절성, 유아들의 생활과의 관련성, 다양한 활동 기회의 가능성 등을 충족할 수 있는지를 점검하고 결정하여야 한다.

둘째, 교육과정 계획

교육과정은 선정된 주제와 국가 수준의 교육과정에 제시된 목표 및 내용을 연계하여 계획한다. 일반적으로 교육계획은 연간계획, 월간계획, 주간계획, 일일계획 등 다양한 유형을 생각하게 되지만 연간, 월간 단위로 교육과정을 계획하는 것은 시간의 범위가 너무 넓어 학급 유아들의 현재를 반영하기에 매우 적절하지 않다. 이에 연 단위, 월 단위 계획은 기관의 주요 일정을 중심으로 한 학사일정 계획으로 하고, 주간 단위의 교육과정을 계획하면서 월간의 일정 중 유아들의 놀이와 활동에 영향을 줄 수 있는 일정이 있는지 점검하여 반영하도록 한다.

놀이 중심의 교육과정 실천으로 이어지는 교육과정 계획은 대개 주간 단위로 직전 주에 계획하고 이를 토대로 일일 교육계획안을 구성하여 운영한다. 주간교육계획 시 교사는 유희실과 같은 공용 공간의 사용 가능성, 기관에서 함께 사용하는 시청각 기자재의 이용 가능성, 주 교사 외 인력 확보의 가능성 등을 검토하고 반영한다. 일일 교육계획안 구성에서는 날씨와 공기의 질(우천, 폭염, 한파, 황사, 오존, 미세 먼지, 초미세 먼지 등)을 살펴 실외놀이 여부를 고려하고 실외놀이를 할 수 없는 경우 이를 대체할 수 있는 대근육 활동이나 동적인 활동을 미리 준비해 두도록 한다.

교육과정을 계획하고 운영함에 있어 가장 중요한 것은 융통성이다. 교사는 주간교육계획과 일일 교육계획의 원안을 엄격히 지키려 하기보다 그날그날 유아들의 놀이 진행 상황이나 반응 등을 관찰하고 평가하여 추가, 삭제, 수정 등을 통해 융통성 있게 운영하여야 한다.

셋째, 놀이 주도성에 따른 놀이 활동의 활용

놀이는 유아와 교사에게 주어진 놀이의 주도성 정도에 따라 자발적 놀이, 교사에 의해 안내된 놀이, 교사가 계획한 놀이로 구분할 수 있다. 자발적 놀이는 유아의 내적 동기에 의한 자기 지시적 놀이로 유아의 흥미와 욕구의 표현으로 이루어지는 놀이이다. 안내된 놀이란 유아로부터 관찰한 내용을 반영하여 교육적으로 지원하고자 교사가 제안한 놀이로 교사의 의도가 유아의 놀이 과정에 영향을 미칠 수 있지만 유아가 능동적으로 참여하면서 스스로 선택하고 결정할 수 있는 여지가 있는 놀이이다. 교사가 계획한 놀이는 이야기나누기, 새노래 배우기, 편 게임, 요리 활동과 같은 집단활동에서 많이 볼 수 있는 놀이 활동이다.

안내된 놀이나 교사가 계획한 놀이는 자발적 놀이에 비해 교사의 목적과 의도가 분명하며 놀이의 내용에 영향을 미치게 되므로 유아의 놀이 주도성 정도는 자발적 놀이에 비해 낮다. 그러나 유아들은 여전히 자신의 생각을 표현하고 적극적으로 참여할 수 있는 여지를 갖고 있다. 교사는 놀이중심 교육과정 실행에서 이 같은 놀이가 상황에 따라 연속선상에서 적절한 형태로 수시로 전환되고 균형있게 실행될 수 있도록 지원하여야 한다(엄정애, 2014; Judith et al., 2018).

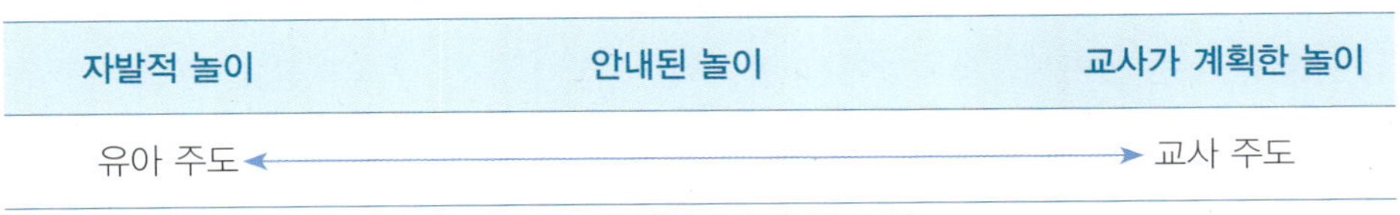

[그림 4-1] 놀이의 주도성

넷째, 교육과정 평가

놀이 중심 교육과정 운영에 대한 평가 내용은 교육과정 구성, 교육목표의 적절성, 교육목표의 달성 정도, 교육 내용, 환경구성, 활동자료, 상호작용 등 교육과정 운영 전반이 해당 된다. 교사는 다양한 평가 내용마다 평가 목적에 부합하는 평가 방법을 통해 다면적으로 평가하고 종합적으로 분석할 필요가 있다. 평가의 결과는 교육과정 운영에 즉시 반영하거나 교육과정 개선을 위해 활용될 수 있으며 교사의 효율적인 교수 행동 향상에 활용하여 더 나은 교육과정 구성과 실행을 도모하는데 활용되어야 한다. 나아가 자연스러운 놀이상황에서 과정 중심의 평가를 통해 개별 유아들의 발달 수준을 파악하고 성장 발달을 지원하는데 적용할 수 있어야 한다(덕성여자대학교 부속유치원, 2000).

3) 놀이 중심 교육과정 운영을 위한 교사의 역할

19 개정 누리과정과 제4차 표준보육과정에서 강조하고 있는 개정의 핵심은 유아 중심, 놀이 중심이다. 유아를 중심에 둔다는 것은 유아를 발달과 학습에 있어 능동적인 존재로 본다는 것을 의미하지만 상대적으로 교사가 수동적인 위치에 있다는 것은 아니다. 놀이 중심 교육과정 운영으로 교사의 역할이 축소되거나 제한을 받는 것이 아니며 오히려 교육과정 운영을 위한 교사의 자율성과 책무성이 더욱 강조되면서 전문적이고 다양한 교사의 역할이 요구된다. 교육과정 운영에서 교사의 자율성이란 교사가 담임하고 있는 학급 유아의 흥미와 관심에 따라 학급 및 개별 유아의 특수성과 독특성을 반영하여 자율적으로 교육과정을 구성하고 운영한다는 것이며, 책무성이란 바람직한 놀이 중심 교육과정을 운영하기 위해 교사는 학급 및 개별 유아의 상황이 주는 시사점을 고민하고 교육적으로 지원하는데 필요한 역할을 올바로 인식하고 실천하는 것을 의미하는 것이다.

놀이 중심 교육과정 운영을 위해 교사는 놀이하며 배우는 학습자인 유아의 능력을 신뢰하여야 하며, 국가 수준의 교육과정을 숙지하고 실천하는 과정에서 유아의 놀이와 일상생활 및 교육 활동을 조화롭게 연계할 수 있어야 한다. 이를 위해 교사는 학급 유아들이 보이는 현재의 흥미를 중시하고 반영하며, 일과 중에 충분한 놀이시간을 제공하여 유아들의 놀이할 권리를 보장해 주어야 한다. 또한 운동회처럼 기관 전체가 참여하는 행사를 앞두고 있거나, 또래 관계에서의 문제 등 학급 전체가 영향을 받는 상황, 안전교육과 같이 법적 규정에 따라 반드시 제공해야 하는 상황에서 교사가 계획한 교육 활동을 제공하더라도 활동 과정에서는 유아가 주도적으로 즐겁게 참여할 수 있도록 진행하여야 한다(교육부·보건복지부, 2020c).

발달적으로 적합한 놀이 중심 교육과정 계획 및 운영에서 교사의 역할은 매우 중요하며 핵심적이다. 교사는 다양한 역할을 수행하되 상황에 따라 최적의 역할을 효율적으로 수행하여야 한다. 이에 교사 역할에 대한 이해를 위해 교사에게 요구되는 다양한 역할을 구체적으로 살펴보고자 한다(덕성여자대학교 부속유치원, 2000; 이선애 외, 2016; Coppl & Bredekamp, 2009).

(1) 관찰 및 기록자

놀이 중심 교육과정 운영의 기초는 유아의 행동과 놀이에 대한 지속적이며 구체적인 관찰로 시작된다. 교사는 기본적으로 유아의 언행과 놀이에 대한 관찰을 통해 유아의 발달 수준을 파악하고 현재 유아들이 보이는 관심과 흥미, 학급의 특별한 상황 등을 파악할 수 있다. 이후 관찰된 내용을 토대로 가장 적절한 주제를 선정하여 유아들이 흥미를 갖고 참여할 수 있는 놀이를 중심으로 놀이 경험을 지원하고 확대해 나가는 것이다. 이와 함께 유아들의 놀이는 항상 변화의 가능성을 갖고 있으므로 유아들의 관심에 기초하여 지원한 활동이라도 얼마든지 교사가 예측한 것과 다르게 진행될 수 있기 때문에 진행되고 있는 놀이의 흐름을 계속 관찰하면서 유아들의 놀이 변화에 융통성 있게 대처하여야 한다.

그러므로 교사는 변화된 유아들의 관심과 흥미를 살피고 반영하면서 놀이를 위한 지원내용과 방향을 수정해 나가야 하므로 관찰한 내용을 가장 적합한 방식으로 기록하고 분석하여 놀이 중심 교육과정 구성과 운영에 수시로 반영할 수 있어야 한다.

(2) 환경 지원자

놀이 중심 교육과정을 구성하고 운영하기 위해서는 그때그때 놀이의 흐름을 반영하며 유아들의 놀이가 발전되고 심화 될 수 있도록 환경적인 지원이 필요하다. 교사는 환경적 지원을 위해 유아의 요구와 필요를 반영하여 놀이자료를 지원하는 것은 물론 놀이 시간과 놀이 공간도 배려해 주어야 한다. 유아의 놀이상황에 따라 놀이시간이 더 필요하면 일과 중 놀이시간을 더 연장하거나, 유아들의 관심과 흥미가 유지되는 만큼 몇 일 또는 몇 주라도 지속하여 놀이할 수 있도록 충분한 시간을 지원해 주어야 한다. 그리고 더 넓은 놀이 공간이 필요하다면 공간을 확보해 주어야 하고, 실외 공간이 필요하다면 실외에서 놀이할 수 있도록 허용해 주어야 한다.

(3) 놀이 계획자

놀이 중심 교육과정은 유아와 교사가 함께 만들어 가는 교육과정으로 유아 주도의 자유 놀이와 교사 주도의 교육적 놀이가 조화롭게 구성되고 운영되어야 한다. 그러나 교사의 교육적 놀이의 시작 역시 유아의 요구와 필요에 기초한 것이어야 하며 유아의 자발적 선택권과 주도적인 놀이 참여를 위해 지나치게 지시하거나 개입하지 않도록 유의하여야 한다.

(4) 놀이 안내자

교사는 유아들이 주도적으로 참여하는 놀이에서 적절한 상호작용을 함으로써 진행 중인 놀이가 확장되고 정교화하여 심화될 수 있도록 안내하여야 한다. 즉 놀이 과정에서 유아가 의문을 갖게 되는 경우 교사는 적절한 질문을 통해 유아의 호기심을 자극하고, 배움이 일어날 수 있도록 상호작용하며, 의문을 해소하기 위한 탐색의 방향을 안내해 주거나 제안할 수 있다. 또한 유아들이 무언가를 구성하는 과정에서는 구성물과 관련된 경험을 회상하면서 더 정교화할 수 있도록 안내할 수 있다.

(5) 공동 놀이자

교사는 놀이상황에 따라 놀이파트너로서 유아와 공동 놀이자가 될 수 있다. 교사는 유아와 동등한 위치에서 놀이를 즐기며, 상호 의견과 주도성을 존중하고 소통하는 가운데 놀이가 원활하게 진행되고 발전될 수 있도록 함께 노력하는 것이다. 이는 함께 놀이하는 것과 동시에 놀이자로서 바람직한 태도를 보이며 모델링이 되어 주어야 함을 의미한다.

4) 놀이 중심 교육과정 운영의 예

놀이 중심 교육과정 운영의 예로 바다놀이와 소리놀이를 제시하였다. 이를 통해 놀이의 주제가 선정된 배경, 유아의 자발적 놀이를 시작으로 교사에 의해 안내된 놀이 및 교사가 계획한 놀이의 순환을 엿볼 수 있다. 또한 유아의 놀이 흐름을 따라 다양한 자유 선택 놀이(미술, 쌓기, 언어, 수학, 과학, 음률, 역할 놀이 등)와 다양한 유형의 집단 활동(이야기 나누기, 게임, 음악 감상 등)이 가장 적절한 시점에서 필요한 내용으로 진행되고 있고, 그 안에 담겨있는 다양한 교과의 교육적 실천을 살펴 볼 수 있겠다. 나아가 놀이의 시작과 진행과 마무리의 전 과정을 살펴보면 유아는 중심에서 놀이를 선택하고 통제하고 있고, 교사는 필요한 시점에서 적절한 교육적 지원을 하고 있음을 알 수 있을 것이다.

놀이주제: 바다놀이

바다 놀이가 시작된 계기 및 놀이의 흐름

주말에 가족들과 제주도 여행을 다녀온 민수가 잠수함을 타고 바닷속을 구경한 경험을 나에게 신이나서 이야기하였다. '와 정말 재밌고 신기했겠다. 선생님은 잠수함 한 번도 못 타 봤는데 언제 한번 타 봐야겠다'라고 하자 '선생님 그럼 우리 교실에 큰 잠수함을 만들까요? 선생님도 태워주고 친구들도 태워주면 좋잖아요'라며 아주 큰 박스가 필요하다고 하였다. 나는 민수에게 잠수함을 얼마나 크게 만들 것인지, 얼마나 큰 박스가 필요한지 묻고 내일 가져오겠다고 하였다. '그런데 그렇게 큰 잠수함을 혼자 다 만들 수 있을까?'라고 물으니 '혼자 하면 힘들 것 같아요'라고 하였다. 나는 민수에게 모이는 시간에 친구들에게 관광 잠수함 타본 이야기도 하고 같이 잠수함을 만들고 싶은 친구가 있는지 물어볼 것을 제안하였다.

놀이 평가를 위한 모임 시간에 민수는 제주도 여행에서 잠수함 타본 경험을 친구들에게 이야기해 주었고, 잠수함 만들기에 대해 이야기하며 같이 만들고 싶은 친구가 있는지 물어보았다. 찬호, 진명, 수찬, 형진이가 같이 하고 싶다고 하여 잠수함 만들기 팀을 정하였다.

이야기를 듣고 있던 아이들이 '잠수함을 만들면 우리도 태워 줄거냐?', '그럼 우리 교실이 다 바다였으면 좋겠다', '우리 교실이 다 바다가 되면 다른 놀이는 어떻게 하냐'라는 의견이 오갔다. 그래서 우리 교실 어디를 바다로 하면 좋을지 유아들과 바로 의논하였고 유아들은 잠수함은 바다에서 타는 거니까 바다는 넓어야 한다며 우리 교실에서 가장 넓은 쌓기 놀이 하는 곳을 바다로 꾸미기로 결정하였다.

그런데 유아들은 계속 바다에 대한 관심을 보이면서 '바다에 가면 수영도 할 수 있다', '잠수도 한다', '잠수하려면 산소통이 필요하다', '오리발도 신으면 좋다', '사진 찍어 주면 좋겠다', '산소통 같은 거 빌리려면 돈이 필요하다'라는 다양한 의견을 제시하였다. 나는 유아들이 이야기한 것들을 정리하여 들려주면서 '이것을 다 하고 싶은 거니?'라고 묻자 유아들은 모두 좋다고 하며 다 만들어서 바다놀이를 하자고 제안하였다.

민수의 관광 잠수함을 타본 경험을 공유하고 잠수함 만들기를 제안한 것을 시작으로 유아들은 바다에 대한 자기들의 경험을 토대로 관심을 보이면서 다양한 의견을 제시하였고 유아들의 의견에 따라 필요한 것을 의논하면서 바다놀이가 시작되었다.

유아들은 바다놀이 준비를 위해 하고자 한 놀이 중 자기가 하고 싶은 놀이를 선택하여 참여하였고, 바다놀이 준비를 마친 후 바다놀이를 진행하였다. 바다놀이를 평가하면서 다른 반 친구들도 바다놀이를 하면 좋겠다는 의견이 나와 '바다놀이 초대'라는 특별한 놀이가 추가되었다. 이어서 바다놀이 초대를 위한 준비를 하였고, 반별로 초대하여 바다놀이를 진행하였으며 평가 후 마무리하였다.

〈표 4-5〉는 바다놀이의 시작. 진행, 마무리에 이르는 놀이 흐름에 따라 진행된 내용과 교사의 지원을 정리한 것이다.

〈표 4-5〉 바다놀이의 흐름별 내용

놀이의 시작	
유아의 반응 및 놀이 내용	**교사의 지원**
〈민수의 경험 이야기〉 • 제주도 여행 중 관광 잠수함을 타본 민수가 교사에게 이야기하는 중에 교사가 타본 경험이 없다고 하자 잠수함을 만들겠다고 함	
〈민수의 요청〉 • 선생님과 친구들을 태워주고 싶다며 잠수함을 만들수 있는 큰 박스가 필요하다고 함	• 얼마나 큰 잠수함을 만들려고 하는지 물어보고 적당한 크기의 박스를 구해주기로 함 • 친구들과 같이 만드는 것에 대해 의견을 물어보고 함께 만들고 싶은 친구를 알아볼 것을 제안함
〈민수의 잠수함 경험 공유하기〉 • 모임 시간에 민수가 관광 잠수함을 타본 경험을 친구들에게 들려줌 〈잠수함 만들기 놀이 제안〉 • 잠수함 만들 계획 말하기 • 같이 하고 싶은 친구 구하기 • 4명의 친구가 같이 하기로 결정함	• 민수에게 이야기할 기회를 제공하여 잠수함을 함께 만들 친구들을 알아보는 것 뿐 만 아니라 전체 학급 유아들의 관심 모으기를 지원함
〈바다가 될 공간 결정하기〉 • 잠수함을 타려면 우리 교실이 다 바다여야 한다. • 우리 교실이 다 바다가 되면 다른 놀이는 어디에서 하나? • 유아들의 결정 · 잠수함은 바다에서 타야 하기 때문에 그래도 넓어야 한다. · 쌓기 놀이영역이 제일 크니까 이곳을 바다로 하자	• 이야기 나누기를 통해 바다가 될 공간을 결정하기 위해 유아들이 의논할 수 있도록 지원함
〈학급 유아들의 다양한 의견 제시 및 놀이 제안〉 • 쌓기 놀이영역을 진짜 바다인 것처럼 만들자 • 잠수함을 안 타면 바다에 들어갈 때 오리발과 산소통이 필요하다. 오리발과 산소통을 만들자. • 바다에 놀러 가면 사진 찍어 주는 아저씨가 있다. • .바다에서 놀이하려면 돈이 필요하다. • 거북선도 바다에서 다니는 것이니 거북선도 만들자	• 유아들이 제시한 의견을 정리하여 안내함
〈이야기 나누기〉 ○ 어떤 놀이를 할 것인가? • 유아들의 결정 · 자기들이 제시한 것들을 다 하고 그것들을 이용하여 바다놀이를 하기로 함 · 잠수함 만들기/바닷속 꾸미기/산소통 만들기/오리발 만들기/거북선 만들기/사진기 만들기/돈 만들기	• 제안한 놀이를 다 할 것인지, 이 중 선택하여 놀이할 것인지 생각하고 결정할 수 있도록 지원함

<table>
<tr><th colspan="2">놀이의 진행</th></tr>
<tr><th>유아의 반응 및 및 놀이 내용</th><th>교사의 지원</th></tr>
<tr><td>ㅇ놀이별 팀 구성에 대한 이야기 나누기
• 누가 누가 함께 할 것인가?
• 유아들의 결정
· 개별 유아들의 선택으로 팀을 구성함
잠수함 만들기, 바닷속 꾸미기, 오리발, 산소통 만들기, 거북선 만들기
· 돈 만들기: 모두 필요하니 각자 만들기로 함
· 사진기 만들기: 참여자가 없어 의견을 낸 찬호 혼자 하기로 함</td><td>ㅇ놀이별로 팀 구성을 제안함
• 각자 어떤 놀이를 하고 싶은지 결정하기 위한 시간을 가짐
ㅇ놀이팀별로 지원을 제안함
• 놀이팀별로 놀이의 방향과 내용을 의논하고 진행 과정을 의논할 것임을 안내함</td></tr>
<tr><td>〈바다놀이를 위한 준비작업〉
1. 관광 잠수함 만들기
1) 관광 잠수함 구조 알아보기
인터넷 검색으로 제주도 관광 잠수함 사진을 보며 잠수함 구조 알아보기
2) 관광 잠수함 만들기 의논하기
• 잠수함 구조를 결정하고 만들기 계획하기
잠수함에는 무엇이 있어야 하나?
창문, 의자, 운전석, 기계실, 출입문
• 작업 분담 의논하기
누가 무엇을 만들까?
• 필요한 재료 의논하기
무엇으로 만들면 좋을까?
3) 잠수함 만들기
의논한 내용을 반영하여 역할 분담한 부분 제작하기</td><td>ㅇ관광 잠수함 팀
• 잠수함 구조 알아보기 지원
• 계획하고 분담하는 과정 지원
• 만드는 과정 지원</td></tr>
<tr><td>2. 바닷속 꾸미기
1) 바닷 속 알아보기
인터넷 검색 및 지식 그림책을 통해 알아보기
바닷속에서 사는 것들, 바닷속에서 볼 수 있는 것들 조사하기
2) 바닷 속 꾸밀 것들과 만드는 방법 의논하기
• 바닷속에 꾸밀 것들 결정하기
다양한 물고기, 물풀, 바위, 불가사리
• 필요한 재료와 방법 의논하기
• 물고기
· 만들고 싶은 물고기를 직접 그리고 꾸미기
· 복사한 물고기 모양으로 꾸미고 만들기</td><td>ㅇ바닷속 꾸미기팀
• 바닷속 알아보기 지원
• 계획하고 분담하는 과정 지원
• 인터넷 검색 지원 및 지식그림책 제공
• 만드는 과정 지원
• 바닷속에 물고기가 많아야 하는데 물고기 그리기가 힘들다고 하여 다양한 모양과 크기의 물고기 그림을 복사하여 자료를 지원함</td></tr>
</table>

• 바다풀: 신문지를 말아서 물풀 모양을 만들고 물감으로 색칠하기로 함 • 바위: 신문지를 뭉쳐서 바위를 만들고 물감으로 색칠하기로 함 3) 바닷 속을 어떻게 꾸미면 좋을까? 만든 것으로 바닷속을 어떻게 꾸밀 것인지 결정하기 • 물고기 바닷속에서 헤엄을 치며 다니니까 천정에 실로 연결하여 매다는 것으로 하자고 함 • 바위, 물풀, 불가사리는 유아들이 원하는 바다 곳곳에 놓기로 함	
3.산소통 만들기 1) 산소통 모양 알아보기 인터넷 검색을 통하여 모양 알아보기 2) 재료 및 만드는 방법 생각해 보기 생수통 큰 것, 끈, 백업	○산소통 만들기 팀 • 산소통 구조 알아보기 지원 • 계획하고 분담하는 과정 지원 • 만드는 과정 지원
4.오리발 만들기 1) 오리발 모양 탐색하기 인터넷 검색을 통하여 모양 알아보기 2) 재료 및 만드는 방법 생각하기 3) 오리발 만들기 두꺼운 종이와 끈	○오리발 만들기 팀 • 오리발 모양 알아보기 지원 • 계획하고 분담하는 과정 지원 • 만드는 과정 지원
5.거북선 만들기 팀 1) 거북선 구조 탐색하기 인터넷 검색을 통하여 구조 알아보기 2) 거북선 만들기 • 거북선은 거북이 모양이라 거북이 얼굴이 있어야 하므로 얼굴을 따로 만들어 붙이겠다고 함 • 거북선에 탈 수 있게 만들고 싶다고 하여 얼마나 크게 만들 것인지 묻자 1명만 타는 것으로 만들겠다고 함 • 어디로 타고 어디로 내리게 할것인지 묻자 상자 2개로 만들어서 윗 상자를 열고 들어가 아래 상자에 타면 뚜껑을 닫아주면 좋겠다고 함 • 거북선도 배니까 노를 저어야 하는데 거북선은 노가 많이 달려있어서 상자 옆에 구멍을 많이 뚫어야 한다고 함 • 구멍을 뚫을 곳을 색연필로 그려 놓으면 뚫어 주기로 함 • 노는 길어야 하기 때문에 신문지를 옆으로 길게 말아서 구멍에 끼우겠다고 하여 신문지를 제공함 • 거북선안에 탄 친구가 바깥을 볼 수 있는 구멍이 필요하다고 하여 상자 앞쪽에 그려 놓은 구멍을 뚫어줌	○거북선 만들기 팀 • 거북선 구조 알아보기 지원 • 계획하고 분담하는 과정 지원 • 만드는 과정 지원

6.사진기 만들기 • 찬호는 종이접기로 사진기를 만들겠다고 함 • 사진기 안에 그림을 미리 넣어두고 사진 찍은 친구들에게 사진처럼 나누어 주고 싶다며 그 안에 넣을 수 있는 작은 종이를 잘라 달라고 요청함 • 한 장을 완성한 후 복사하여 작은 그림을 잘라 모음	• 사진으로 사용할 그림을 작은 종이에 그리는 것은 불편하므로 그림을 그린 후 잘라 서 사용할 것을 권함 • A4 용지에 사진기에 넣을 수 있는 크기의 칸을 그어 제공함 • 그림을 많이 그리는 것이 힘들다고 하여 한 장만 그려서 복사하여 사용할 것을 제안함
7.돈 만들기 • 유아들이 각자 만들기로 함 • 돈을 넣을 지갑이 있어야겠다고 함 • 유아들은 각자 원하는 모양대로 지갑을 만듦	• 100원 동전과 1000원 지폐 모양 그림을 복사하여 제공함 • 지갑 만들기를 위한 포장지, 색지, 테이프, 풀, 색노끈 등을 추가로 제공함
〈바다놀이〉 1.바다 놀이 준비 의논하기 • 필요한 장소와 요금과 역할 정하기 · 잠수함 놀이 표 파는 곳/ 요금 표 파는 사람, 운전하는 사람, 바닷속 안내하는 사람 · 오리발 빌려주는 곳/오리발 빌려주는 사람/빌리는 가격 · 산소통 빌려주는 곳/산소통 빌려주는 사람/빌리는 가격 · 거북선 놀이 거북선 놀이 장소 거북선 설명해 주는 사람/거북선 태워주는 사람/요금 · 사진 찍어주는 사람/요금 2. 바다놀이 하기 • 의논하여 결정한 역할을 담당하며 바다놀이를 시작함 • 일하는 역할로 시작한 유아는 놀이하는 사람이 하고 싶다고 하고, 놀이하는 사람으로 놀이를 시작한 유아는 일하는 사람이 되고 싶다고 함	○교사의 지원 • 유아들이 제안한 바다놀이에서 놀이팀별로 진행 과정을 지켜보며 필요한 도움을 줌 • 일하는 사람과 놀이하는 사람은 유아들의 관심에 따라 자유롭게 바꿀 수 있음을 안내하였고 역할을 바꾸는 과정에서 필요한 경우 도움을 제공함

<table>
<tr><th colspan="2">놀이의 마무리</th></tr>
<tr><th>유아의 반응 및 놀이 내용</th><th>교사의 지원</th></tr>
<tr><td>1. 바다놀이 준비과정 평가하기
팀별로 준비하면서 좋았던 점, 힘들었던 점 등에 대해 이야기함
2. 바다놀이 평가하기
바다놀이에서 놀이할 때, 일할 때를 구분하여 이야기함
잠수함 타기, 바닷속 잠수하기, 거북선 타기, 산소통 빌려주기, 오리발 빌려주기, 잠수함 태워주기, 잠수함 표 팔기, 거북선 태워주기 등
3. 바다놀이 정리 의논하기
• 유아들은 바다놀이를 힘들게 준비했다, 바다놀이는 재미있다, 정리하기 아깝다는 이유를 제시하며
• 다른 반 동생들과 친구들을 초대하면 좋겠다고 제안함</td><td></td></tr>
<tr><th colspan="2">특별한 놀이 : 동생반 / 친구반 초대하기</th></tr>
<tr><th>유아의 반응 및 및 놀이 내용</th><th>교사의 지원</th></tr>
<tr><td>〈바다놀이 초대를 위한 준비 및 초대하기〉
1.반별로 초대장 만들기
• 하루에 한 반씩, 바깥 놀이 시간중에 초대하기로 결정함
• 반별로 일정을 조절하여 초대장을 만듦
2.반별로 초대장 전달하기</td><td>• 바다놀이 초대를 위해 필요한 것에 대해 의논할 수 있도록 이야기 나누기 시간을 지원함
• 바다놀이 초대를 위해 필요한 것 만들기를 지원함</td></tr>
<tr><td>〈바다놀이 초대를 위한 도우미 정하기〉
• 초대한 반별로 누가, 무엇을, 어떻게 도와줄 것인가?
〈반별로 바다놀이 진행하기〉
• 초대 일정에 따라 바다놀이 진행하기
• 잠수함 타기, 오리발과 산소통 빌려 잠수해보기, 거북선 타보기를 체험할 수 있도록 일정별 도우미 유아들이 안내하고 도와줌
〈바다놀이 초대 활동 평가하기 및 정리하기〉
• 초대 일정을 마치고 평가 한 후 바다놀이를 정리함</td><td>• 초대한 반별로 도우미 활동을 하기로 한 유아들은 일정에 따라 활동함
• 도우미 활동을 하지 않는 날은 바깥 놀이에 참여하기로 함</td></tr>
</table>

놀이주제: 바다놀이

놀이의 흐름

놀이의 시작

〈민수 이야기〉

–민수의 관강 잠수함을 타본 경험 이야기
–민수의 관광 잠수함 만들기에 대한 제안

〈친구들의 의견 및 놀이 제안〉

친구들의 의견 및 놀이 제안	결정
잠수함을 만들면 태워줄 것인가?	교실을 모두 바다로 만들자
바다에서는 오리발/산소통이 필요하다	아니다 교실 어디를 바다로 만들지 정하자
거북선도 바다에 있다. 거북선도 만들자	진짜 바닷속처럼 꾸미자
사진 찍어줄 수 있게 사진기를 만들자	
바다에 가려면 돈이 필요하니 돈을 만들자	

놀이의 진행

1. 유아들이 제안한 놀이 선택 및 참여

- 팀 구성: 잠수함 만들기, 바닷속 꾸미기, 거북선 만들기, 오리발 만들기, 산소통 만들기
- 사진기 만들기: 함께 하고 싶은 친구가 없어 제안한 유아가 혼자 하기로 결정함
- 돈 만들기: 모두 필요한 것이라 각자 만들기로 결정함

2. 바다 놀이에 필요한 것 준비하기

○교사의 지원
- 놀이팀 별로 팀 유아들과 놀이의 방향과 내용을 의논함
- 필요한 자료를 제공함
- 진행 과정을 관찰하며 지속적으로 지원함

○팀별/개별로 필요한 것 만들기

바닷속 꾸미기
- 바닷속 알아보기(바닷속에 사는 것, 볼 수 있는 것들)
- 바닷속 꾸밀 내용 결정하기
- 작업에 필요한 재료, 도구, 만드는 방법 의논하기
- 만든 것들을 이용한 바닷속 꾸미기

돈 만들기
- 500원 동전, 1000원 지폐 그림 복사본 제공
- 지갑이 필요하다는 요청으로 지갑 만들기 재료를 지원함

관광 잠수함 만들기
- 잠수함 구조 알아보기
- 작업 분담 의논하기
- 필요한 재료 알아보기
- 역할 분담에 따라 잠수함 만들기

거북선 만들기
- 거북선 구조 알아보기
- 거북선 모양 결정하기
- 재료 및 제작 방법 생각해보기
- 거북선 만들기

산소통/오리발 만들기
- 모양 및 구조 알아보기
- 재료 및 제작 방법 생각해 보기
- 제작하기

사진기 만들기
- 종이접기로 만든 사진기를 사용하겠다고 함
- 사진기 속에 사진처럼 그림을 넣어 놓고 사진 찍은 친구들에게 주고 싶다는 유아의 요청에 따라 사진으로 쓸 재료를 지원하고 유아가 힘을 덜 수 있도록 복사하여 사용할 것을 제안함

3.바다 놀이를 위한 준비하기

○필요한 장소 마련하기(매표소, 빌려주는 곳)
○요금 의논하기(잠수함관광, 거북선체험, 오리발/산소통 빌리기, 사진찍기)
○일하는 사람 역할 의논하기
(표 파는 사람, 잠수함 운전하는 사람, 잠수함 안내하는 사람, 거북선 체험 도와주는 사람, 산소통, 오리발 빌려주는 사람)

4. 바다놀이 하기

결정한 역할에 따라 놀이를 시작하였고 놀이하는 사람들은 하고 싶은 놀이를 찾아 다니며 놀이함
○유아의 반응
놀이 진행 중에 일하는 사람 역할을 하던 유아들이 놀이를 하고 싶다고 함
○교사의 지원
유아들의 관심에 따라 자유롭게 의논하면서 바꾸어 놀이할 것을 제안함

놀이의 마무리

1. 바다놀이 평가하기

• 바다놀이 준비는 어떠하였나?
• 바다놀이는 어떠하였나?

2. 바다놀이 정리에 대해 의논하기

○유아의 반응
동생반, 친구반을 바다놀이에 초대하자
○교사의 지원
• 이야기 나누기
· 초대하기 위해 필요한 것들(초대장 만들기–날짜와 시간 알려주기/초대장 전달하기)
· 초대받은 친구들의 바다놀이를 어떻게 도와줄 수 있을까?
도와줄 사람 역할 정하기

특별한 놀이 → 바다놀이 초대하기

1. 초대한 반별로 바다놀이 하기
• 하루에 한 반씩 초대하기
• 바다놀이 도우미 활동하기

2. 바다놀이 초대 활동 평가 및 정리
• 바다놀이 초대 활동 평가하기
• 바다놀이 정리하기

[그림 4–2] 바다놀이의 흐름

놀이 주제 : 소리

소리 놀이가 시작된 계기 및 놀이의 흐름

음률 영역에서 소형 녹음기를 이용하여 노래를 듣던 유아들이 의도치 않게 자기들이 말하고 웃는 소리가 녹음된 것을 듣게 되면서 녹음된 소리에 큰 관심과 흥미를 갖게 되었다. 유아들은 교사에게 녹음된 소리를 들려주며 다른 소리도 녹음하고 싶다고 하였다. 교사는 학급 유아들에게 녹음된 소리를 들려줄 것을 제안하여 학급 유아들의 소리에 대한 관심을 모았고 유아들은 이를 계기로 다양한 의견을 제시하면서 소리를 주제로 놀이가 시작되었다.

유아들과 소리 찾기를 위한 장소와 방법을 의논하였고 찾은 소리를 공유하였다. 소리찾기 과정에서 한 유아는 특별히 악기 소리에 관심을 가지면서 레인 스틱이라는 악기를 집에서 가져와 친구들에게 소개하였다. 유아들은 레인 스틱 악기의 특이한 음색과 기울여서 소리 내는 연주 방법을 매우 흥미로워하면서 악기의 음색과 소리 내는 방법(연주 방법)으로 관심이 전환되었다. 우리 교실에 있는 악기들에 대해 알아볼 것을 제안하자 유아들은 교실에 있는 악기들의 음색과 연주 방법을 알아보면서 악기들의 서로 다른 음색과 두드리기, 흔들기, 치기, 부딪치기, 비비기 등 다양한 연주 방법을 발견하였다. 이에 유아들이 발견한 음색과 연주 방법을 생각하며 폐품을 이용한 악기 만들기 놀이를 지원하였다. 유아들이 만든 악기는 함께 공유하며 놀이에 활용하면서 악기 연주 놀이가 매우 활발하게 진행되었다. 그런데 유아들이 만든 악기가 너무 많아지면서 이 문제를 유아들과 의논하였고 유아들의 결정에 따라 '만든 악기 놀이 영역'을 새롭게 구성하였다. 교사는 연주 활동 외에 음악적 탐색과 감상 활동과의 균형을 위한 활동도 지원하였다. 특히 음악 감상을 위해 악기 연주가 가능한 학부모와 누나의 재능 기부를 요청하여 피아노 삼중주를 감상하는 기회를 가졌고, 오케스트라 영상을 보며 감상하는 시간도 가졌다.

오케스트라 영상을 감상한 유아들은 음악회를 하고 싶다고 제안하면서 유치원의 모든 친구들과 선생님을 초대하고 싶다고 하였다. 유아들과 의논하며 음악회를 준비하였고, 음악회를 진행하였으며, 음악회를 평가하면서 소리에 대한 놀이를 마무리하였다.

〈표 4-6〉은 소리놀이의 시작. 진행, 마무리에 이르는 놀이 흐름에 따라 진행된 내용과 교사의 지원을 정리한 것이다.

〈표 4-6〉 소리놀이의 흐름별 내용

놀이의 시작	
유아의 반응 및 및 놀이 내용	**교사의 지원**
〈우연히 녹음된 소리에 대한 흥미와 관심 〉 음률 영역에 비치된 소형 녹음기를 이용하여 노래를 듣던 유아들이 버튼을 조작하는 과정에서 우연히 녹음 기능으로 전환되어 자기들의 소리가 녹음 된 것을 듣고 매우 흥미로워함 〈소리 녹음 놀이에 대한 요구 〉 • 녹음된 소리에 관심을 갖게 된 유아들이 다른 소리도 녹음해 보고 싶다고 제안함	
〈우연히 녹음된 소리 들려주기 및 소리 녹음에 대한 관심 공유하기〉 • 우연히 녹음된 소리 친구들에게 들려주기 • 소리 녹음하기 놀이에 대해 소개하기	• 녹음된 소리를 친구들에게 소개하는 시간을 가져 소리 녹음에 대한 흥미를 공유하고 주변 소리에 관심을 모을 수 있도록 함
놀이의 진행	
유아의 반응 및 및 놀이 내용	**교사의 지원**
ㅇ소리에 대한 생각 모으기 • 유아들의 생각 · 소리는 어디에나 있다. · 소리는 여러 가지가 있다. · 소리는 다 다르다.	• 유아들의 소리에 대한 관심을 증대하고 소리에 대한 생각을 알아보고자 이야기 나누기를 진행함

ㅇ소리 찾기 장소와 방법 의논하기 • 유아들의 결정 · 소리 찾기 할 장소 우리 교실에서 여러 가지 소리를 들을 수 있다. 화장실에서 나는 소리가 있다. 바깥 놀이터에도 여러 가지 소리가 난다. 주방에서도 소리를 찾을 수 있다. · 소리 찾기 방법 녹음하자 녹음기가 하나밖에 없어서 다 못한다 종이에 그림이나 글씨로도 적자	• 주변 소리에 관심을 갖고 탐색할 수 있도록 소리 찾기 놀이를 제안함
ㅇ놀이팀 구성 및 활동 방법 의논하기 • 녹음기 이용하기 2팀으로 구성됨 · 소리 찾기 장소 교실과 화장실 / 바깥놀이터와 주방으로 나누기로 함 • 소리 카드에 기록하기 · 하고 싶은 사람 모두 하기로 함 · 각자 찾은 소리를 작은 카드에 기록하고 · 기록한 소리 카드는 장소별(교실/화장실/바깥 놀이/주방)로 모아 붙이기로 함	• 녹음하려는 유아가 많아 녹음기를 한 대 더 준비해 주기로함 • 유아들이 쉽게 이해할 수 있는 '녹음기 사용법'을 만들어 제공함 · 녹음기 버튼 기능에 따라 색을 달리하여 종이를 붙여둠 · 녹음과 재생을 위해 어떤 색의 버튼을 어떤 순서로 눌러서 사용하는 것인지 그림과 글로 사용 방법 안내문을 만들어 줌 · 소리 녹음 시 사용할 수 있도록 소형 마이크에 막대를 연결하여 제공함 • 소리 카드를 제공함 · 찾은 소리를 글과 그림으로 기록할 수 있는 기록용지로 사용할 소리 카드를 제공함 · 각자 기록한 소리 카드를 모을 수 있도록 장소별로 4개의 큰 종이를 벽에 붙여줌
ㅇ이야기 나누기 : 어떤 소리일까요? • 녹음한 소리 공유하기 녹음기에 담아 온 소리를 친구들에게 들려주고 어떤 소리인지 이야기 나눔 • 녹음기를 사용하는 팀별로 하루에 한 팀씩 소개함 · 교실: 테이프 커터기 돌리는 소리, 문 여는 소리, 친구들이 말하는 소리, 노래하는 소리, 악기 소리 등	• 소개를 마친 녹음한 소리는 음률 영역의 듣기 코너를 구성하여 제시함 • 유아들의 소리에 대한 관심이 지속될 수 있도록 소리 찾기 및 소리 공유를 격려함

· 화장실: 물 트는 소리, 물 나오는 소리, 화장실 물 내리는 소리, 손 씻는 소리, 발판 밟는 소리 등 · 바깥 놀이: 그네 왔다 갔다 하는 소리, 흔들 버스 탈 때 나는 소리, 친구들이 놀이하는 소리, 새소리, 동물장 호로새 소리, 발걸음 소리, 흙 밟을 때 나는 소리, 잔디 밟을 때 나는 소리, 창문유리를 손가락으로 문지를 때 나는 소리 등 · 주방: 아주머니 말소리, 냉장고 소리, 음식 만드는 소리, 음식 자르는 소리, 급식대 움직이는 소리 등	• 음률영역에서 녹음된 소리를 들을 때 소음을 줄이기 위해 헤드폰을 제공함
• 소리 기록지 살펴보기(대집단 활동) 소리 카드에 기록한 소리를 장소별로 모아둔 것을 한 장소씩 함께 보며 특징적인 것들에 대해 이야기 나누기함	• 개별 유아들의 소리 찾기 활동이 지속될 수 있도록 지원함 • 학급 유아들이 언어영역에 게시한 장소별로 구분된 기록지에 관심을 갖고 살펴볼 수 있도록 지원함
○ 레인 스틱 악기 소개하기 • 녹음기로 소리 찾기를 하면서 악기 영역에 있는 악기마다 일일이 소리를 내며 녹음했던 유아가 악기 소리에 관심을 갖게 되었고 집에 있는 특별한 악기(레인 스틱)를 가져와 친구들에게 소개함 • 레인 스틱 악기의 음색에 흥미를 보임 • 천천히 기울이며 소리 내는 방법에 관심을 보임	• 학부모의 허락을 구하여 레인 스틱 악기를 교실에 두고 학급 유아들이 더 탐색하고 연주해 볼 수 있도록 지원함
○ 악기마다 다양한 연주 방법 알아보기	• 우리 교실 음률 영역에 있는 악기들은 어떤 방법으로 연주하여 소리 내는지 알아볼 것을 제안함
○ 이야기 나누기 : 악기마다 연주 방법이 달라요 음률 영역 악기마다 어떻게 소리를 내는지 알아본 것에 대해 이야기 나누기를 함 • 두드려서 소리 내는 악기: 북, 소고, 장고 • 흔들어서 소리 내는 악기:탬버린, 마라카스, 쉐이커, 핸드벨 • 치면서 소리 내는 악기:트라이앵글, 투톤 블록 • 부딪쳐서 소리 내는 악기: 손가락 심벌즈, 캐스터네츠 • 긁어서 소리 내는 악기: 귀로 • 비벼서 소리 내는 악기: 샌드 블록, 카바사 • 기울여서 소리 내는 악기: 레인 스틱	• 악기마다 소리를 내는 방법이 다양하다는 것을 알아보고 이야기 나눈 후 악기 만들기를 제안함

ㅇ악기 만들기 • 다양한 연주 방법을 적용하며 악기 만들기를 함 • 유아들이 만든 악기를 음률 영역에서 공유하기로 함 • 유아들은 만든 악기를 공유하며 악기 연주 활동이 활발해짐	• 유아들이 다양한 악기 모양, 연주 방법을 고려하여 악기를 만들 수 있도록 자료를 지원함 • 만든 악기의 양이 너무 많아 져 유아들과 문제를 해결하기 위한 방법을 의논하기로 함
ㅇ이야기 나누기: 우리가 만든 악기를 어떻게 하면 좋을까? • 유아들의 의견 · 음률 영역을 더 크게 만들자 · 만든 악기를 모아 놀이할 수 있는 영역을 새로 만들자 · 자기가 만든 것은 바로 집에 가져가자 • 유아들의 결정 · 만든 악기로 놀이하는 영역을 새로 만들기로 결정함 · 그러나 자기가 만든 악기는 바로 가져가도 좋고, 친구들과 놀이하다 가져가도 좋다고 결정함	
ㅇ이야기 나누기:새로운 영역은 어떻게 만들까? • 새로운 영역을 어디에 만들면 좋을까? · 우리 교실에 자리가 있을까? · 어디를 치우고 자리를 마련할까? • 놀이 영역 이름은 무엇이라고 할까? • 한 번에 몇 친구씩 놀이하면 좋을까? • 유아들의 결정 · 조작 영역을 잠시 빼고 그 자리에 구성하기로 함 · 새로운 영역 이름은 '만든 악기 놀이 영역' 으로 결정함 · 한 번에 5명씩 놀이하기로 함	• 유아들과 의논하여 결정한 것을 반영하여 새로운 놀이 영역을 구성함
ㅇ음악적 탐색 활동 및 감상 활동 • 지식그림책 보기 「오케스트라」: 주연경 글 · 그림. 한솔 악기의 다양한 음색을 모양과 연결하여 음색의 느낌을 탐색할 수 있는 내용 「음악을 연주해봐」: 김성온 글, 윤희동 그림. 여원미디어. 음의 강약, 장단, 높, 낮이 등 음악적 요소를 탐색할 수 있는 내용 「음악이 가득한 집」: 마르그레트 레티히 글, 이용숙 옮김, 롤프 레티히 그림. 밝은 미래.	• 유아들의 악기 탐색 및 악기 연주 놀이가 활발하게 진행됨에 따라 악기에 대한 탐색과 연주 및 감상과 관련된 다양한 놀이를 지원함 • 지식 그림책 제공 • 학부모와 누나의 연주 감상 학부모와 누나에게 연주 요청 (피아노, 바이올린, 첼로)

악기 소리가 시끄러운 소리가 될 수도 있고 아름다운 소리가 될 수 있다는 것과 오케스트라의 연주는 곧 악기 소리가 조화롭게 연주되는 것임을 내용으로 함 • 감상하기 · 학부모 연주(피아노 삼중주):동요연주 감상하기 · 오케스트라 영상물 감상하기;모짜르트 장난감 교향곡 http://blog.naver.com/pineykim/220192981073 https://youtu.be/tPBNEe84huE • 게임하기 musical chairs 게임하기⇨ 탈락한 유아는 악기를 연주하며 게임 진행 시 악기 연주하며 노래 불러주기⇨최종적으로 남은 유아의 지휘로 다 같이 악기 연주하기	• 오케스트라 연주 영상 감상 • 악기 연주 하기
놀이의 마무리	
유아의 반응 및 및 놀이 내용	**교사의 지원**
〈유아들의 음악회 제안〉 학부모 연주 감상, 오케스트라 영상물 감상, 악기 연주 놀이를 경험한 유아들이 연주회를 제안함 〈음악회 준비〉 ㅇ이야기 나누기: 음악회를 하려면 누가 있어야 하나? • 유아들의 결정 · 악기를 연주하는 사람 우리반 친구들이 모두 연주하는 사람이 되자 · 지휘하는 사람 여자 친구 1명과 남자친구 1명씩 뽑자 · 연주회를 보는 사람 유치원 동생들과 친구들과 형님들과 선생님을 모두 초대하자	• 음악회의 내용과 방법 등을 유아들과 의논하면서 유아들의 아이디어로 구성할 수 있도록 지원함
ㅇ악기 결정하기 • 유아들의 결정 교실에 있는 악기와 우리가 만든 악기 중에서 사용하자	
ㅇ악기 결정하고 모아두기 연주할 친구들은 개별적으로 자기가 하고 싶은 악기를 정하고 이름을 적어 모아둠	• 유아들마다 연주하고 싶은 악기를 결정하도록 개별적으로 도와줌 • 결정한 악기에 유아의 이름을 적어줌

	• 결정한 악기를 구분하여 모아둘 바구니를 준비해 줌 • 유아들이 만든 악기는 연주 방법에 따라 모아둘 수 있게 바구니에 표시해 줌
○ 연주곡과 연주곡의 수 결정하기 어떤 노래를 연주하면 좋아할까? 모두 몇 곡을 연주하면 좋을까? • 유아들의 결정 · 음악회에 온 동생과 친구와 형님들이 좋아하는 노래로 하자 · 병아리반 동생들이 좋아하는 노래 1곡 · 토끼반 친구들이 좋아하는 노래 1곡 · 기린반 형님들이 좋아하는 노래 1곡 · 모두 3곡을 연주하기로 함 ○ 연주할 노래 결정하기 • 조사하기 · 직접 물어보자 · 2명씩 각 반을 방문하여 선생님들의 도움을 받아 좋아하는 노래 2곡을 알려 줄 것을 요청함 · 우리가 아는 노래 중에서 골라 줄 것을 요청함 • 결정하기 · 막대그래프 활동 각 반별로 조사한 2곡 중 1곡을 결정하기 위해 6곡에 대한 막대그래프 활동을 진행함 반별로 좋아하는 2곡을 같은 색으로 표시하여 같은 색으로 된 노래 2곡 중 한 곡씩 표시하도록 안내함 · 유아들의 결정 병아리반: 씨앗(김성균 작사, 김성균 작곡) 토끼반: 솜사탕(정근 작사, 이수인 작곡) 기린반: 참새야 참새야(국악동요 평안남도 용강지방 전래가사)	• 반별로 조사한 곡 중 음악회에서 연주할 곡을 결정하기 위해 막대그래프 활동을 지원함
○ 소집단 이야기 나누기 : 어떻게 연주할까? • 3곡의 악기 연주 방법을 각각 소집단으로 나누어 의논함 • 연주할 곡마다 어디에서 어떤 악기를 어떻게 연주할 것인지 의논함	

ㅇ연주곡 연주해보기 • 대집단으로 한 곡씩 의논한 대로 마련된 악기 연주용 그림 악보를 보며 악기 연주와 함께 노래 불러봄 • 음률 영역에 악기 연주용 그림 악보를 게시하여 원하는 유아들이 수시로 연주해 봄	• 의논한 내용을 반영하여 악기 연주를 위한 그림 악보를 지원함
〈음악회 초대를 위한 준비〉 ㅇ연주회 알리기 포스터 만들어 반별로 전달하고 게시하기로 함 • 포스터 만들기 · '사슴반 음악 연주회 보러오세요' · 연주회 날짜, 시간, 장소를 알림 · 반별로 전달하고 게시해 줄 것을 요청함 ㅇ연주회장 꾸미고 장식하기 • 무대 꾸미기 • 관객석 꾸미기 • 연주회장 장식하기 풍선, 색종이 고리, 그림 등을 이용하여 장식함	
〈음악회 공연하기〉 '사슴반 음악회에 놀러 오세요' • 약속한 시간에 모든 반 유아들과 선생님들이 모임 • 선정된 노래 3곡을 악기를 연주하며 들려줌 • 다시 듣고 싶은 곡을 물어보고 연주함 • 관객으로 온 유아들의 음악회에 대한 소감을 들어봄	
〈음악회 평가 및 놀이 정리〉 ㅇ사슴반 음악회 평가하기 • 연주회를 준비하면서 재미있었던 것은 무엇인가? • 연주회를 준비하면서 힘들었던 것은 무엇인가? • 연주회를 하면서 무엇이 가장 기억에 남는가? ㅇ놀이 정리하기 • 음악회장 장식한 것 정리하기 • 교실의 '만든 악기 놀이 영역' 정리하기 • 만든 악기 가져가기	

놀이주제: 소리놀이

놀이의 흐름

놀이의 시작

우연히 녹음된 소리에 대한 흥미와 관심 → **다른 소리 녹음하기에 대한 요구**

음률 영역에서 소형카세트 플레이어를 이용하여 노래를 듣던 유아들이 의도치 않게 자기들이 말하고 웃는 소리가 녹음된 것을 발견하고 녹음된 소리에 큰 관심과 흥미를 갖게 됨

○교사의 지원
- 녹음된 소리 소개 및 소리 녹음 활동을 제안할 기회 제공
- 학급 유아들과 관심 공유하고 모으기
  - · 녹음된 소리 소개하기
  - · 소리 녹음 활동 제안하기

놀이의 진행

1. 소리찾기

- 소리 찾기 장소 결정하기:교실, 화장실, 바깥놀이터, 주방에서 찾기로 결정함
- 소리 찾기 방법 결정하기
  - · 녹음기 이용하기
  - · 종이에 기록하기:각자 기록한 카드를 장소별로 붙여 모으기로 함
- 각자 원하는 소리 찾기 방법을 선택하고 활동하기

○교사의 지원

녹음기 1대 추가, 마이크 제공, 개별 기록지 제공, 장소별 기록지 붙여 모을 곳 제공

2. 소리 공유하기

- 녹음한 소리 공유하기
- 소리 기록지 살펴보기

3. 친구가 소개한 새로운 악기 : 레인 스틱

- 소리 찾기를 하며 악기 소리에 관심을 가진 유아가 레인 스틱 악기를 가져와 소개함
- 비가 오는 것 같은 음색과 기울여 소리 내는 연주 방법에 흥미를 보임
- 악기의 음색과 연주 방법에 큰 관심을 갖는 계기가 됨

○교사의 지원
- 유아들이 레인 스틱을 충분히 경험할 수 있도록 학부모 허락을 받아 제시함
- 교실에 있는 악기의 음색과 연주 방법에 대해 알아볼 것을 제안함

☆유아의 관심과 놀이의 흐름 : 소리 찾기 ⇨ 악기(음색/연주 방법)

4. 악기마다 다양한 연주 방법 알아보기

두드리기, 흔들기, 치기, 부딪치기, 긁기, 비비기, 기울이기 등

5. 폐품을 이용한 악기 만들기

- 만든 악기 공유하며 연주하기
- 만든 악기 처리 방법 의논하기

새로운 놀이영역을 만들기로 결정함: '만든 악기 놀이 영역'

ㅇ교사의 지원
- 유아들의 의견을 반영하여 '만든 악기 놀이 영역'을 구성함
  놀이 영역 이름, 놀이영역 위치, 한번에 놀이할 친구 수 등
- 악기를 만들면서 자연스럽게 연주 놀이가 활발해짐

ㅇ교사의 지원
- 연주 놀이 외에 음악적 탐색과 감상 활동을 지원하여 놀이의 균형을 꾀하고자 함

6. 음악적 탐색과 감상 활동 지원하기

- 음악적 탐색을 위한 지식 그림책 제공
  음악적 요소 탐색, 악기의 음색에 대한 느낌, 악기는 연주에 따라 시끄러운 소리 아름다운 소리가 될 수 있다는 내용을 다루고 있는 책들을 제공함
- 감상하기

ㅇ교사의 지원
- 악기 연주가 가능한 학부모와 누나의 재능 기부를 요청함
  · 학부모와 누나의 피아노 3중주 감상(동요연주)
  · 오케스트라 영상물 감상(모짜르트 장난감 교향곡)
- 게임하기
  musical chairs : 원 게임+악기 연주 병합

놀이의 마무리

유아들의 음악회 제안

1. 음악회 준비하기 →

필요한 사람 결정하기
- 연주하는 사람(우리반 친구들 모두)
- 지휘하는 사람
  (여자 친구, 남자 친구 중 1명씩)
- 음악회 보러 오는 사람
  (동생반, 친구반, 형님반과 선생님들을 초대하기로 함)

악기 결정하기
각자 음률 영역의 악기나 만든 악기 중 하고 싶은 것 결정하기
ㅇ교사의 지원
- 유아들이 개별적으로 악기를 결정할 수 있도록 돕기
- 결정한 악기에 이름을 적기
- 결정한 악기를 모아둘 수 있는 분류 상자 제공

연주곡과 연주할 곡의 수 결정하기
- 반마다 좋아하는 노래 한 곡씩 3곡을 연주하기로 함
ㅇ교사의 지원
- 어떤 곡을 들을 때 좋아할 것인지 생각해 보도록 함

연주곡 결정하기
- 조사하기–각반에 듣고 싶은 곡 2곡씩 요청하기
- 결정하기–그래프 활동으로 각반별 1곡 씩 3곡 결정하기
ㅇ교사의 지원
  반별로 2곡씩 선정하기
  다수의 의견으로 결정할 수 있도록 그래프 활동을 지원함

연주 방법 의논하기
- 소집단으로 연주할 곡의 연주 방법 의논하기
ㅇ교사의 지원
  유아들과 소집단으로 이야기 나눈 내용을 반영한 연주용 그림악보 제공하기
- 의논한 연주 방법으로 연주해 보기

음악회 초대 준비하기
- 연주회 알리기
- 포스터 만들고 붙이기
- 연주회장 꾸미고 장식하기

2. 음악회 공연하기

'사슴반 음악회에 놀러오세요'
- 각반에서 듣고 싶은 곡 연주하기
  (씨앗, 솜사탕, 참새야 참새야)
- 다시 듣고 싶은 곡 연주하기
- 음악회에 대한 소감 들어보기

3. 음악회 평가 및 정리 하기
- 사슴반 음악회 평가하기
- 음악회 정리하기

[그림 4-3] 소리 놀이의 흐름

6. 놀이 중심 교육과정에서의 교육평가

교육에서 평가는 학습자를 위해 바람직하고 적합한 교육을 효율적으로 실천하기 위해 반드시 수행해야 하는 필수 과정이다. 일반적으로 교육평가는 교육의 목적, 목표, 교육 내용, 교육환경, 교육 방법 등 교육이 진행되는 모든 과정과 학습자의 발달이나 학습과 관련된 것들을 내용으로 이루어진다. 평가에서 가장 중요하게 생각해야 하는 것은 평가의 시행 자체가 끝이 아니라 평가를 통해 분석하고 도출한 결과를 다음 교육 실행에 활용하고 반영하는 환류가 반드시 이루어져야 한다는 것이다. 이 같은 이유로 교육에서 평가는 교육의 시작이고 종료이며 또 다른 시작이라는 순환적 고리를 갖는 것이다(덕성여자대학교 부속유치원, 2000).

유아를 학습자로 하는 놀이 중심 교육과정에서 평가는 평가에 대한 일반적 이해와 함께 유아의 발달적 특성을 반드시 반영하여 이해하고 실행하여야 한다. 이에 놀이 중심 교육과정에서 가장 핵심적인 평가의 기본방향은 활동의 결과보다 과정에 중심을 두어야 하고, 의도된 상황에서보다는 유아가 활동하고 있는 자연스러운 상황에서 이루어져야 한다.

1) 평가의 목적

놀이 중심 교육과정 운영에서 평가의 목적은 학습자를 올바로 이해하고 학습자의 발달과 요구에 적합한 교육과정을 계획하며 효과적으로 교과교육을 실행하기 위한 것으로 구체적인 내용은 다음과 같다.

(1) 개별 유아의 발달적 수준 및 발달적 변화에 대한 이해

유아를 중심에 둔 놀이 중심 교육과정을 계획하고 실행하기 위한 출발점은 교사가 학급 유아들의 발달 수준과 변화를 객관적 정보를 통해 정확하게 이해하는 것이다. 교사는 평가를 통해 유아의 제 발달 수준이 적절한 수준인지, 발달영역별 차이는 어떠한지 발견할 수 있고 시간의 흐름에 따른 발달적 변화도 파악할 수 있다. 교사가 평가를 통해 객관적으로 유아들의 발달 수준과 특성과 요구를 이해한다는 것은 교육과정 계획에서 가장 중요한 학습자인 유아를 명확히 이해하는 것이고 이를 기초로 교육과정을 계획하고 실행할 수 있다는 것이다.

(2) 놀이 중심 교육과정 계획을 위한 정보 수집 및 적절한 교육적 지원

교사는 평가를 통해 학급 유아들의 현재의 관심과 흥미를 알 수 있고 학급의 상황과 문제를 파악할 수 있다. 유아들의 현재의 관심과 흥미 및 필요와 요구에 대한 정보는 교육과정 계획을 위해 가장 적절한 주제를 선정할 수 있는 근거이며 현재 학급 유아들의 상황과 맥락에 따라 유아들에게 의미 있는 교육적 지원을 보다 효율적으로 제공할 수 있는 기반이 된다.

(3) 놀이 중심 교육과정의 융통적 운영

교사는 평가를 통해 유아들의 반응을 지속적으로 살핌으로써 당초 계획된 교육과정 내용이나 진행 과정에서 생략, 추가, 수정 등 필요한 조치를 적절히 하며 융통적으로 교육과정을 운영할 수 있다. 충분한 관찰을 통해 유아들의 흥미와 요구와 필요를 반영하여 계획된 교육과정이라도 현재의 자극에 민감한 유아들의 특성이나 변화 가능성을 가진 놀이의 특성으로 실행과정에서 유아들이 보이는 반응은 교사의 예측이나 기대와 다르게 진행될 수 있다. 이 같은 이유로 놀이 중심 교육과정은 계획한 것을 엄격히 준수해야 하는 의미가 아니라 실행과정을 지속적으로 관찰하고 평가하면서 융통성 있게 운영해야 하는 것이다.

(4) 학급 놀이 환경의 문제점 발견 및 개선

교사는 평가를 통해 학급의 물리적 환경이나 놀이 중 또래와의 관계에서 일어날 수 있는 사회적 환경의 문제점을 발견하고 개선하여 유아들의 놀이가 활발하게 진행될 수 있는 환경을 마련해 줄 수 있다. 물리적, 사회적 환경은 유아의 놀이에서 이루어지는 다양한 상호작용의 한 축을 이루게 되는 매우 중요한 요인이다. 교사는 물리적 환경이 유아들이 현재 흥미를 보이는 놀이를 지속하고 심화하면서 학습으로 발전하는데 적절한 환경인지, 또래들의 반응 및 또래와의 관계가 유아들의 놀이를 위축시키거나 방해하지 않는지를 항상 살피면서 유아 놀이와 발달에 긍정적인 영향을 줄 수 있는 환경을 조성하여야 한다.

(5) 서류 작성을 위한 정보 수집

교사는 평가를 통해 수집하고 누적해 온 유아의 발달과 학습에 대한 정보를 분석하고 정리하여 기록으로 남기게 된다. 이처럼 다양한 평가 방법으로 평가한 내용들을 정리하여 남긴 기록물들은 생활기록부와 같은 서류를 보다 객관적으로 작성할 수 있는 근거가 되고 누적된 기록을 통해 개별 유아들을 보다 더 객관적으로 이해할 수 있다.

(6) 평가 결과에 근거한 객관적 부모 상담

교사는 평가를 통해 유아들에 대한 객관적 정보를 수집하고 분석하여 판단할 수 있다. 이러한 평가 결과에 근거하여 학부모 상담을 하게 되면 상담의 효율성과 신뢰도를 제고할 수 있을 뿐만 아니라 학부모와 협력적인 관계를 맺고 유지하며 유아들의 발달과 학습을 효율적으로 지원해 나갈 수 있다.

2) 놀이 중심 교육과정에서의 평가 수행

평가를 수행하는 과정은 평가의 목적에 따라 무엇을 평가할 것인가를 결정하게 되면 각각에 대해 언제 평가하고, 어떻게 평가할 것인지, 평가 결과를 어떻게 활용할 것인가를 연계하여 작업이 이루어져야 한다. 교사가 평가를 수행한다는 것은 평가의 목적을 분명히 하여 각 과정별 작업을 수행하고 결과를 반영하며 활용하는 순환적인 작업이라 할 수 있다.

(1) 평가 시기

평가시기는 무엇을 평가하는지에 따라 다양하게 운영되어진다.

첫째, 매일 매일 일과 중 평가한다.

교사는 유아의 현재 관심과 흥미와 활동 내용에 대해 매일 매일의 일과 속에서 평가를 실시할 수 있다.

둘째, 일정 주기를 갖고 평가한다.

개별 유아들의 발달영역에서의 발달적 변화나 교육의 효과를 알아보려면 일정 시간이 소요되므로 평가를 실시하는 시기에 대한 계획을 갖고 월 1회, 학기 중 1회, 연 3회 등 주기적으로 평가한다.

셋째, 특정 상황 발생 시 평가한다.

교사는 학급 또는 개별 유아에게 특정 상황이 발생하면 그 즉시 해당 상황의 원인을 알고 대처 방안을 모색하여 교육과정 운영 내용에 반영할 수 있으므로 상황에 가장 적합한 평가 내용과 방법을 선정하여 평가한다.

(2) 평가 방법

평가 방법은 평가를 위한 정보를 어디에서 구할 것이며 어떤 방법으로 수집할 것인가의 문제이다. 평가 자원 및 평가 방법을 구체적으로 살펴보면 다음과 같다.

① 평가 자원

첫째, 유아 본인 및 또래

유아 본인은 평가 정보를 제공하는 가장 직접적이며 일차적 자원이다. 교사는 일과 중 자연스러운 상황에서 개별 유아의 언어적 표현과 행동을 통해 유아의 관심, 발달 수준, 발달적 변화, 사고 과정 등을 파악할 수 있다. 특히 유아들이 놀이

하는 과정이나 놀이를 통해 생성된 활동의 결과물은 매우 중요한 평가 자원으로 활용할 수 있다. 예를 들어 유아의 그림은 그림 그리기의 발달 수준이 잘 드러나 있어 긁적거리기 수준의 그림이면서 그림에 이름을 붙이는 수준인지, 사람, 동물, 식물 등 주변에서 익숙하게 보았던 것들에 대해 자신만의 도식을 갖고 그리고 있는지를 파악할 수 있어 개별 유아의 발달 수준에 적절한 대응을 할 수 있기 때문이다. 또한 유아에 대한 또래들의 생각, 유아의 또래와의 관계, 또래를 대하는 행동 및 교류상황을 통해 학급 구성원들 간의 사회적 관계 속에서 유아의 특성과 문제점에 대한 정보를 알 수 있다.

둘째, 교사 및 부모

교사와 부모는 유아들과 밀접한 관계를 유지하고 있는 유아들에게 매우 의미있고 중요한 사람이다. 유아들과 매일 학급에서 함께 지내는 교사는 물론이고 이전 교사들도 그 당시 유아들에 대한 다양한 정보를 제공해 줄 수 있는 중요한 평가 자원이 된다. 한편 부모의 경우 유아가 기관에 오기 전의 정보와 가정에서만 볼 수 있는 유아의 상황이나 특성, 부모와 형제 관계에 대한 중요한 정보를 제공해 줄 수 있다. 그러나 교사나 부모로부터 수집한 유아들의 정보를 무조건 수용하기보다 편견은 없는지 살펴봄으로써 평가의 오류를 범하지 않도록 유의할 필요가 있다.

셋째, 문서 및 기록물

유아와 관련된 각종 문서와 기록물도 유아를 올바로 평가하고 이해하는데 필요한 정보의 자원이 될 수 있다. 문서와 기록물이란 입학원서, 생활기록부, 출석부, 건강기록부, 설문지, 누적된 평가 기록물 등으로 교사는 다양한 문서에 기록된 정보를 통해 유아의 이전 상황과 현재를 연계하여 발달 수준과 성장 및 변화의 폭을 이해하는데 참고할 수 있다.

② 평가자료의 수집 방법

평가자료는 유아를 관찰한 내용과 유아가 활동하면서 생성한 다양한 결과물이 될 수 있다.

관찰

관찰은 유아를 평가하기 위한 자료 수집에서 가장 직접적이며 적절한 방법이다. 관찰은 유아들에게 부담을 주지 않는 최대한 자연스러운 상황에서 유아들의 언어와 행동을 관찰하여야 한다. 유아 관찰 시 기본적으로 고려해야 할 사항은 다음과 같다(조윤경, 김경혜, 2017).

- 교사는 관찰자로서 객관적이고 민감하여야 한다.
- 구조적인 방법으로 관찰할 경우 관찰 기록 양식의 내용과 관찰 기록 방법을 숙지하여 관찰하고 기록한다.
- 비구조적인 방법으로 관찰한 경우 관찰내용은 사실적으로 기록하고 관찰자의 해석과 평가는 관찰내용과 분리하여 별도로 기록한다.
- 관찰자, 학급명, 관찰 대상 유아의 이름, 관찰 당시 유아의 연령, 관찰일시, 관찰 장소 등 관찰자와 관찰 대상과 관찰 상황을 알 수 있는 기본 정보가 누락되지 않도록 유의하여야 한다.

유아를 관찰하는 방법은 관찰하고자 하는 내용이나 기록하는 방법에 따라 구조적 관찰과 비구조적인 관찰 방법이 있다.

구조적인 관찰은 관찰을 위한 계획과 기록 방법을 사전에 계획하고 일정 양식을 준비하여 양식에 따라 관찰하는 것이다. 구조적 관찰 방법의 대표적인 유형으로 시간 표집법, 빈도 사건 표집법, 행동 목록법, 평정 척도법이 있다(전남련, 김인자, 백향기, 황연옥, 2017).

〈구조적 관찰 방법〉

시간 표집법(time sampling)

시간 표집법은 교사가 평가 목적에 따라 관찰하고자 하는 행동과 관찰 시간을 미리 계획하고 정해진 시간 동안 일정 간격으로 관찰하면서 관찰하려는 행동의 유무를 기록하여 특정 행동의 출현 빈도를 측정하는 방법이다. 시간 표집을 위한 기록지는 교사의 필요에 따라 관찰하려는 행동을 정의하고 각각을 계획한 횟수만큼 기록할 수 있도록 양식을 마련하여 사용할 수 있다. 시간 표집법으로 관찰하고자 하는 특정 행동은 개별 유아 또는 학급 전체를 대상으로 할 수 있다.

〈표 4-9〉 시간표집법 양식의 예

<table>
<tr><td colspan="4">학급명</td><td colspan="3">관찰 일시</td><td colspan="2">관찰자</td></tr>
<tr><td colspan="4">관찰 유아(성별)</td><td colspan="3">생년월일</td><td colspan="2">관찰일 현재 연령</td></tr>
<tr><td colspan="9">관찰행동 :사회적 놀이 발달</td></tr>
<tr><th>회차</th><th colspan="3">사회적 놀이 (Social play)</th><th colspan="3">비 놀이 (Non play)</th><th rowspan="2">활동 (activity)</th><th rowspan="2">메모(Memo)</th></tr>
<tr><th>15초 단위</th><th>혼자 놀이</th><th>평행 놀이</th><th>집단 놀이</th><th>몰입하지 않는 행동</th><th>쳐다 보는 행동</th><th>전환</th></tr>
<tr><td>15초</td><td></td><td></td><td></td><td></td><td></td><td></td><td></td><td></td></tr>
<tr><td>15초</td><td></td><td></td><td></td><td></td><td></td><td></td><td></td><td></td></tr>
<tr><td>15초</td><td></td><td></td><td></td><td></td><td></td><td></td><td></td><td></td></tr>
<tr><td>15초 (1분)</td><td></td><td></td><td></td><td></td><td></td><td></td><td></td><td></td></tr>
<tr><td>15초</td><td></td><td></td><td></td><td></td><td></td><td></td><td></td><td></td></tr>
<tr><td>15초</td><td></td><td></td><td></td><td></td><td></td><td></td><td></td><td></td></tr>
<tr><td>15초</td><td></td><td></td><td></td><td></td><td></td><td></td><td></td><td></td></tr>
</table>

15초 (2분)								
15초								
15초								
15초								
15초 (3분)								
15초								
15초								
15초								
15초 (4분)								
15초								
15초								
15초								
15초 (5분)								
합계								
요약								

출처: 전남련 외(2017). p131, 재구성

빈도 사건 표집법(event sampling)

빈도 사건 표집법은 특정 행동의 원인과 결과를 보고자 할 때 사용하는 방법으로 관찰하고자 하는 행동이나 상황이 발생한 경우에만 준비해 둔 일정 양식에 기록하는 방법이다. 사전에 관찰하려는 목표 행동이나 상황을 분명히 정의하여 기록 양식을 마련하고 목표 행동과 상황을 가장 잘 관찰할 수 있는 장소와 시간을 파악하여 관찰하는 것이 필요하다.

〈표 4-10〉 빈도사건 표집법 양식의 예

학급명 / 관찰일시 / 관찰자
관찰유아(성별) / 생년월일 / 관찰일 현재 연령
관찰 행동 : 자유선택 활동 중 또래 관계 행동

영역	긍정 행동		부정 행동		
	방해 하지 않기	함께 놀이하기	놀리기	뺏기	던지기
쌓기놀이영역					
역할놀이영역					
언어영역					
수/조작영역					
과학영역					
미술영역					
음률영역					
빈도의 계					

요약	

행동 목록법(checklist)

행동 목록법은 관찰하고자 하는 행동의 목록을 사전에 준비하여 각 행동의 출현 여부를 관찰하여 기록하는 방법이다. 행동 목록법은 유아들의 행동 변화를 보기 위해 1회씩 기록한 양식으로 주기적으로 평가한 것을 모으거나, 동일한 양식에 시간 간격을 두고 주기적으로 관찰하면서 누적적으로 기록해 나갈 수 있다.

〈표 4-11〉행동 목록법 양식의 예1

학급명	관찰일시	관찰자	
관찰유아(성별)	생년월일	관찰일 현재 연령	
관찰 행동: 말하기와 듣기			
행 동 목 록	**예**	**아니오**	**비고**
상대방이 하는 말을 끝까지 듣는다.			
말하는 사람의 표정과 몸짓에 관심을 갖고 듣는다.			
다른 사람이 말하는 사물을 지적할 수 있다.			
성인의 지시를 듣고 행동할 수 있다.			
이야기 듣기를 좋아한다.			
다른 사람이 말할 때 바라보며 듣는다.			
사물의 이름을 말한다.			
사물의 이름을 묻는다			
두, 세 단어를 사용하여 말한다.			

전치사, 수사, 대명사를 사용하여 말한다.			
자신의 느낌과 관련된 단어를 사용하여 말한다.			
자신의 요구와 관련된 단어를 사용하여 말한다.			
소유와 관련된 단어를 사용하여 말한다.			
상대방이 하는 이야기를 듣고 이와 관련하여 말한다.			
상대방을 보면서 말한다.			
요약			

〈표 4-12〉 행동 목록법 관찰 양식의 예2

학급명		관찰자				
관찰유아(성별)		생년월일		관찰일 현재 연령		
관찰행동: 말하기와 듣기						
행 동 목 록	**평가일시**					
	1차		**2차**		**3차**	
	일시		**일시**		**일시**	
	Y	N	Y	N	Y	N
상대방이 하는 말을 끝까지 듣는다.						
말하는 사람의 표정과 몸짓에 관심을 갖고 듣는다.						
다른 사람이 말하는 사물을 지적할 수 있다.						
성인의 지시를 듣고 행동할 수 있다.						
이야기 듣기를 좋아한다.						
다른 사람이 말할 때 바라보며 듣는다.						

사물의 이름을 말한다.						
사물의 이름을 묻는다						
두, 세 단어를 사용하여 말한다.						
전치사, 수사, 대명사를 사용하여 말한다.						
자신의 느낌과 관련된 단어를 사용하여 말한다.						
자신의 요구와 관련된 단어를 사용하여 말한다.						
소유와 관련된 단어를 사용하여 말한다.						
상대방이 하는 이야기를 듣고 이와 관련하여 말한다.						
상대방을 보면서 말한다.						
요약						

평정 척도법

평정 척도법은 특정 행동의 출현 유,무만을 기록하기 보다 행동의 질적인 특성을 볼 수 있도록 등급을 구분하여 평가하고 기록하는 방법이다. 평정 척도의 유형은 척도 치를 어떻게 표기하는가에 따라 숫자 평정 척도, 도식 평정 척도, 기술 평정 척도가 있다. 숫자 평정 척도는 숫자가 의미하는 바를 정의해 둔 기준대로 해당 숫자에 표시하는 것이고, 도식 평정 척도는 평정 구간을 그림으로 표시해 둔 곳에 표시하는 것이며, 기술 평정 척도는 문항별로 등급을 구분하여 설명한 내용 중 해당하는 설명에 표시하는 양식이다. 교사는 관찰 목표와 관찰 자료의 특성에 따라 가장 적절한 양식을 사용하도록 한다.

〈표 4-13〉 숫자 평정 척도 양식의 예

<table>
<tr><td colspan="6">학급명 관찰일시 관찰자
관찰유아(성별) 생년월일 관찰일 현재 연령
관찰 행동: 자기 관리</td></tr>
<tr><td colspan="6">유아의 행동을 1–5로 평정한 후 해당 숫자에 표시함
1. 아주 못함 2. 못함 3. 보통 4. 잘함 5. 아주 잘함</td></tr>
<tr><th>내용</th><th>1</th><th>2</th><th>3</th><th>4</th><th>5</th></tr>
<tr><td>스스로 겉옷을 벗을 수 있다.</td><td></td><td></td><td></td><td></td><td></td></tr>
<tr><td>스스로 겉옷을 입을 수 있다.</td><td></td><td></td><td></td><td></td><td></td></tr>
<tr><td>스스로 신발을 벗을 수 있다.</td><td></td><td></td><td></td><td></td><td></td></tr>
<tr><td>스스로 신발을 신을 수 있다.</td><td></td><td></td><td></td><td></td><td></td></tr>
<tr><td>스스로 손을 씻을 수 있다.</td><td></td><td></td><td></td><td></td><td></td></tr>
<tr><td>스스로 화장실을 사용할 수 있다.</td><td></td><td></td><td></td><td></td><td></td></tr>
<tr><td>스스로 하고 싶은 놀이를 선택하여 놀이할 수 있다.</td><td></td><td></td><td></td><td></td><td></td></tr>
<tr><td>스스로 정리할 수 있다.</td><td></td><td></td><td></td><td></td><td></td></tr>
</table>

〈표 4-14〉 도식 평정 척도 양식의 예

<table>
<tr><td colspan="2">학급명 관찰일시 관찰자
관찰유아(성별) 생년월일 관찰일 현재 연령
관찰행동: 자기 관리</td></tr>
<tr><td colspan="2">유아의 행동을 1–5로 평정한 후 해당 숫자에 표시함
1.아주 못함 2.못함 3.보통 4.잘함 5.아주 잘함</td></tr>
<tr><th>내용</th><th></th></tr>
<tr><td>스스로 겉옷을 벗을 수 있다.</td><td>1 2 3 4 5</td></tr>
<tr><td>스스로 겉옷을 입을 수 있다.</td><td>1 2 3 4 5</td></tr>
</table>

스스로 신발을 벗을 수 있다.	1 2 3 4 5
스스로 신발을 신을 수 있다.	1 2 3 4 5
스스로 손을 씻을 수 있다.	1 2 3 4 5
스스로 화장실을 사용할 수 있다.	1 2 3 4 5
스스로 하고 싶은 놀이를 선택하여 놀이할 수 있다.	1 2 3 4 5
스스로 정리할 수 있다.	1 2 3 4 5

〈표 4-15〉 **기술 평정 척도 양식의 예**

학급명	관찰일시	관찰자
관찰유아(성별)	생년월일	관찰일 현재 연령
관찰행동: 수학적 개념 발달		
내 용		
1.수세기 능력은 어느 정도 발달 되어 있는가? (　　) 수세기에 전혀 관심이 없다. (　　) 수와 사물을 연결할 수 있다. (　　) 하나씩 짚으며 수세기를 하지만 틀리는 경우가 있다. (　　) 3까지 사물을 정확하게 셀 수 있다. (　　) 5까지 사물을 정확하게 셀 수 있다. (　　) 5-10까지 사물을 정확하게 셀 수 있다.		
2.서열화 능력은 어느 정도 발달 되어 있는가? (　　) 사물을 배열하는 것에 관심이 전혀 없고 할 수 없다. (　　) 한가지 특성을 기준으로 사물을 배열할 수 있다. (　　) 두 가지 특성을 기준으로 사물을 배열할 수 있다. (　　) 서열화된 사물의 관계를 연결할 수 있다.		

3.분류하기 능력은 어느 정도 발달 되어 있는가?
(　　) 사물을 분류하지 못한다.
(　　) 동일한 사물을 모을 수 있다.
(　　) 한가지 특성을 기준으로 사물을 분류할 수 있다.
(　　) 두가지 특성을 기준으로 사물을 분류할 수 있다.
(　　) 두가지 이상의 특성을 기준으로 사물을 분류할 수 있다.

출처:이영애, 유준호(2019). pp. 83-84. 재구성

〈비구조적 관찰 방법〉

비구조적 관찰 방법은 특정 상황을 필요한 시간과 횟수만큼 관찰하고 관찰내용을 사실적으로 기록한 후 분석하는 방법으로 일화기록법이 대표적이다.

일화기록법

일화기록법은 하나의 상황이나 행동을 집중적으로 관찰하고 기록하는 방법이다. 일화 기록은 교사가 유아의 발달상황, 놀이상황, 또래 관계, 문제 행동 등을 파악하고 이해하는데 매우 유용하다. 그러나 일화 기록이 유용한 평가 자원으로 활용되려면 다음의 내용을 유의하여야 한다.

일화 기록 시 유의 사항

- 관찰 대상뿐만 아니라 관찰 상황에 있는 모든 유아의 말과 행동을 각각 구분하여 기록한다.
- 유아들이 말한 것이나 대화는 그 당시 상황과 맥락을 연결하여 정확하게 이해할 수 있도록 인용부호(“　　”)를 사용하여 기록한다.
- 일화 기록 시 관찰내용은 관찰한 그대로 사실적, 객관적으로 기록하고 교사(관찰자)의 해석 및 평가는 반드시 분리하여 기록한다.
- 관찰한 시간의 흐름에 따라 순서대로 기록한다.

- 관찰자, 관찰 유아의 기본 정보(학급, 이름, 성별, 생년월일, 관찰일 현재 연령), 관찰일시, 관찰 장면 또는 장소 등 관찰과 관련된 상황을 알 수 있는 정보를 빠짐없이 기록한다.

〈표 4-16〉 일화기록 양식의 예

학급명	관찰자
유아이름(성별)	생년월일(관찰일 현재 연령)
관찰일시	관찰 장소
관찰 내용	
관찰 내용에 대한 해석 및 교사의 의견	

유아의 놀이 활동 결과물

유아들의 놀이 과정에서 만들어진 다양한 결과물은 유아의 발달 영역별 수준을 파악하여 발달적으로 적합한 교육적 지원을 제공하는데 활용할 수 있는 유용한 평가 자원이 된다. 그러나 평가 자원으로 사용하려는 목적이라도 유아가 만든 결과물들을 교사가 함부로 수집해선 안 된다. 교사는 반드시 유아에게 허락을 구하는 절차를 통해 유아 자신은 물론 유아가 만든 결과물을 존중해야 하며 동시에 그와 같은 태도의 모델이 되어야 한다. 유아가 원본을 주고 싶어 하지 않는다면 복사를 하거나 사진을 찍어 수집할 수 있으며, 결과물이 입체물이거나 모래 구성, 블록 구성처럼 보관이나 유지가 어려운 것들 그리고 평가 자원으로써 의미 있는 놀이 과정은 사진 자료로 수집할 수 있다. 복사를 하거나 사진을 찍어 자료를 수집하는 경우에도 반드시 유아의 허락을 받도록 유의한다.

3) 평가 결과 적용을 위한 평가자료의 해석 및 보관

교사는 다양한 경로와 방법으로 수집한 평가자료들에 대해 정확하고 객관적으로 분석하고 해석함으로써 그 결과를 적절히 적용할 수 있다. 교사는 일차적으로 수집된 평가자료마다 자신의 견해를 기록해 두고 그 내용에 따라 즉시 반영하거나, 연 2, 3회 정도 정기적으로 누적된 다양한 자료를 통합하여 발달 진행 과정과 특징과 유형을 분석하여 유아의 발달적 상황과 변화를 종합적, 객관적으로 해석한 것을 적용하기도 한다.

또한 교사는 수집한 평가자료를 유용하게 활용할 수 있도록 체계적으로 보관해 두어야 한다. 개별 유아마다 파일을 정해 두고 누적적으로 보관하되 관찰기록지, 문서, 활동결과물 등을 발달영역이나, 놀이영역별과 같이 보관을 위한 일정 체계를 마련하여 체계에 따라 자료가 생성된 날짜순으로 보관해 나간다면 평가자료를 효율적으로 활용하는 데 도움이 될 것이다.

제2부

유아교과교육을 위한 교과의 이해

유아교과교육은 유아들이 놀이 주제를 중심으로 구체적인 활동으로 경험할 수 있는 교육의 실제이다. 유아들이 놀이로 경험하게 되는 구체적 활동은 다양한 흥미 영역 활동과 집단활동 유형을 통해 개별 교과의 내용으로 또는 여러 교과 내용을 통합하여 이루어지므로 교과가 명확히 구분되어 있지 않다. 교과의 구분이 분명하지 않은 것은 유아교과교육의 당연한 특성이지만 교과교육을 실행하여야 하는 교사에게는 어려움이기도 하다.

교육과정을 구성하여 교과교육을 실행함에 있어 교사가 가장 먼저 유념해야 할 것은 자율성과 책무성을 동시에 갖고 있다는 것이다. 교사는 학급 유아들의 다양한 현재를 반영할 수 있는 자율성도 갖고 있지만 기본적으로 국가 수준의 교육과정을 우선적으로 존중하며 운영할 책임도 있다. 그 이유는 국가 수준의 교육과정은 모든 유아들이 어떠한 편견이나 차별 없이 양질의 교육 경험을 제공 받을 수 있도록 국가가 주체가 되어 주기적으로 제정하고 개정하여 고시한 것으로 공통적이고 일반적인 기준이 제시되어 있기 때문이다(교육부·보건복지부, 2020a). 이에 유아교과교육 실행에서 교사는 국가 수준의 교육과정을 기반으로 각 교과에 대한 충분한 이해를 갖고 다양한 놀이 형태를 매개로 교과별 교육 내용을 통합할 수 있어야 한다.

제2부는 교과교육의 기본이 되는 각 교과의 이해를 돕고자 교과별 핵심 내용인 교과의 개념, 목적 및 목표, 교육 내용, 교수학습 방법을 알아보고 활동의 예를 제시하였다. 특히 교과별 교육내용은 일차적으로 교과와 관련된 국가 수준 교육과정 영역에서 제시한 내용을 통해 기본적인 것을 살펴보았고, 각 교과에 따라 범주나 유형 및 영역 등으로 구성된 교육내용 체계를 통해 보다 더 구체적인 내용을 알아보았다.

CHAPTER 01

건강·안전교육

1. 건강·안전교육의 개념

유아기는 인간 성장 발달의 기초를 형성하는 중요한 시기로 건강과 안전은 특히 유아 삶의 질에 직접적인 영향을 미치는 요인이다. 그러므로 유아들은 원만한 성장과 발달을 위해 적절한 관리와 지원을 제공 받아야 하고 안전사고로부터 보호되어야 한다. 유아교사 양성 과정에서 건강과 안전교육은 각각 분리된 교과로 운영하거나 통합된 교과로 운영하고 있다. 유아의 건강과 안전은 유아들이 스스로 관리하기에 발달적으로 한계가 있어 유아교육기관에서 일차적으로 책임감을 갖고 유아의 건강 유지와 증진, 질병 예방, 안전 관리를 해야 하나 유아를 위한 교육이 필요하지 않은 것은 아니다. 이 같은 특성으로 건강·안전교육을 위한 교과는 관리자로서 교사에게 필요한 내용과 교사로서 학습자 교육을 위한 내용을 모두 다루고 있는 것이다. 교사는 유아의 건강 및 안전 관리를 위해 적극적이고 적절한 지원을 제공하여 유아들의 한계를 보강함과 동시에 유아들이 스스로 관리할 수 있는 능력과 생활 습관을 점진적으로 키워나갈 수 있도록 해야 한다.

유아들이 자기 수준에서 스스로 건강과 안전을 관리하기 위해서는 이에 필요한 지식과 기술을 함양하고 태도를 형성해 나가야 할 것이다(신은수, 강금지, 유희정, 2009; 이영자, 신동주, 2017; 홍길회, 정미자, 2022).

건강·안전교육을 위한 교과는 학습자인 유아를 위한 교육을 중심으로 살펴볼 것이다.

2. 건강·안전교육의 목적 및 목표

건강 및 안전교육의 목적은 발달적으로 적절한 범위에서 유아가 자신의 건강과 안전을 관리할 수 있는 능력을 함양하여 건강한 일상생활을 유지하고 올바른 생활 습관을 형성하여 건강한 시민으로 성장하도록 하기 위함이다. 국가 수준의 교육과정 중 건강과 안전교육 교과 관련 영역인 기본생활 및 신체운동·건강영역에서 제시하고 있는 목표를 통해 이 교과의 목표를 살펴볼 수 있겠다(교육부, 2019; 보건복지부, 2020).

<table>
<tr><th colspan="3">표준보육과정</th><th colspan="2">19 개정 누리과정</th></tr>
<tr><th>영역</th><th>0~1세 보육과정 목표</th><th>2세 보육과정 목표</th><th>영역</th><th>3~5세 누리과정 목표</th></tr>
<tr><td rowspan="3">기본생활</td><td>건강하고 안전한 일상생활을 경험한다.</td><td>건강하고 안전한 생활 습관의 기초를 형성한다.</td><td rowspan="3">신체운동·건강</td><td>실내외에서 신체활동을 즐기고 건강하고 안전한 생활을 한다.</td></tr>
<tr><td>1) 건강한 일상생활을 경험한다.</td><td>1) 건강한 생활습관의 기초를 형성한다.</td><td>2) 건강한 생활습관을 기른다.</td></tr>
<tr><td>2) 안전한 일상생활을 경험한다.</td><td>2) 안전한 생활습관의 기초를 형성한다.</td><td>3) 안전한 생활습관을 기른다.</td></tr>
</table>

0~1세의 경우, 건강하고 안전한 기관 생활을 영위할 수 있도록 기관에서 지원한 환경 속에서 영아들이 건강한 일상생활을 경험하는 것으로 제시되어 있으나 2세에서는 건강과 안전을 위한 생활 습관의 기초를 형성하고, 3세 이후부터 건강하고 안전하게 생활하기 위한 생활 습관을 기르는 것으로 되어있어 유아의 발달적 변화에 따라 목표도 점진적으로 변화되었음을 알 수 있다.

3. 건강 ·안전교육의 내용

1) 국가 수준 교육과정에서의 건강과 안전교육 내용

건강과 안전교육 교과는 국가 수준의 교육과정 내용 중 기본생활영역 및 신체운동·건강영역과 관련된 교과이다. 건강과 안전교육을 위한 내용은 0~1세와 2세의 경우 표준보육과정의 기본생활영역, 3~5세의 경우 누리과정의 신체운동·건강 영역에서 찾아 볼 수 있다(교육부, 2019; 보건복지부, 2020).

표준보육과정				19 개정 누리과정		
영역	내용 범주	내 용		영역	내용 범주	내용
		0~1세 보육과정	2세 보육과정			3~5세 누리과정
기본 생활	건강하게 생활하기	도움을 받아 몸을 깨끗이 한다.	자신의 몸을 깨끗이 해본다.	신체운동 · 건강	건강하게 생활하기	자신의 몸과 주변을 깨끗이 한다.
		음식을 즐겁게 먹는다.	음식에 관심을 가지고 즐겁게 먹는다.			몸에 좋은 음식에 관심을 가지고 바른 태도로 즐겁게 먹는다.
		하루 일과를 편안하게 경험한다.	하루 일과를 즐겁게 경험한다.			하루 일과에서 적당한 휴식을 취한다.
		배변 의사를 표현한다.	건강한 배변 습관을 갖는다.			질병을 예방하는 방법을 알고 실천한다.
	안전하게 생활하기	안전한 상황에서 놀이하고 생활한다.	일상에서 안전하게 놀이하고 생활한다.		안전하게 생활하기	일상에서 안전하게 놀이하고 생활한다.
		안전한 상황에서 교통수단을 이용해 본다.	교통수단을 안전하게 이용해 본다.			TV, 컴퓨터, 스마트폰 등을 바르게 사용한다.
		위험하다는 말에 주의한다.	위험한 상황에 대처하는 방법을 경험한다.			교통안전 규칙을 지킨다.
						안전사고, 화재, 재난, 학대, 유괴 등에 대처하는 방법을 경험한다.

표준보육과정의 기본생활영역 중 『건강하게 생활하기』 내용 범주의 내용을 보면 2세 이하 연령에서는 주로 신체적인 청결, 식사, 휴식, 배변과 관련된 내용으로 도움을 받으며 편안한 일상생활을 경험하거나 의사 표현을 하거나 습관을 형성하는 수준의 내용인 반면, 신체운동·건강영역에 제시된 3~5세를 위한 내용에는 신체의 청결뿐만 아니라 주변 청결, 바른 식습관, 질병 예방과 실천까지 내용이 구체적이며 확대되었음을 알 수 있다.

『안전하게 생활하기』 내용 범주의 내용을 보면 0~1세와 2세의 경우는 안전한 상황에서 생활하고 놀이하며 위험에 주의를 기울이거나 안전하게 이용하고 위험한 상황에 대처해 보는 경험의 수준으로 제시되어 있는 반면, 3~5세에서는 안전한 일상생활과 놀이는 물론 전자 기기의 바른 사용, 교통안전 규칙 지키기와 구체적인 안전사고에 대한 대처 방법을 경험하는 것이 새롭게 제시되어 있다. 이는 유아들의 발달 수준에 따라 교육 내용의 범위가 확대된 것으로 교사가 건강과 안전교육을 위한 내용을 선정할 때 학급 유아의 연령에 따라 어떤 내용을 어느 수준으로 다루는 것이 적절한가를 판단할 수 있는 기초가 될 수 있을 것이다.

2) 건강·안전교육을 위한 범주별 내용

유아를 위한 건강 및 안전교육을 위한 내용은 어떤 내용을 다룰 것인가에 따라 범주화하여 구체적으로 살펴볼 수 있다. 첫째, 건강교육의 경우 신체 건강을 위한 바른 생활 습관 형성, 올바른 식생활 지도 및 영양관리를 위한 교육 내용을 중심으로 범주를 구분할 수 있다. 둘째, 안전교육은 아래 〈표 1-1〉에 나열된 내용처럼 유아들이 일상생활에서 경험할 가능성이 있는 위험 요소별로 범주를 나눌 수 있다(구경선, 김태임, 서영희, 홍은숙, 2019; 김연주, 김현지, 유현숙, 2022; 김현자, 김성은, 강경민, 2020). 건강과 안전교육을 위한 세부 내용은 범주별로 유아들의 건강 및 안전에 대한 이해와 관리 및 대처 능력 기르기에 대한 것으로 구체화할 수 있을 것이다.

〈표 1-1〉 범주별 건강 · 안전교육 내용

구분	범주	내용
건강 교육	바른 생활 습관	• 몸의 청결 및 위생관리 • 치아 청결 및 위생관리 • 배변 관리 및 청결 • 적절한 휴식 및 수면 관리 • 주변 청결 및 위생관리
	식생활 습관과 예절	• 올바른 식사 태도 골고루 먹기, 규칙적으로 먹기, 바르게 앉아 먹기 등 • 올바른 식사 예절 다른 사람 방해하지 않기, 모두 준비될 때 까지 기다려 함께 먹기, 즐겁게 먹기, 감사한 마음으로 먹기
	영양 관리	• 음식에 대한 이해(종류, 특성, 보관 등) • 식품의 기능과 건강 근육 발달, 뼈 발달, 치아 건강, 눈 건강, 피부 건강 등 • 음식 관련 위생(음식 위생, 식기 위생)
안전 교육	놀이 안전	• 실내놀이 및 놀잇감 안전 • 실외놀이 및 놀이기구 안전
	시설설비 안전	• 바닥면, 창문, 출입문, 계단, 조리실 등
	동물 안전	• 낯선 개 • 벌 • 곤충
	미디어 안전	• TV 안전 • 컴퓨터 및 인터넷 안전 • 스마트폰 안전
	교통안전	• 보행 안전 • 자전거 안전 • 교통기관 이용 안전
	화재 안전	• 화재 원인 • 화재 위험 • 화재 대피
	대인관계 안전	• 아동학대 예방 • 아동학대 대처 • 유괴 예방 • 유괴 대처
	재난 안전	• 미세먼지, 황사, 폭염, 태풍, 홍수, 지진

4. 건강·안전교육을 위한 교수학습 방법

유아의 건강과 안전은 그 무엇보다 유아의 생활과 직결되어 있으므로 대부분 교사의 적극적인 관리가 필요하지만, 유아들도 가능한 범위 내에서 능동적으로 관리 할 수 있어야 한다. 교사는 유아들의 발달 단계별 특성을 고려하여 발달적으로 적합한 건강과 안전교육의 내용 범위를 정하고 가장 효과적이며 가능한 직접 경험할 수 있는 활동으로 제공할 필요가 있다. 나아가 유아들이 학습한 내용을 자신의 일상생활에 바로 적용할 수 있도록 지원해야 한다. 이를 위한 구체적인 교수학습 원리는 다음과 같다(임부연 외, 2018; 한국산업안전공단, 1996).

첫째, 건강과 안전교육을 위한 교육 경험은 유아들의 생활과 밀접한 것이어야 한다.

둘째, 건강과 안전교육을 위한 활동자료는 구체적이며 실제 상황에서든 모의 상황에서든 최대한 직접적으로 경험할 수 있는 것이어야 한다.

셋째, 건강과 안전교육을 위한 교육 경험과 활동자료는 자발적 동기를 유발할 수 있도록 다양하고 흥미 있는 것이어야 한다.

넷째, 건강과 안전교육은 유아가 스스로 건강과 안전을 관리할 수 있는 지식과 기술과 태도를 습득하고 형성할 수 있어야 한다.

다섯째, 건강과 안전교육에서 습득한 지식과 기술과 태도는 유아가 실생활에 적용하고 활용할 수 있도록 지속적이고 반복적으로 실시하여야 한다.

5. 건강·안전교육 활동의 예

〈건강교육을 위한 활동의 예〉

<table>
<tr><th>주제</th><td colspan="3">음식</td></tr>
<tr><th rowspan="2">활동
선정이유</th><td>관찰내용</td><td colspan="2">• 고구마 캐기 체험활동 이후 우리가 먹는 고구마는 뿌리라는 것에 관심이 커지면서 음식을 주제로 한 다양한 놀이가 진행 중임
• 대부분 유아들이 점심 반찬으로 나온 시금치나물을 잘 먹지 않았으나 00는 '시금치 먹으면 힘이 세진다'라며 맛있게 먹음</td></tr>
<tr><td>지원내용</td><td colspan="2">• 유아들이 음식마다 갖고 있는 기능이 다르다는 것을 알고 골고루 먹어야 할 필요성을 연결하여 이해할 수 있도록 지원하고자 함</td></tr>
<tr><th>활동명</th><td colspan="2">어떤 음식을 먹어야 할까?</td><td>대상 연령 4세</td></tr>
<tr><th>활동 유형
(집단형태)</th><td colspan="3">이야기 나누기(대집단)</td></tr>
<tr><th>교육목표</th><td colspan="3">• 음식마다 우리 몸에 도움을 주는 것이 다름을 안다.
• 음식마다 갖고 있는 특별한 기능을 생각하며 먹을 수 있다.
• 몸에 좋은 음식을 골고루 먹는 것에 관심을 갖는다.</td></tr>
<tr><th>19 개정
누리과정
관련요소</th><td colspan="3">• 신체운동 · 건강: 건강하게 생활하기–몸에 좋은 음식에 관심을 가지고 바른 태도로 즐겁게 먹는다.
• 의사소통: 듣기와 말하기–자신의 경험, 느낌, 생각을 말한다.</td></tr>
<tr><th>교과
교육내용</th><td colspan="3">건강–식생활 습관과 예절–올바른 식사태도
건강–영양 관리–식품의 기능과 건강</td></tr>
<tr><th>수업자료</th><td colspan="3">음식의 기능을 보여주는 그림 자료, 각각에 해당하는 음식 그림 자료
• 그림 1/2: 움직이는데 필요하며/도움이 되는 음식(밥, 감자, 건강빵)
• 그림 3/4: 키 크는데 필요하며/도움이 되는 음식(등이 푸른 생선, 멸치)
• 그림 5/6: 뼈와 이를 튼튼하게 하는데 필요하며/도움이 되는 음식
(멸치, 우유, 치즈, 시금치, 브로콜리)
• 그림 7/8: 우리 몸 속 피를 깨끗하게 하는데 필요하며/도움이 되는 음식
(미역, 다시마, 김)
• 그림 9/10: 피부가 예뻐지는데 필요하며/도움이 되는 음식(사과, 포도, 딸기, 콩나물)</td></tr>
<tr><th>구분</th><td colspan="2">활 동 내 용</td><td>자료 및 교사지원</td></tr>
<tr><th>도입</th><td colspan="2">○ 음식의 기능이 무엇인지 이야기 나눈다.
• 우리가 먹는 음식이 우리 몸에 어떤 도움을 주는지 들어본 친구 있니?</td><td></td></tr>
</table>

<table>
<tr>
<td>전개</td>
<td colspan="2">○그림을 하나씩 보면서 음식의 기능과 해당하는 음식에 대해 이야기 나눈다.
〈그림 1〉
• 우리가 재미있게 놀이하고 싶은데 기운이 없으면 어떨까?
〈그림 2〉
• 우리가 힘을 낼 수 있게 도움을 주는 음식은 무엇이 있을까?
〈그림 3〉
• 우리가 한 살 씩 나이를 먹는데 키가 크지 않고 지금처럼 똑같다면 어떨까?
〈그림 4〉
• 쑥쑥 키가 크려면 어떤 음식을 잘 먹어야 할까?
〈그림 5〉
• 우리 이와 뼈가 튼튼하지 못하면 어떨까?
〈그림 6〉
• 우리 이와 뼈가 튼튼하려면 어떤 음식을 잘 먹어야 할까?
〈그림 7〉
• 우리 몸 속에 있는 피가 깨끗하지 못하다면 어떨까?
〈그림 8〉
• 우리 몸 속에 있는 피가 깨끗하려면 어떤 음식을 잘 먹어야 할까?
〈그림 9〉
• 우리 얼굴이 거칠거칠하게 되면 어떨까?
〈그림 10〉
• 우리 얼굴이 보들보들하게 예뻐지려면 어떤 음식을 잘 먹어야 할까?</td>
<td>• 그림 자료: 1–10

• 유아 반응에 따라 음식의 기능을 한 번에 다루기보다 1,2개씩 나누어하는 것으로 조정한다.

• 음식 기능에 대한 내용이 교사의 일방적 전달이 되지 않도록 한다.</td>
</tr>
<tr>
<td>마무리</td>
<td colspan="2">○이야기 내용을 정리하고 마무리한다.
• 00 음식은 어떤 도움을 주는지 기억나니?
• 우리가 00 음식을 잘 안 먹으면 어떤 일이 생길까?
• 우리는 왜 음식을 골고루 먹어야 할까?</td>
<td></td>
</tr>
<tr>
<td rowspan="2">평가</td>
<td>유아평가</td>
<td colspan="2">• 음식마다 우리 몸에 도움을 주는 것이 다름을 아는가?
• 음식마다 갖고있는 특별한 기능을 생각하며 먹을 수 있는가?
• 몸에 좋은 음식을 골고루 먹어야 하는데 관심을 갖는가?</td>
</tr>
<tr>
<td>교사평가</td>
<td colspan="2">• 자료의 내용은 적절한가?
• 자료 제작은 적절한가?
• 유아들이 음식의 기능과 골고루 먹어야 함을 연결 지어 생각할 수 있도록 상호작용하였나?</td>
</tr>
<tr>
<td>향후 지원계획</td>
<td colspan="3">• 이야기 나누기에 사용한 그림 자료를 과학영역 활동으로 전환하여 유아들이 지속적으로 식품의 기능에 대해 관심을 갖고 알아볼 수 있도록 할 것임
• 식사 시간 중 잘 먹지 않는 음식이 있다면 그 음식이 우리 몸에 어떤 도움을 주는지 생각해 보거나 알아볼 수 있도록 지원할 것임
• 이야기 나누기 자료 외에 유아들의 음식에 대한 선호를 토대로 해당하는 음식의 종류를 더 추가해 갈 것임</td>
</tr>
</table>

움직이는데 필요해요

밥, 감자, 건강빵

키가 크는 것을
도와줘요

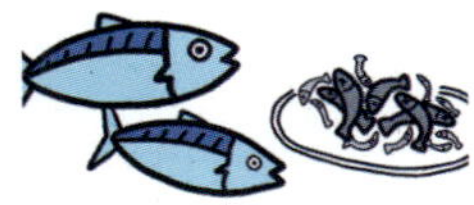

등이 푸른 생선, 멸치

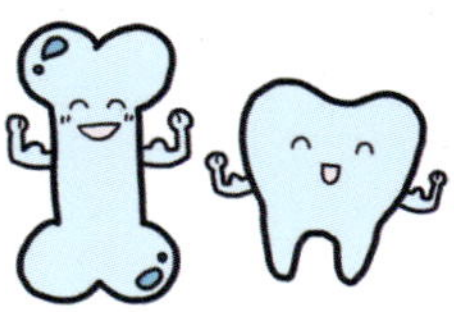

뼈와 이를 튼튼하게 해
줘요

멸치, 우유, 치즈,
시금치, 브로콜리

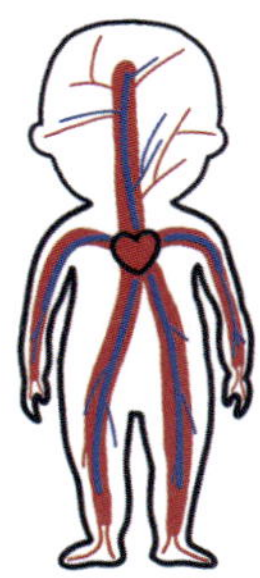

피를 깨끗하게
해줘요

미역, 다시마, 김

피부를 예쁘게 만들어 줘요

사과, 포도, 딸기,
콩나물

〈안전교육을 위한 활동의 예〉

<table>
<tr><th>주제</th><td colspan="3">안전한 겨울 생활</td></tr>
<tr><th rowspan="2">활동
선정이유</th><td>관찰
내용</td><td colspan="2">• '겨울철 안전한 생활' 주제가 진행 중이며 눈이 쌓이면서 바깥 놀이 시간에 겨울철 놀이가 활발해짐(눈사람 만들기, 눈싸움, 썰매 타기)
• 장갑을 벗은 채 눈을 만지고, 친구 얼굴에 눈을 뿌려 우는 일도 생겼으며, 썰매 타기를 할 때 차례를 지키지 않아 부딪히는 등 놀이 안전에 대해 걱정스러운 상황들이 발생함</td></tr>
<tr><td>지원
내용</td><td colspan="2">• 유아들이 직 · 간접적으로 경험한 위험 상황을 더 정확하게 예측하고, 원인을 이해하며, 안전한 놀이 방법을 함께 모색함으로써 놀이 상황에 바로 적용할 수 있도록 지원이 필요함
• 실제 유아들이 경험한 상황을 내용으로 놀이안전에 대한 이야기 나누기를 하고자 함</td></tr>
<tr><th>활동명</th><td colspan="2">안전하게 놀이하려면</td><th>대상 연령</th></tr>
<tr><th>활동 유형
(집단형태)</th><td colspan="3">이야기 나누기(대집단)</td></tr>
<tr><th>교육목표</th><td colspan="3">• 겨울 놀이 시 위험한 상황을 안다.
• 안전한 겨울 놀이에 관심을 갖는다.
• 자신의 생각과 느낌을 말로 표현할 수 있다.</td></tr>
<tr><th>19 개정
누리과정
관련요소</th><td colspan="3">• 자연탐구: 자연과 더불어 살기–날씨와 계절의 변화를 생활과 관련 짓는다.
• 의사소통: 듣기와 말하기–자신의 경험, 느낌, 생각을 말한다.
• 신체 운동 · 건강: 안전하게 생활하기–일상에서 안전하게 놀이하고 생활한다.</td></tr>
<tr><th>교과
교육내용</th><td colspan="3">안전–일상생활 안전–놀이 안전</td></tr>
<tr><th>수업자료</th><td colspan="3">• 손 인형(순이)
• 놀이 상황별 각 2개 그림 자료(안전하지 않은 상황/안전한 상황)
(상황: 눈사람 만드는 상황, 눈 싸움 하는 상황, 썰매 타는 상황)</td></tr>
<tr><th>구분</th><th colspan="2">활동 내용</th><th>자료 및 교사지원</th></tr>
<tr><th>도입</th><td colspan="2">○ 인형으로 유아의 흥미를 유발한다.
• 오늘 우리 반에 너희들을 만나러 온 친구가 있어. 이름은 순이라고 해. 다 함께 불러볼까?

안녕? 나는 순이야. 요즘 날씨가 너무 춥지? 그래도 나는 겨울이 좋아! 눈이 오면 눈사람을 만들고, 눈 싸움도 하고, 눈썰매도 탈 수 있잖아. 그런데 다칠까 봐 걱정도 돼.
얘들아, 겨울 놀이를 안전하게 하려면 어떻게 하면 좋을까? 나에게 알려줄 수 있니?</td><td>• 자료: 손 인형</td></tr>
</table>

도입	• 친구들 순이가 무엇이 걱정된다고 했니? 우리 친구들도 겨울에 놀이하면서 다칠까 봐 걱정한 적이 있니? 우리 같이 생각해 보고 순이에게도 알려줄까?	
전개	ㅇ놀이 상황별로 이야기 나눈다. 1. 눈사람 만들 때 장갑 끼기에 대해 (맨손으로 눈사람 만드는 그림을 보며) • 이 친구는 무엇을 하고 있니? • 맨손으로 차가운 눈을 계속 만지면 어떤 일이 일어날까? • 그럼 이럴 땐 어떻게 하는 게 좋을까? (손이 젖지 않는 스키 장갑을 끼고 눈 사람 만드는 그림을 보며) • 이 친구는 손에 무엇을 끼고 있니? • 이 장갑을 끼고 눈 사람을 만들면 무엇이 좋을까? 2. 눈싸움 놀이할 때 (친구 얼굴에 눈을 던지는 그림을 보며) • 이 친구들에게 어떤 일이 일어났니? • 얼굴에 눈을 맞으면 어떻게 될까? • 눈 싸움 할 때 다치지 않으려면 어떻게 하면 좋을까? (친구가 다치지 않게 눈을 던지는 그림을 보며) • 이 친구들은 어떻게 눈싸움 하고 있는 것 같니? • 눈싸움할 때 눈은 어디로 던지면 좋을까? • 눈싸움할 때 눈을 어떻게 던지면 좋을까? 3. 눈썰매 타기에 대해 (썰매 타면서 부딪힌 그림을 보며) • 이 친구들에게 어떤 일이 일어났니? • 왜 이런 일이 생겼을까? • 친구의 썰매와 부딪히지 않으려면 어떻게 하면 좋을까? (거리를 두고 썰매 타는 그림을 보며) • 이 친구들은 어떻게 타고 있니? • 안전하게 썰매를 타려면 무엇을 조심해야 할까? 4. 상황별로 올바른 상황 그림을 다시 보면서 안전한 놀이를 위해 조심해야 할 것에 대해 이야기해 본다. • 눈사람 만들 때 젖지 않는 장갑을 껴요 • 친구 얼굴에 눈을 던지지 않아요 • 썰매 탈 때 앞 친구와 멀리 떨어져서 타요.	• 그림 자료: 상황별 6개 • 유아들의 경험과 이야기를 연관 지어 이야기할 수 있도록 한다.

구분		내용
마무리		○ 활동을 마무리하고 평가한다. • 오늘 우리 어떤 이야기 했지? • 이야기한 것을 잘 생각하면서 안전하게 바깥 놀이할 수 있을까? • 친구들아 순이도 잘 들었을까? '순이야'하고 불러보자 우와! 친구들 정말 고마워. 너희들이 알려준 대로 하면 안전하게 놀이할 수 있겠어. 너희들도 안전하게 잘 놀아 안녕! ○다음 활동을 안내한다. 이제 점심시간이구나 선생님이 이름 불러주는 친구는 의자를 제자리에 가져다 두고 손 씻고 와서 밥 먹을 준비하자
평가	유아평가	• 겨울 놀이 시 위험한 원인을 아는가? • 안전한 겨울 놀이에 관심을 갖는가? • 자신의 생각과 느낌을 언어로 표현할 수 있는가?
	교사평가	• 자료의 내용은 유아들의 실제 경험을 잘 반영하고 있나? • 이야기 내용은 유아들이 실제 놀이상황에 적용할 수 있도록 연계가 잘 되었나?
향후 지원계획		바깥놀이 시간에 유아들이 이야기 나눈 내용을 실천할 수 있도록 격려할 것임.

1) 눈사람 만드는 상황

맨 손으로 눈사람 만들기

젖지 않는 장갑 끼고 눈사람 만들기

2) 눈싸움하는 상황

친구 얼굴에 눈 던지기

친구 얼굴을 피해 눈 던지기

3) 썰매 타는 상황

친구와 가까이 썰매 타기

친구와 멀리 떨어져서 썰매 타기

CHAPTER 02

동작교육

1. 동작 교육의 개념

동작 교육은 유아가 자신의 신체와 신체 기능에 관심을 갖고 탐색하고 인식할 수 있는 능력과 신체 조절 및 운동 능력, 신체 표현 및 창의적 표현 능력, 또래 및 예술가의 신체 표현에 대한 감상 능력과 존중하는 태도를 함양하기 위한 교육이다. 유아들은 신체를 다양하게 움직이고 활용하면서 움직임에 대한 본능적 욕구를 충족하고, 대·소근육 발달과 기초적 운동 능력 및 체력 증진을 도모하며, 자신의 신체를 움직여 아름다움을 표현하고 다른 사람이 표현하는 신체 표현의 아름다움을 즐길 수 있어야 한다(김은심, 2021; 박찬옥 외, 2021; 안경숙, 신애선, 2019).

2. 동작 교육의 목적 및 목표

동작 교육의 목적은 신체 인식에 대한 이해를 돕고 운동 능력을 기르며 신체 표현의 즐거움과 다른 사람의 표현을 존중하는 것이다. 국가 수준의 교육과정 중 동작 교육 교과 관련 영역인 신체운동, 신체운동·건강, 예술 경험 영역에 제시된 목표를 통해 이 교과의 목표를 이해할 수 있겠다(교육부, 2019; 보건복지부, 2020).

<table>
<tr><th colspan="3">표준보육과정</th><th colspan="2">19 개정 누리과정</th></tr>
<tr><th>영역</th><th>0~1세 보육과정 목표</th><th>2세 보육과정 목표</th><th>영역</th><th>3~5세 누리과정 목표</th></tr>
<tr><td rowspan="3">신체운동</td><td>감각으로 탐색하고 신체활동을 즐긴다.</td><td>감각을 활용하고 신체활동을 즐긴다.</td><td rowspan="3">신체운동·건강</td><td>실내외에서 신체활동을 즐기고, 건강하고 안전한 생활을 한다.</td></tr>
<tr><td>1) 감각 탐색을 즐긴다.</td><td>1) 감각을 활용하고 신체를 인식한다.</td><td rowspan="2">1) 신체활동에 즐겁게 참여한다.</td></tr>
<tr><td>2) 신체활동을 즐겁게 경험한다.</td><td>2) 신체활동을 즐긴다.</td></tr>
<tr><td rowspan="4">예술경험</td><td></td><td>아름다움을 느끼고 즐긴다.</td><td rowspan="4">예술경험</td><td>아름다움과 예술에 관심을 가지고 창의적 표현을 즐긴다.</td></tr>
<tr><td></td><td></td><td>1) 자연과 생활 및 예술에서 아름다움을 느낀다.</td></tr>
<tr><td rowspan="2"></td><td rowspan="2">2) 예술을 통해 자유롭게 표현한다.</td><td>2) 예술을 통해 창의적으로 표현하는 과정을 즐긴다.</td></tr>
<tr><td>3) 다양한 예술 표현을 존중한다.</td></tr>
</table>

신체운동 영역의 목표를 보면 0~1세는 감각을 탐색하는 수준이나 2세는 감각을 활용하는 것으로, 3~5세는 신체활동에 즐겁게 참여하는 보다 적극적인 수준으로 상향되었음을 알 수 있다. 예술 경험 영역에 제시된 관련 목표를 동작 교육과 연계해 보면 우선 2세 이후부터 제시되어 있으며 2세는 움직임과 춤을 통해 자유롭게 표현하는 것으로, 3~5세는 동작적 요소에 관심을 갖고 창의적인 신체 표현을 즐기고 존중하는 태도를 길러나가는 것으로 이해할 수 있다.

3. 동작 교육 내용

1) 국가 수준 교육과정에서의 동작 교육 내용

동작 교육 교과는 국가 수준의 교육과정 영역 중 신체운동, 신체운동·건강, 예술 경험 영역과 관련된 교과이다. 0~1세와 2세를 위한 동작 교육 내용은 표준보육과정의 신체 운동 영역과 예술 경험 영역에서, 3~5세를 위한 동작 교육 내용은 신체운동·건강영역과 예술 경험 영역에서 찾아볼 수 있다. 표준보육과정에 제시된 0~1세와 2세를 위한 교육 내용 범주는 『감각과 신체 인식하기』 및 『신체활동 즐기기』이고, 3~5세를 위한 교육 내용 범주는 『신체활동 즐기기』로 각 범주별 내용에서 동작 교육의 내용을 살펴볼 수 있다(교육부, 2019; 보건복지부, 2020).

<table>
<tr><th colspan="4">표준보육과정</th><th colspan="3">19 개정 누리과정</th></tr>
<tr><th rowspan="2">영역</th><th rowspan="2">내용
범주</th><th colspan="2">내 용</th><th rowspan="2">영역</th><th rowspan="2">내용
범주</th><th>내용</th></tr>
<tr><th>0~1세 보육과정</th><th>2세 보육과정</th><th>3~5세 누리과정</th></tr>
<tr><td rowspan="6">신체
운동</td><td rowspan="3">감각과
신체
인식
하기</td><td>• 감각적 자극에 반응한다.</td><td rowspan="2">• 감각 능력을 활용한다.</td><td rowspan="6">신체
운동
·
건강</td><td rowspan="6">신체
활동
즐기기</td><td>• 신체를 인식하고 움직인다.</td></tr>
<tr><td>• 감각으로 주변을 탐색한다.</td><td rowspan="2">• 신체 움직임을 조절한다.</td></tr>
<tr><td>• 신체를 탐색한다.</td><td>• 신체를 인식하고 움직인다.</td></tr>
<tr><td rowspan="3">신체
활동
즐기기</td><td>• 대소근육을 조절한다.</td><td>• 대소근육을 조절한다.</td><td rowspan="2">• 기초적인 이동운동, 제자리 운동, 도구를 이용한 운동을 한다.</td></tr>
<tr><td>• 기본 운동을 시도한다.</td><td>• 기본운동을 즐긴다.</td></tr>
<tr><td>• 실내외 신체활동을 즐긴다.</td><td>• 실내외 신체활동을 즐긴다.</td><td>• 실내외 신체활동에 자발적으로 참여한다.</td></tr>
</table>

신체운동 영역의 내용 범주에 따른 내용을 살펴보면 0~1세는 주로 감각적 자극에 대한 반응과 감각적 탐색, 신체 탐색을 다루는 것이라면 2세는 감각적 탐색에서 감각 능력의 활용으로, 신체 탐색에서 신체 인식과 움직임으로 내용 수준이 발전되었음을 알 수 있다. 신체운동·건강 영역의 내용 범주에 따른 내용을 살펴보면 3~5세에서는 신체 움직임의 조절, 다양한 방법으로 운동하기, 신체활동에 자발적인 참여로 구체화 되고 심화된 내용들이 제시되어 있어 연령대별 동작 교육내용의 수준 차이를 살필 수 있겠다.

<table>
<tr><th colspan="4">표준보육과정</th><th colspan="3">19 개정 누리과정</th></tr>
<tr><th rowspan="2">영역</th><th rowspan="2">내용 범주</th><th colspan="2">내 용</th><th rowspan="2">영역</th><th rowspan="2">내용 범주</th><th>내 용</th></tr>
<tr><th>0~1세 보육과정</th><th>2세 보육과정</th><th>3~5세 누리과정</th></tr>
<tr><td rowspan="5">예술 경험</td><td>아름다움 찾아보기</td><td></td><td></td><td rowspan="5">예술 경험</td><td>아름다움 찾아보기</td><td>• 예술적 요소에 관심을 갖고 찾아본다.</td></tr>
<tr><td>창의적으로 표현하기</td><td></td><td>• 움직임과 춤으로 자유롭게 표현한다.</td><td>창의적으로 표현하기</td><td>• 신체나 도구를 활용하여 움직임과 춤으로 자유롭게 표현한다.</td></tr>
<tr><td rowspan="3"></td><td rowspan="3"></td><td rowspan="3"></td><td rowspan="3">예술 감상하기</td><td>• 다양한 예술을 감상하며 상상하기를 즐긴다.</td></tr>
<tr><td>• 서로 다른 예술 표현을 존중한다.</td></tr>
<tr><td>• 우리나라 전통 예술에 관심을 갖고 친숙해진다.</td></tr>
</table>

한편 예술 경험 영역에 제시된 내용을 동작 교육을 중심으로 살펴보면 신체 표현과 관련된 동작 요소의 탐색과 창의적 동작 표현 및 감상으로 이해할 수 있다. 그러나 창의적으로 표현하기는 2세부터, 동작과 관련된 예술적 요소에 대한 탐색

및 감상하기는 3~5세에서만 제시되어 있다. 구체적인 내용은 동작적 요소에 대한 관심과 탐색, 신체와 도구를 이용한 창의적 표현, 다양한 동작 표현에 대한 감상과 존중으로 생각해 볼 수 있으며 연령대별 내용 수준의 차이가 크다는 것을 알 수 있다(교육부, 2019; 보건복지부, 2020).

2) 동작 교육을 위한 유형별 내용

동작 교육의 내용은 또한 동작 표현과 감상의 기본이 되는 동작의 기본 요소에 대한 이해, 기본 동작과 동작 표현, 동작 표현에 대한 감상의 유형으로 구분하여 구체적으로 살펴볼 수 있다. 각각의 내용은 다음과 같다(김은심, 2021).

첫째, 동작의 기본 요소

유아들은 기본 동작과 동작 표현 활동을 위해 동작의 구성요소를 이해하고 적절하게 활용할 수 있어야 한다. 동작의 구성요소는 신체 인식, 공간 인식, 노력, 관계라는 4개 요소가 있으며 기본 동작을 하거나 신체 표현 활동에 관련 요소들을 연계하여 활동하게 된다.

〈표 2-1〉 동작의 구성요소

기본 요소	하위 요소 및 내용
신체 인식 (무엇을 움직이는가?)	• 신체 전체 움직임: 서기, 앉기, 꼬기, 비틀기, 구부리기, 뻗기 등 • 신체 부분 움직임: 머리, 어깨, 가슴, 무릎, 팔, 다리, 손, 발 등 • 신체 모양: 직선 모양, 곡선 모양, 꼬인 모양 등 • 신체 방향: 앞, 뒤, 옆
공간 인식 (어디에서 움직이는가?)	• 장소: 개인공간, 일반공간 • 범위: 넓은 공간, 보통 공간, 좁은 공간 • 방향: 앞, 뒤, 옆, 위, 아래 • 높이: 높게, 중간, 낮게

노력 (어떻게 움직이는가?)	• 힘: 강하게,약하게, 부드럽게 • 시간: 빠르게, 느리게 • 흐름: 유연한, 끊기는, 멈춤
관계 (누구와 함께 움직이는가?) (무엇과 함께 움직이는가?)	• 사람과 사람 관계: 짝지어, 집단으로 • 사람과 사물 관계(도구를 활용한): 위로, 아래로, 밖으로, 안에서, 주변에서

출처: 이영자 외, 2017, p 340, 재구성

둘째, 기본 동작

기본 동작은 우리가 생활에서 움직이는 동작으로 공간을 이동하며 움직이는 이동 동작과 공간 이동이 없이 움직이는 비 이동 동작, 물체를 조작하며 움직이는 조작적 동작으로 분류된다. 유형별 구체적 동작은 〈표 2-2〉와 같다.

〈표 2-2〉 기본 동작 유형

기본동작 유형		
이동 동작	비 이동 동작	조작적 동작
기어가기(creeping)	구부리기(bending)	던지기(throwing)
걷기(walking)	뻗기(stretching)	받기(catching)
달리기(running)	꼬기(twisting)	차기(kicking)
뛰어넘기(leaping)	회전하기(turning)	당기기(pulling)
뛰기(jumping)	흔들거리기(swinging)	밀기(pushing)
앙감질(hopping)	균형잡기(balancing)	들어올리기(lifting)
말뛰기(galloping)	제자리에서 피하기 (dodging)	움직이며 피하기 (dodging)
미끄러지기(sliding)	떨어지기(falling)	공받아치기(volleying)
스키핑(skipping)		공튀기기(bouncing)
기기(creeping)		공굴리기(ball rolling)
스텝 · 홉(step · hopping)		드리블(dribbling)

출처 : 김은심, 2017, p130, 재구성

셋째, 동작 표현

동작 표현은 신체를 이용하여 표현하고자 하는 대상을 모방하거나, 창의적으로 표현하거나, 음악에 맞추어 움직이는 리듬 동작으로 구분할 수 있다. 모방 동작이란 모방하고자 하는 대상의 모양과 움직임을 관찰하고 탐색한 후 자신의 신체를 이용하여 모방하며 표현하는 것이고, 창의적 동작 표현이란 표현하고자 하는 대상의 모양과 움직임을 관찰하고 탐색한 것에 자신의 느낌과 생각을 반영하여 표현하는 것을 의미한다. 리듬 동작이란 대개 노랫말을 따라 움직이거나 음악을 들으며 음악적 요소에 반응하는 동작을 말한다.

〈표 2-3〉 모방 및 창의적 동작 유형

구분	유형	내용
모방 동작	자연물/생물 모방하기	자연물(해, 달, 별, 바위 등), 사람, 동·식물의 모양이나 움직임
	사물 모방하기	친근한 사물의 모양이나 움직임 (조각상, 놀잇감, 교통기관 등)
	사건 모방하기	일상생활 및 놀이 경험에 대한 재현 (식사하기, 씻기, 미끄럼 타기, 자전거 타기 등)
창의적 표현 동작	자연현상 및 사물 움직임에 대한 생각 및 느낌 표현	날씨와 관련된 현상(바람, 눈, 비, 구름 등) 움직이는 물체(놀이기구, 교통기관 등)
	사건 및 현상에 대한 느낌 표현	사건 현상에 대한 기쁨, 슬픔, 화남, 즐거움, 놀람, 무서움 등
	대상의 변화 과정에 대한 생각 및 느낌 표현	시간의 흐름에 따라 변화하는 과정 (얼음이 녹는 과정, 팝콘이 되는 과정, 바람 빠지는 풍선의 움직임 등)

출처: 김은심, 2017, p175 재구성

〈표 2-4〉 리듬 동작 유형

구조적 리듬 동작	반 구조적 리듬 동작	비 구조적(창의적) 리듬 동작
• 정해진 대로 움직이며 표현하기(예: 둘이 살짝 손잡고, 둥글게 둥글게 등) • 창의적인 표현은 없으나 일치감, 소속감을 느낄 수 있는 동작	• 유아들과 일부 또는 전체 동작을 의논하고 결정하여 표현하기 • 정해진 대로 움직이기와 자유롭게 움직이기를 조합하여 표현하기 • 함께 의논하여 결정한 대로 움직이기	• 유아들이 주도적으로 탐색하고 발견하여 각자 표현하기 • 음악적 요소들이 명확하게 구별되는 음악을 듣고 빠르기, 강약 등을 반영하여 각자 표현하기

넷째, 동작 감상

유아들이 또래나 예술가의 신체 표현과 춤을 감상하는 것은 신체 표현에 대한 미적 감각과 미적 안목을 형성하기 위한 미적 경험이다. 신체 표현 및 춤에 대한 감상은 동작의 기본 요소에 대한 이해가 향상되고 다양한 동작 표현에서의 아름다움을 즐기며 존중하는 태도를 갖게 된다. 이처럼 동작 요소에 대한 이해와 신체 표현 및 감상 활동은 상호 긍정적인 영향을 미치는 관계이므로 동작 교육에서 이들 내용 영역을 균형적으로 운영하여야 한다.

또한 동작 감상 활동은 또래의 신체 표현이나 춤을 보면서 다양한 생각을 접하고, 생각의 차이를 긍정적으로 받아들이며 존중하는 태도를 형성할 수 있으며, 우리나라 전통춤과 다양한 문화권의 춤에 대한 감상의 기회를 가짐으로써 전통예술과 다른 나라 예술에 대해 친근감을 느끼고 존중하는 태도를 형성할 수 있다.

4. 동작 교육을 위한 교수학습 방법

동작 교육 활동은 탐색과 표현과 감상을 토대로 진행된다. 동작 교육은 기본적으로 유아들이 신체와 동작 탐색, 활동 도구와 자료 탐색을 통해 운동 활동이나 신체 표현 활동에 대한 동기를 유발하고 운동적 요소와 신체 표현의 요소를 탐색하는 경험을 제공하게 된다. 이후 탐색한 내용을 기반으로 이동 운동, 비이동 운동, 조작 운동 및 신체적 표현을 하게 되는데 이때 동작 활동의 구성요소를 고려하면서 신체를 움직여 운동 활동을 하거나 표현적 활동을 할 수 있다.

교사는 동작 활동 내용에 따라 유아들이 운동 기능적인 움직임이나 동작 표현에 대해 생각해 볼 수 있는 탐색적 질문을 제공하여야 하며 유아들의 반응에 따라 유아들의 생각을 확장하거나 움직임이나 신체 표현의 정확도를 위해 노력하고 정교화하도록 지원해야 한다. 교사는 무엇보다 유아들이 자유롭게 생각하고 표현할 수 있는 허용적인 사회적 분위기를 조성하고 필요한 시점에서 필요한 만큼만 시범을 제시하면서 유아의 생각과 표현을 격려하고 지원할 수 있어야 한다. 운동 및 동작 표현의 마지막 단계에서는 활동을 회상하며 활동에 대한 생각과 느낌을 나누는 감상 및 평가시간을 갖는다.

동작적 탐색과 표현과 감상 활동에 적용할 수 있는 교수학습 방법을 위한 접근에는 직접적·교사 주도적 접근방법, 안내와 발견적 접근방법, 간접적·유아주도적 접근방법이 있다. 교사는 실제 동작 활동 과정에서 이들 전략 유형을 충분히 이해하고 동작 활동 유형과 내용 및 유아들의 수준을 고려하여 가장 적절한 전략을 적용하고 활용하여야 한다. 각각의 내용을 구체적으로 살펴보면 다음과 같다(Pica, 2021).

첫째 직접적·교사 주도적 접근방법

직접적·교사 주도적 접근방법은 교사가 동작을 지시하거나 시범을 보이고 유아들이 따라 하는 형태의 전략이다. 이 전략은 유아가 교사의 지시나 시범을 보고 따라 하므로 기본 동작이나 구조적 표현 동작처럼 정해진 동작을 익히는 활동에 적합하다. 이 같은 동작 활동은 유아가 탐색하여 자신의 생각을 반영하는 것이 아니므로 동작의 내용을 직접적으로 알려주는 것이 더 효율적이기 때문이다.

둘째, 안내와 발견적 접근방법

안내와 발견적 접근방법은 정해진 동작은 있지만 그 동작을 교사가 먼저 제시하지 않고 유아들이 발견할 수 있도록 안내함으로써 유아들이 자유롭게 발견하고 시도해 보는 과정을 거쳐 정해진 동작을 찾아보게 하는 전략이다.

셋째, 간접적·유아 주도적 접근방법

간접적·유아 주도적 접근방법은 유아가 자신만의 방법으로 문제를 해결하기 위해 탐색적으로 접근할 수 있도록 지원하는 전략이다. 유아들은 문제를 해결하기 위해 관찰하고 실험하여 신체적 움직임으로 표현하며 문제를 해결해 가는 것이다. 이는 창의적 신체 표현 활동에 적절한 전략으로 유아들은 충분히 상상하고 자유롭게 활동할 수 있다.

5. 동작 교육 활동의 예

〈신체 인식 영역: 기본 동작 활동의 예〉

<table>
<tr><td>주제</td><td colspan="4">동물</td></tr>
<tr><td rowspan="2">활동 선정이유</td><td>관찰내용</td><td colspan="3">• 동물원을 다녀온 후 유아들의 흥미와 관심을 반영하여 동물 주제가 운영 중임
• 유아들은 '나는 토끼야'하면서 두 발 모아 뛰기도 하고, '나는 사자다'하면서 사자가 되어 걷는 등 동물의 움직임을 몸으로 표현하는 것을 즐거워함</td></tr>
<tr><td>지원내용</td><td colspan="3">• 동물원 동물이 되어 동물의 특성을 반영하여 다양하게 움직여 보는 활동을 지원하고자 함</td></tr>
<tr><td>활동명</td><td colspan="2">00처럼 걷거나 움직여보세요</td><td>대상 연령</td><td>3세</td></tr>
<tr><td>활동 유형 (집단형태)</td><td colspan="4">신체활동(대집단)</td></tr>
<tr><td>교육목표</td><td colspan="4">• 동물들이 움직이는 모습이 다양함을 안다.
• 동물들의 움직임을 생각하며 걸을 수 있다.
• 걷기 중 힘과 속도의 변화에 관심을 갖는다.</td></tr>
<tr><td>19 개정 누리과정 관련요소</td><td colspan="4">• 자연탐구: 자연과 더불어 살기–주변 동식물에 관심을 가진다.
• 신체운동 · 건강: 신체활동 즐기기–신체 움직임을 조절한다.
• 신체운동 · 건강: 신체활동 즐기기–기초적인 이동운동, 제자리 운동, 도구를 이용한 운동을 한다.</td></tr>
<tr><td>교과 교육내용</td><td colspan="4">동작 요소: 신체인식, 공간인식, 노력(힘,시간)
동작 유형: 이동 동작–기어가기, 걷기, 뛰기</td></tr>
<tr><td>수업자료</td><td colspan="4">동물 사진 자료: 오리, 거북이, 원숭이, 양, 사자, 코끼리</td></tr>
<tr><td>구분</td><td colspan="3">활 동 내 용</td><td>자료 및 교사지원</td></tr>
<tr><td>도입</td><td colspan="3">ㅇ동물원에서 보았던 동물의 움직임을 생각해 본다.
• 어떤 동물을 보았지?
• 어떻게 걷고 있었지?
ㅇ동물처럼 걸어보기 활동에 대해 소개한다.
• 우리가 동물이 되어 움직여보면 어떨까?</td><td>• 유아는 1/2집단으로 나누어 서로 마주 보는 대열로 의자에 앉아 모인다.
• 가운데 공간에서 활동할 수 있도록 유아들 집단 간의 거리를 최대한 확보한다.</td></tr>
</table>

도입	ㅇ동물 사진 자료를 하나씩 보면서 동물들이 움직이는 모습에 대해 이야기하고 움직여 본다. 〈오리〉 • 오리는 어떻게 생겼지? • 오리가 어떻게 걸었는지 기억나니? • 우리도 오리처럼 걸어 볼까? · 이쪽 친구들 먼저 모두 나와보자. · 오리가 된 친구들이 어떻게 걷고 있니? · 00오리는 몸을 옆으로 기울이면서 걷고 있네. · 오리가 뒤뚱 뒤뚱 걸어가는 모습이 생각나는구나. · 다음엔 이쪽 친구들이 해 볼까? 〈거북이〉 • 거북이는 어떻게 생겼지? • 거북이가 어떻게 걸었는지 기억나니? • 우리도 거북이처럼 걸어 볼까? · 이쪽 친구들 먼저 모두 나와보자. · 거북이가 된 친구들이 어떻게 걷고 있니? · 00거북이는 몸을 바닥에 닿게 하면서 천천히 걷는구나. · 다음엔 이쪽 친구들이 해볼까? 〈원숭이〉 • 원숭이는 어떻게 움직였는지 기억나니? • 우리도 원숭이처럼 움직여 볼까? · 이쪽 친구들 먼저 모두 나와보자. · 00는 어떻게 움직이고 있니? · 다음엔 이쪽 친구들이 해볼까? · 거북이처럼 걸을 때 보다 더 빨리 움직이고 있구나 〈양〉 • 양들이 어떻게 걸었는지 기억나니? • 우리도 양처럼 걸어 볼까? · 이쪽 친구들 먼저 모두 나와보자. · 00는 어떻게 걷고 있니? · 다음엔 이쪽 친구들이 해볼까? · 00와 00와 00는 양들처럼 모여서 걷고 있네 · 거북이보다 빠르고 가볍게 걷고 있구나	• 혼잡하지 않도록 1/2집단씩 나누어 활동한다. • 유아들이 자신이 보았던 것을 생각하며 언어적으로 활발하게 반응할 수 있도록 충분한 시간을 준다. • 특별히 원하는 유아가 있지 않다면 교사의 질문에 동시에 저마다 자신의 생각을 표현할 수 있도록 한다. • 00처럼 움직여 볼 때 유아들의 신체움직임에서 볼 수 있는 동작 요소들을 언어로 묘사하며 격려한다. • 유아들의 다양한 표현(머리 움직임 코의 움직임, 소리 등)을 자연스럽게 수용하고 반응해준다.

<table>
<tr><td>전개</td><td colspan="2">〈사자〉
• 사자는 어떻게 걸었는지 기억나니?
• 우리도 사자처럼 걸어 볼까?
· 이쪽 친구들 먼저 모두 나와보자.
· 00는 어떻게 걷고 있니?
· 다음엔 이쪽 친구들이 해볼까?
· 00사자는 두리번 두리번 하면서 힘차게 걷고 있구나
〈코끼리〉
• 코끼리는 어떻게 걸었는지 기억나니?
• 우리도 코끼리처럼 걸어 볼까?
· 이쪽 친구들 먼저 모두 나와보자.
· 00는 어떻게 걷고 있니?
· 다음엔 이쪽 친구들이 해볼까?
· 00코끼리는 쿵쿵 소리도 내면서 힘차게 걷고 있구나</td><td></td></tr>
<tr><td>마무리</td><td colspan="3">○ 활동에 대해 평가하고 마무리 한다.
• 우리가 오늘 무엇을 해보았지?
• 무엇이 가장 재미있었니?
• 무엇이 가장 기억에 남니?</td></tr>
<tr><td rowspan="2">평가</td><td>유아평가</td><td colspan="2">• 동물들이 움직이는 모습이 다양함을 아는가?
• 동물들의 움직임을 생각하며 걸을 수 있는가?
• 걷기 중 힘과 속도의 변화에 관심을 갖는가?</td></tr>
<tr><td>교사평가</td><td colspan="2">• 동물사진 자료는 유아들의 경험을 회상하는데 도움을 줄 수 있었나?
• 유아들이 동물의 특징을 생각하며 움직일 수 있도록 상호작용이 적절하였나?
• 모든 유아들이 활발하게 언어적. 신체적 반응을 할 수 있는 분위기를 조성하였는가?</td></tr>
<tr><td>향후 지원계획</td><td colspan="3">• 활동해 본 동물들의 가면을 만들어 음률 영역 자료로 제공함으로써 동물의 움직임에 대한 관심을 유지하며 자유선택활동으로 참여하도록 할 것임
• 유아들의 관심과 흥미를 관찰하면서 필요시 동물 가면을 추가해줄 것임</td></tr>
</table>

거북이처럼 기어보기

〈신체 표현 영역: 모방 및 창의적 표현 활동의 예〉

<table>
<tr><td>주제</td><td colspan="4">가을</td></tr>
<tr><td rowspan="2">활동
선정이유</td><td>관찰내용</td><td colspan="3">• 가을의 자연변화에 관심을 보이는 유아들과 가을 주제를 운영 중임
• 공원 산책을 하면서 나뭇잎의 움직임이 다양함을 관찰하였고 유아들이 몸으로 나뭇잎의 움직임을 표현하기도 함</td></tr>
<tr><td>지원내용</td><td colspan="3">• 가지에 붙어 바람에 흔들리는 나뭇잎, 가지에서 떨어지고 있는 나뭇잎, 떨어진 나뭇잎이 바람에 날리는 모습 등 유아들이 관찰한 한 것을 토대로 신체 표현의 기회를 제공하고자함</td></tr>
<tr><td>활동명</td><td colspan="2">나뭇잎이 되어보세요</td><td>대상 연령</td><td>5세</td></tr>
<tr><td>활동 유형
(집단형태)</td><td colspan="4">신체 표현(대집단)</td></tr>
<tr><td>교육목표</td><td colspan="4">• 나뭇잎의 움직임이 상황에 따라 다양함을 안다.
• 신체를 이용하여 나뭇잎의 다양한 움직임을 자유롭게 표현할 수 있다.
• 서로 다른 다양한 표현에 관심을 갖는다.</td></tr>
<tr><td>19 개정
누리과정
관련요소</td><td colspan="4">• 자연탐구: 자연과 더불어 살기–주변의 동식물에 관심을 가진다.
• 예술경험: 표현하기–신체나 도구를 활용하여 움직임과 춤으로 자유롭게 표현한다.
• 예술경험: 예술감상하기–서로 다른 예술표현을 존중한다.</td></tr>
<tr><td>교과
교육내용</td><td colspan="4">동작 구성 요소: 신체인식, 공간인식, 노력
동작 유형: 모방적 동작, 창의적 표현동작</td></tr>
</table>

<table>
<tr><td>수업자료</td><td colspan="2">• 낙엽이 떨어지는 상황을 묘사한 그림
(가지에서 흔들리는 나뭇잎, 가지에서 떨어지는 나뭇잎, 바람에 날아다니는 바닥에 쌓인 나뭇잎)
• 나뭇잎 팔찌(단풍잎, 은행잎, 밤나무잎)
• 바람 머리띠</td></tr>
<tr><td>구분</td><td>활 동 내 용</td><td>자료 및 교사지원</td></tr>
<tr><td>도입</td><td>ㅇ나뭇잎 떨어지는 상황 그림을 보며 공원 산책 중 관찰했던 나뭇잎의 움직임에 대해 이야기 나눈다.
• 가지에 있는 나뭇잎은 바람이 불 때 어떻게 움직였지?
• 나뭇잎이 가지에서 떨어질 때 어떻게 움직였는지 기억나니?
• 바닥에 떨어져 있던 나뭇잎이 바람이 불자 어떻게 움직였니?
• 바닥에 떨어진 나뭇잎을 우리가 뿌렸을 때 나뭇잎이 어떻게 움직였지?</td><td>• 나뭇잎과 낙엽이 움직이는 상황별 그림</td></tr>
<tr><td>전개</td><td>ㅇ나뭇잎의 움직임을 몸으로 표현하는 활동을 안내한다.
• 우리가 나뭇잎이 되어서 움직여볼까?
• 어떤 나뭇잎이 되어 보고 싶으니?
• 바람이 되어 줄 친구 있니?
ㅇ나뭇잎, 바람이 되어 교사가 이야기해주는 상황을 들으며 자유롭게 움직여 본다.

〈나뭇가지에 있는 나뭇잎〉
• 공원에 단풍나무, 은행나무, 밤나무가 있어요
• 나뭇가지에는 예쁜 나뭇잎들이 매달려 있어요
(어떤 모습이면 좋을까?, 00는 어떻게 하고 있니?)
• 바람이 살랑 살랑 불기 시작했어요
• 바람은 어떻게 움직이면 좋을까?
• 나뭇잎은 어떻게 움직였을까?
(나뭇잎이 살랑 살랑 움직이고 있네요)
• 그런데 바람이 점점 세게 불기 시작 했어요
• 하지만 나뭇잎은 떨어지지 않으려고 했어요
• 바람은 더 세게, 더 세게, 더 세게 불었습니다.
(00나뭇잎이 많이 떨고 있구나)</td><td>• 유아들이 나뭇잎 팔찌를 선택하여 팔에 끼운다.

• 바람 역할을 하는 친구들을 2, 3명 정한다.

• 유아들이 표현하는것을 토대로 상호작용한다.

• 다른 유아는 어떤 모습으로 표현하는지 살펴볼 수 있도록 한다.</td></tr>
</table>

	〈바람에 떨어지는 나뭇잎〉 • 나뭇잎은 결국 나뭇가지에서 떨어지고 말았어요 • 나뭇잎은 어떻게 바닥으로 내려올까요? (00은행잎이 빙글 빙글 돌고 있네요. 00단풍잎은 바닥에 툭 떨어지고 말았네요. 00밤나무 잎은 바닥에 툭 떨어진 줄 알았는데 다시 빙글 빙글 돌고 있네요 등) 〈바닥에 떨어져 있는 나뭇잎〉 • 바닥에 나뭇잎이 가득 떨어져 있어요 • 어떤 모습이면 좋을까? (00 나뭇잎은 어떤 모습이니?) • 그때 바람이 다시 살랑 살랑 불기 시작했어요 • 나뭇잎은 어떻게 움직이면 좋을까? (00나뭇잎은 손가락만 살짝 움직이고 있구나) • 바람이 점점 세게 불기 시작했어요. 더 세게, 더 세게, 더 세게 • 어 저기 00유치원 친구들이 쌓인 낙엽을 보러 오고 있어요 • 친구들이 낙엽을 두 손 가득 집어서 날려 보네요 • 낙엽은 어떤 모습으로 움직일까요?	
마무리	ㅇ활동을 평가하고 마무리 한다. • 어떤 나뭇잎이 되어 보았지? • 어떻게 움직여 보았니?	

평가	유아평가	• 낙엽의 움직임이 상황에 따라 다양함을 아는가? • 신체를 이용하여 낙엽의 다양한 움직임을 자유롭게 표현할 수 있는가? • 서로 다른 다양한 표현에 관심을 갖는가?
	교사평가	• 유아들이 상황에 따라 달라지는 나뭇잎의 움직임을 신체 표현으로 연결할 수 있도록 상호작용하였나? • 유아들의 다양한 반응을 수용하며 격려하였나? • 다른 유아의 서로 다른 표현을 감상할 기회를 제공하였나?
향후 지원계획	• 신체표현 활동에 활용한 나뭇잎 팔찌와 바람 머리띠를 음률영역 활동 자료로 제공하여 관심 있는 유아들이 활동을 지속해 나갈 수 있도록 하고자 함	

가지에서 흔들리는 나뭇잎

가지에서 떨어지는 나뭇잎

바람에 날리는
바닥에 쌓인 나뭇잎

나뭇잎 팔찌

바람 머리띠

CHAPTER 03

언어교육

1. 언어교육의 개념

언어교육이란 기초적인 언어기능에 대한 이해와 효과적으로 언어를 활용할 수 있는 능력을 함양하며 언어 사용의 올바른 태도와 습관을 길러 적극적이며 능동적인 언어생활을 영위할 수 있도록 지원하기 위한 교육이다. 인간은 언어를 매개로 정보를 얻고 다른 사람과 소통하며 관계를 맺으며 살아간다. 유아 시기는 언어발달의 결정적 시기로 유아는 원활한 언어습득과 발달로 기초적 언어기능과 사용에 대한 바른 이해를 가져야 한다. 유아는 다른 사람의 마음을 이해하고 생각을 공유하며 자신의 생각과 느낌을 적절한 방법으로 전달할 수 있는 능력을 발달시켜 언어생활에 효과적으로 활용할 수 있어야 한다.

2. 언어교육의 목적 및 목표

언어교육의 목적은 음성언어와 문자언어의 기초능력을 함양하고 올바른 언어 사용 습관 및 태도를 형성하는 것이다. 국가 수준의 교육과정 중 언어교육 교과 관련 영역인 의사소통 영역에 제시된 목표는 다음과 같다(교육부, 2019; 보건복지부, 2020).

	표준보육과정		2019 개정 누리과정
영역	0~1세 보육과정 목표	2세 보육과정 목표	3~5세 누리과정 목표
의사소통	의사소통 능력의 기초를 형성한다.	의사소통 능력과 상상력의 기초를 형성한다.	일상생활에 필요한 의사소통 능력과 상상력을 기른다.
	1) 일상생활에서 듣고 말하기를 즐긴다.	1) 일상생활에서 듣기와 말하기를 즐긴다.	1) 일상생활에서 듣고 말하기를 즐긴다.
	2) 읽기와 쓰기에 관련된 관심을 가진다.	2) 읽기와 쓰기에 관심을 가진다.	2) 읽기와 쓰기에 관심을 가진다.

의사소통 영역의 목표는 의사소통 능력의 기초로서 듣고 말하기를 즐기고 읽고 쓰기에 관심을 갖는 것으로 제시되어 있다. 유아는 먼저 일상생활에서 음성언어를 사용하여 자기의 생각과 느낌을 언어로 표현할 수 있어야 하고, 다른 사람의 언어적 표현을 듣고 이해하며 의사소통할 수 있어야 한다. 그러나 문자 언어를 사용하는 읽기과 쓰기는 모든 연령에서 관심을 갖는 것으로만 제시되어 있어 교사는 이를 유념할 필요가 있다.

문자 언어는 궁극적으로 관례적인 읽기와 쓰기로 발달해 나간다. 글자는 사회적으로 약속된 체계적인 부호이며 상징이다. 추상적 사고가 어려운 유아 시기는 기본적으로 글자라는 상징을 읽어 내고 쓰기에 발달적인 어려움을 갖고 있으므로 유아 언어 교육에서 읽기와 쓰기를 직접적으로 교육하는 것은 적절하지 않다. 이에 발달이 앞서는 유아들의 개인차는 수용하되 읽기과 쓰기는 기본적으로 관심 갖기 수준에서 다루어야 함을 보여주는 것이다.

2. 언어교육 내용

1) 국가 수준 교육과정에서의 언어교육 내용

언어교육 내용은 의사소통 영역 중 『듣기와 말하기』, 『읽기와 쓰기에 관심 가지기』의 내용 범주별 내용을 통해 살펴볼 수 있다(교육부, 2019; 보건복지부, 2020).

표준보육과정				2019 개정 누리과정
영역	내용 범주	내 용		내 용
		0~1세 보육과정	2세 보육과정	3~5세 누리과정
의사소통	듣기와 말하기	• 표정, 몸짓, 말과 주변 소리에 관심을 갖고 듣는다.	• 표정, 몸짓, 말에 관심을 갖고 듣는다.	• 말이나 이야기를 관심 있게 듣는다.
		• 상대방의 이야기를 들으며 말소리를 낸다.	• 상대방의 이야기를 듣고 말한다.	• 자신의 경험, 느낌, 생각을 말한다.
		• 표정, 몸짓, 말소리로 의사를 표현한다.	• 표정, 몸짓, 단어로 의사를 표현한다.	• 상황에 적절한 단어를 사용하여 말한다.
			• 자신의 요구와 느낌을 말한다.	• 상대방이 하는 이야기를 듣고 관련해서 말한다.
				바른 태도로 듣고 말한다.
				• 고운 말을 사용한다.
	읽기와 쓰기에 관심 가지기	• 주변의 그림과 상징에 관심을 가진다.	• 주변의 그림과 상징, 글자에 관심을 가진다.	• 말과 글의 관계에 관심을 가진다.
				• 주변의 상징, 글자 등의 읽기에 관심을 가진다.
		• 끼적이기에 관심을 가진다.	• 끼적이며 표현하기를 즐긴다.	• 자신의 생각을 글자와 비슷한 형태로 표현한다.

언어교육의 내용은 언어생활에서 음성언어의 『듣기와 말하기』, 문자 언어의 『읽기와 쓰기에 관심 가지기』의 두 개 범주로 구분하여 제시하고 있으며 범주별 내용은 연령별 발달 수준의 차이를 반영하고 있다. 특히 바른 태도로 듣고 말하기, 고운 말 사용하기, 말과 글의 관계에 관심갖기, 읽기에 관심갖기, 글자와 비슷한 형태로 표현하기는 3~5세를 위한 누리과정에서만 제시되어 있어 2세 이하, 3~5세 연령 유아를 위한 언어교육 내용 수준을 가늠해 볼 수 있다.

2) 언어교육을 위한 범주별 내용

언어생활은 듣고, 말하고, 읽고, 쓰기로 구분되며 언어의 발달 또한 말하기, 듣기, 읽기, 쓰기로 이루어진다. 일상생활에서 말하고, 듣고, 읽고, 쓰기는 엄격하게 구분하여 사용하지 않으므로 언어교육도 통합적으로 운영하는 것을 지향하고 있다. 교사는 통합적 언어교육에 앞서 각 범주에서 다룰 수 있는 교육 내용에 대해 충분한 이해를 가져야 한다. 또한 유아 시기는 언어가 발달해나가는 과정이므로 언어 범주별 교육 내용은 관례적인 언어 사용을 위한 준비도에 해당하는 내용을 더 의미 있게 다루어야 한다(이영자 외, 2018).

〈표 3-1〉 언어 범주별 교육 내용

언어 범주	교육 내용
듣기	• 소리 듣기 (집중하여 소리 듣기, 소리 듣고 구별하기, 들은 소리 표현하기, 같은 소리 짝짓기) • 언어적 지시 따르기 • 이야기 이어가기
말하기	• 이야기 하기 • 이야기 나누기 • 이야기 꾸미기
읽기	• 인쇄물 보고 이해하기를 위한 준비도(시각 기술, 방향감, 어휘 확충, 개념형성 등) • 읽어 들려주기
쓰기	• 문자쓰기를 위한 준비도(눈과 손의 협응력, 소근육 발달) • 이야기 짓기

3. 언어교육을 위한 교수학습 방법

1) 언어교육을 위한 교수학습 방법

언어교육을 위한 교수학습은 기본적으로 유아가 언어 사용에 대한 필요와 요구에 따라 자발적이고 능동적으로 참여하는 것을 중심으로 하여야 한다. 언어교육을 위한 대표적인 교수학습 방법에는 부호 중심 언어교육 접근법, 총체적 언어교육 접근법, 균형적 언어교육 접근법이 있다(김진희 외, 2020; 이영자 외, 2018). 교사는 이들 접근법에 대한 이해를 통해 발달적으로도 적합하고 바람직한 언어교육을 위한 전략을 시사 받을 수 있을 것이다.

첫째, 부호 중심 언어교육 접근법

부호 중삼 언어교육 접근법은 언어를 구조적으로 접근하는 것으로 모방과 강화를 통해 체계적, 반복적으로 가르치는 입장이다. 부호 중심 언어교육 접근법에서는 유아 시기의 언어발달 수준과 특성을 고려하기보다 관례적인 형태의 언어 사용을 의미있는 교육 내용으로 생각한다. 이에 자음과 모음의 결합, 낱자와 소리의 대응, 음소 이름 알기 등과 같은 언어의 구조와 기능적 요소를 언어의 의미보다 우선시하고 중요하게 생각하는 것이다. 이 방법은 체계적이고 논리적이긴 하지만 매우 구조적인 특성으로 인해 유아의 발달에 적합하지 않으며 유아들이 흥미 있게 받아들이고 이해하는데 어려움이 있다.

둘째, 총체적 언어교육 접근법

총체적 언어교육 접근법은 언어 사용의 맥락에 기초하여 언어를 인식하는 것을 목적으로 하는 접근법으로 전체적 이야기에서 문장, 단어, 낱자의 순으로 위로부터 아래로 진행되는 방법이다. 총체적 언어교육 접근법은 언어의 의미와 효율적인 언어적 의사소통을 중시하므로 유아들이 자연스러운 상황에서 말하고,

듣고, 읽고, 쓰기를 풍부하게 경험할 수 있는 환경을 제공하고 언어 사용의 모든 범주를 통합적으로 접근하려는 입장이다.

셋째, 균형적 언어교육 접근법

균형적 언어교육 접근법은 언어 사용의 맥락에 기초한 의미 파악과 언어의 기초적 기능에 대한 이해를 병행하여 교육하는 접근법으로 전체에서 부분, 다시 전체로 진행하는 방법이다. 균형적 언어교육 접근법은 총체적 언어교육 접근법에서처럼 의미 있는 상황에서 언어를 사용하는 경험을 중요하게 생각하지만 동시에 이를 뒷받침할 수 있는 음운인식이나 어휘, 자모 원리 등 기본 기술도 중시하므로 언어의 의미와 기본 기술을 균형 있게 제공하고자 하는 접근법이다. 균형적 접근법에서는 총체적 언어접근법에서 강조하고 있는 언어와 언어 사용의 의미를 중시하는 기본을 유지하면서도 음운인식이나 글자와 소리 대응과 같은 문자 언어 사용을 위한 하위 기술을 좀 더 직접적으로 지도하는 입장을 병행하게 된다.

대표적인 언어교육 접근법의 유형을 종합해 보면 유아들에게 의미 있는 언어교육은 언어의 기술을 강조하기보다 의미있는 상황에서 다양한 언어생활의 기회를 제공하는 것이 더 중요하며, 유아의 흥미와 수준을 반영하고 발달적 적합성에 기초하여 언어의 의미와 기술을 연결해 가는 것이 바람직하다 하겠다.

2) 언어교육의 내용 범주별 지도 방법

언어교육의 내용은 구어인 듣기와 말하기, 문어인 읽기와 쓰기로 구분되며 교사는 각 범주에 대한 이해를 갖고 통합적으로 지도해야 한다. 범주에 따른 구체적 지도 방법은 다음과 같다(임부연 외, 2018).

(1) 듣기와 말하기를 위한 지도 방법

- 교사는 유아가 하는 말을 경청하며 듣기의 모델이 되어야 한다.
- 소리를 듣고 변별할 수 있는 활동을 제공하여 듣기를 위한 집중력과 소리를 구분하는 능력을 도모한다.
- 유아의 집중 시간을 고려하고 분명한 언어를 사용하여 관심이 흩어지지 않도록 한다.
- 유아들이 서로의 생각을 들을 수 있는 기회를 제공한다.
- 유아들이 잘 듣고 있는지 질문을 통해 확인한다.
- 유아들이 말하는데 부담을 갖지 않도록 수용적인 분위기를 조성한다.
- 교사는 정확한 발음으로 짧더라도 완전한 문장으로 말하며 말하기의 모델을 보인다.
- 유아들이 자연스럽게 말할 수 있는 기회와 활동을 제공한다.
- 유아들의 듣기와 말하기 발달 수준을 고려하여 상호작용한다.
- 유아들의 듣기와 말하기 발달 수준에 적절한 환경 및 활동을 제공한다.

(2) 읽기와 쓰기를 위한 지도 방법

- 일상생활과 주변 환경 속에서 글과 글자에 친숙해질 수 있는 환경을 제공한다.
- 읽기와 쓰기 발달 단계별 행동 특성을 이해하고 수용한다.
- 유아들의 읽기와 쓰기 발달의 수준을 고려하여 상호작용한다.
- 유아들의 읽기와 쓰기 발달의 수준에 적절한 환경 및 활동을 제공한다.

4. 언어 교육 활동의 예

〈 말하기 듣기 내용 영역 활동의 예 〉

<table>
<tr><td>주제</td><td colspan="4">여름</td></tr>
<tr><td rowspan="2">활동
선정이유</td><td>관찰내용</td><td colspan="3">• 계절의 변화에 따라 여름을 주제로 유아들이 관심 있는 것들을 알아보고 있음
• 유아들이 간식으로 제공된 수박을 먹고 자기들이 좋아하는 과일에 대한 대화가 활발함</td></tr>
<tr><td>지원내용</td><td colspan="3">• 여름에 즐겨 먹을 수 있는 과일을 중심으로 수수께끼 활동을 제공하여 과일에 대한 이해를 넓혀 나갈 수 있도록 지원하고자 함</td></tr>
<tr><td>활동명</td><td colspan="2">나는 어떤 과일일까요?</td><td>대상 연령</td><td>4세</td></tr>
<tr><td>활동 유형
(집단형태)</td><td colspan="4">자유 선택 활동–언어영역(개별)</td></tr>
<tr><td>교육목표</td><td colspan="4">• 과일마다 다양한 특징이 있음을 안다.
• 과일의 다양한 특징을 언어로 표현할 수 있다.
• 상대방의 반응을 고려하며 설명하는 것에 관심을 갖는다.</td></tr>
<tr><td>19 개정
누리과정
관련요소</td><td colspan="4">• 자연탐구: 탐구과정 즐기기–궁금한 것을 탐구하는 과정에 즐겁게 참여한다.
• 의사소통: 듣기와 말하기–자신의 경험, 느낌, 생각을 말한다.
• 의사소통: 듣기와 말하기–상대방이 하는 이야기를 듣고 관련해서 말한다.</td></tr>
<tr><td>교과
교육내용</td><td colspan="4">듣기와 말하기</td></tr>
<tr><td>활동자료</td><td colspan="4">• 과일 수수께끼 판
· 과일 카드는 삼각대 상단 중앙에 구멍을 내어 줄을 달고 그 끝에 달아둔다.
과일 카드: 수박, 참외, 포도, 자두, 복숭아, 토마토</td></tr>
</table>

활 동 내 용	자료 및 교사지원
1. 수수께끼 활동 시 역할을 정한다. • 누가 수수께끼를 내 볼까? • 누가 수수께끼를 맞혀 볼까? 2. 수수께끼를 낸다. • 과일카드 중 하나를 선택한다. • 과일에 대해 알고 있는 것을 상대방이 맞힐 때 까지 한번에 한가지씩 설명한다. • 수수께끼를 맞추면 과일 카드를 친구 쪽으로 넘겨준다. 3. 수수께끼를 맞힌다. • 수수께끼를 낸 친구의 설명을 잘 듣고 어떤 과일을 설명하는 것인지 생각하여 말한다. 4.과일 카드가 친구쪽으로 다 넘어가면 활동을 마친다.	• 활동 시작 시 과일 카드는 모두 수수께끼를 내는 친구가 볼 수 있는 쪽으로 모은다. • 유아들이 원하면 역할을 바꾸어 해본다.

<table>
<tr><td rowspan="2">평가</td><td>유아평가</td><td>• 과일마다 다양한 특징이 있음을 아는가?
• 과일의 다양한 특징을 언어로 표현할 수 있는가?
• 상대방의 반응을 고려하며 설명하는 것에 관심을 갖는가?</td></tr>
<tr><td>교사평가</td><td>• 수수께끼 내는 유아가 한번에 한 가지씩(색, 크기, 모양, 맛 등) 설명하는 것에 유의하도록 안내하였나?
• 수수께끼 맞추는 유아는 상대방의 설명을 끝까지 경청하는 것에 유의하도록 안내하였나?</td></tr>
<tr><td>향후
지원계획</td><td colspan="2">• 이 활동을 통해 유아들이 알게 된 과일의 특성을 내용으로 과일책 만들기를 지원할 것임
• 과일 외에 유아들이 관심을 보이는 것들이 있다면 그 내용으로 수수께끼 활동 자료를 바꾸어 제공할 것임</td></tr>
</table>

과일카드

과일 수수께끼 판

〈 읽기 쓰기 내용 영역 활동의 예 〉

<table>
<tr><th>주제</th><td colspan="4">과일</td></tr>
<tr><th rowspan="2">활동 선정이유</th><td>관찰내용</td><td colspan="3">• 과일 주제를 진행 중에 미술 영역에서 과일을 만들던 유아들이 만든 과일로 과일가게 놀이를 하고 싶다고 제안함
• 과일가게를 준비하면서 과일 이름과 가격을 적어야 하는 상황이 발생하였고 아직 글씨를 쓰지 못하는 유아는 교사에게 써달라고 부탁함</td></tr>
<tr><td>지원내용</td><td colspan="3">• 과일 이름에 관심을 가지면서 읽고 쓰기에 대한 요구가 높아졌다고 판단되어 과일 이름 단어를 경험할 수 있는 활동을 통해 읽고 쓰기로 연결될 수 있도록 지원하고자 함</td></tr>
<tr><th>활동명</th><td colspan="2">어떤 글자 모양일까요?</td><th>대상 연령</th><td>5세</td></tr>
<tr><th>활동 유형 (집단형태)</th><td colspan="4">자유 선택 활동–언어영역(개별)</td></tr>
<tr><th>교육목표</th><td colspan="4">• 과일 이름 읽기에 관심을 갖는다.
• 과일 이름 글자 모양에 관심을 갖는다.
• 말과 글의 관계를 안다.</td></tr>
<tr><th>19 개정 누리과정 관련요소</th><td colspan="4">• 의사소통: 읽기과 쓰기에 관심 가지기–말과 글의 관계에 관심을 가진다.
• 의사소통: 읽기과 쓰기에 관심 가지기–주변의 상징, 글자 등의 읽기에 관심을 가진다.</td></tr>
<tr><th>교과 교육내용</th><td colspan="4">읽기와 쓰기</td></tr>
<tr><th>활동자료</th><td colspan="4">• 과일카드(과일 모양과 글자가 함께 제시된 카드)
• 과일 이름 자석 카드
(자석 시트지에 글자 모양을 따라 잘라 놓은 카드)
• 자석판
(과일이름 자석 카드를 올려 두었을 때 4면이 2cm정도 여유 있는 크기)
• 둥근자석
(과일이름자석 카드의 비어 있는 부분을 채워갈 수 있는 크기)</td></tr>
</table>

활 동 내 용	자료 및 교사지원
1. 과일 이름 카드를 하나 선택하여 자석판 위에 올린다. 2. 과일 이름 모양대로 비어 있는 부분을 둥근 자석으로 채운다. 3. 과일 이름 카드의 빈 공간이 둥근 자석으로 다 채워지면 과일 이름 카드를 떼어 낸다.	• 과일 이름에 대한 관례적인 읽고 쓰기가 아닌 글자 모양에 중점을 두고 상호작용 한다.

4. 둥근 자석으로 만들어진 글자 모양을 보며 과일 이름을 연결해 보거나 읽어본다. 5. 글자를 모르는 유아의 경우 그림과 글자가 함께 제시된 과일카드에서 단서를 찾아본다.		
평가	유아평가	• 과일 이름 읽기에 관심을 갖는가? • 과일 이름 글자 모양에 관심을 갖는가? • 말과 글의 관계를 아는가?
	교사평가	• 활동자료는 유아들이 사용하기에 적절하였나?
향후 지원계획	• 현재 활동을 충분히 경험한 후 과일 이름 글자판의 종류를 점차 늘여가고자 함 • 글자 이름의 모양을 자석으로 구성한 모양과 연결해 보는 것이 익숙해지면 활동 방법의 난이도를 높여 글자 모양을 따라 그려보는 것으로 바꾸어 제시하고자 함	

과일 이름 카드

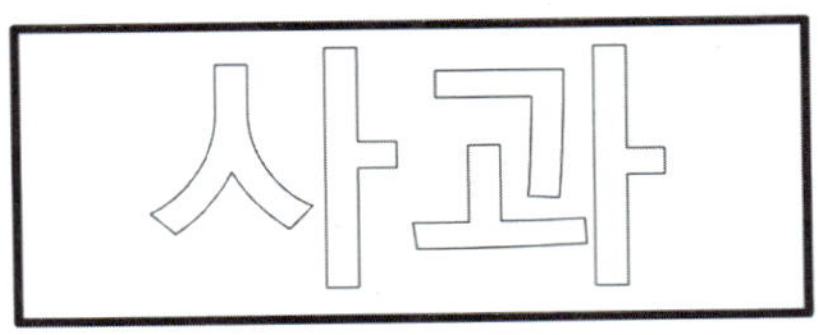

과일 이름 자석 카드

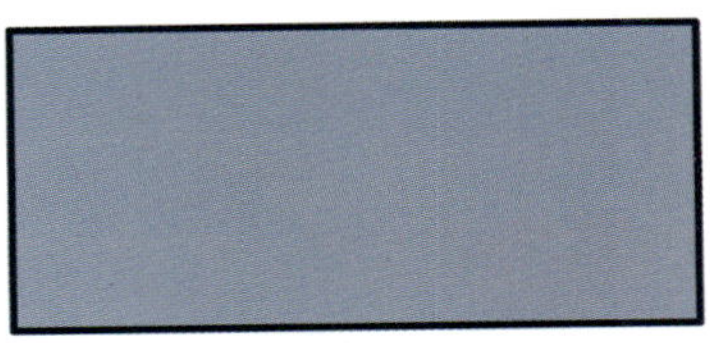

시트 자석 판

둥근 자석

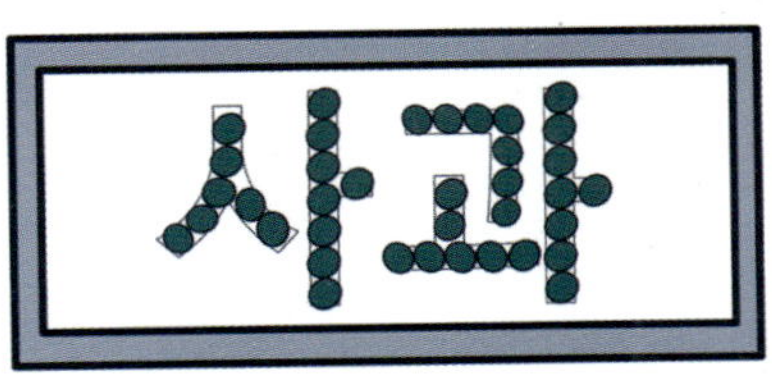

글자 모양 따라 둥근 자석으로 채워 완성한 카드

CHAPTER 04

문학교육

1. 문학교육의 개념

문학은 언어를 매개로 자연과 인간, 인간과 인간의 관계에서 일어나는 다양한 상황과 갈등을 사실적 또는 허구적으로 묘사하여 이를 통해 독자를 감동시킴으로써 인간의 삶과 그 과정에서 발생하는 문제를 진지하게 탐구하는 예술이다. 유아 문학은 이와 같은 문학이 갖는 보편성을 토대로 독자인 유아가 갖는 특수성을 더한 것이라 할 수 있다.

독자의 연령 범위를 0~8세로 볼 때 유아 문학은 기본적으로 문학적이고 예술적 기준을 충족하면서 독자의 특수성이 반영되어야 한다. 독자의 특수성을 반영한다는 것은 유아들의 언어발달 수준을 고려하여 그들이 이해할 수 있는 어휘와 문장으로 표현하고, 발달심리학적, 교육적 기준을 충족하여 성장기 유아들의 언어, 정서, 사회성, 인지, 도덕성 발달에 유익한 영향을 줄 수 있어야 하는 것을 말한다.

이를 종합하면 유아 문학이란 0~8세까지의 유아들이 즐겨 경험하는 것이고 성장 발달을 도모할 수 있는 것으로 문학이 갖추어야 할 문학적, 예술적 기준과 함께 독자인 유아의 특수성을 고려한 발달심리학적, 교육적 기준을 충족함으로써 유아들이 건강하고 올바르게 성장하는데 도움을 줄 수 있는 것이다.

2. 문학교육의 목적 및 목표

유아 문학교육의 목적은 문학적 태도를 함양하고 문학에 대한 이해를 증진하며 문학적 상상력, 문학적 창작 능력, 문학적 평가능력을 기르는 것이다. 국가 수준의 교육과정 중 문학교육 교과 관련 영역은 의사소통 영역과 예술 경험 영역으로 각각에서 제시된 목표를 살펴보면 다음과 같다(교육부, 2019; 보건복지부, 2020).

	표준보육과정		2019 개정 누리과정
영역	0~1세 보육과정 목표	2세 보육과정 목표	3~5세 누리과정 목표
의사소통	의사소통 능력의 기초를 형성한다.	의사소통 능력과 상상력의 기초를 형성한다.	일상생활에 필요한 의사소통 능력과 상상력을 기른다.
	3) 책과 이야기에 관심을 가진다	3) 책과 이야기에 재미 느낀다.	3) 책이나 이야기를 통해 상상하기를 즐긴다.
예술경험		아름다움을 느끼고 즐긴다.	아름다움과 예술에 관심을 가지고 창의적으로 표현을 즐긴다.
			2) 예술을 통해 창의적으로 표현하는 과정을 즐긴다.
			3) 다양한 예술표현을 존중한다.

의사소통 영역에 제시된 문학교육 관련 목표는 책과 이야기에 관심 갖기를 시작으로 책과 이야기에 재미를 느끼고, 책과 이야기를 통해 상상하기를 즐기는 것으로 연령에 따라 점진적으로 변화하며 수준의 차이를 두고 있다. 예술 경험 영역에서의 목표를 문학교육과 연계해 보면 2세에는 문학 작품의 아름다움을 느끼고 즐기는 것으로, 3~5세는 문학에 관심을 갖고 창의적 표현 과정을 즐기고, 문학적 예술표현을 존중하는 태도로 분명한 연령 차이를 볼 수 있다. 특히 문학적 표현과 존중감은 보편적으로 3세 이후부터 다루게 되는 것임을 알 수 있다.

3. 문학교육의 내용

1). 국가 수준 교육과정에서의 문학교육 내용

의사소통 영역에서 문학교육을 위한 교육 내용을 살펴볼 때 『책과 이야기 즐기기』 내용 범주는 모든 연령에서 제시되고 있는 범주이나 범주의 내용은 책과 이야기에 관심 갖기, 상상하고 재미 느끼기, 상상을 즐기고 말의 재미를 느끼며 말놀이와 이야기 짓기를 즐기는 것으로 연령이 높아가면서 확대되고 있다. 예술경험 영역 중 『창의적으로 표현하기』 범주에 제시된 문학 관련 내용은 3~5세 연령에서만 극놀이를 통한 표현이 제시되어 있다(교육부, 2019; 보건복지부, 2020).

국가 수준의 교육과정 내용과 문학교육

표준보육과정				19 개정 누리과정
영역	내용 범주	내 용		내 용
		0~1세 보육과정	2세 보육과정	3~5세 누리과정
의사소통	책과 이야기 즐기기	• 책에 관심을 가진다. • 이야기에 관심을 가진다.	• 책에 관심을 가지고 상상한다. • 말놀이와 이야기에 재미를 느낀다.	• 책에 관심을 가지고 상상하기를 즐긴다. • 동화, 동시에서 말의 재미를 느낀다. • 말놀이와 이야기 짓기를 즐긴다.
예술경험	창의적으로 표현하기			• 극놀이로 경험이나 이야기를 표현한다.

2) 문학 교육을 위한 영역별 내용

유아들의 문학적 경험은 감상하기, 이해하기, 표현하기, 짓기로 영역을 구분할 수 있고 이는 곧 문학교육을 위한 내용 체계로 이해할 수 있다. 각 영역을 기준으로 다양한 문학 활동 유형을 나누어 볼 수 있으며 교사는 각 영역별 활동 유형의 특성을 잘 이해하여 각각의 유형에 가장 적절하고 효과적인 문학 작품을 연계할 수 있는 안목을 가져야 한다(고문숙 외, 2021).

(1) 감상하기

감상하기는 동화나 동시를 교사가 읽어들려 주는 것을 유아가 듣고 감상하거나, 유아가 자신의 수준에서 또래와 함께 또는 개별적으로 감상하는 활동이다. 감상은 유아들이 문학 작품에 대한 관심을 가질 수 있도록 동기를 부여하게 되는 가장 기본적인 문학 활동이다.

감상을 위한 접근은 크게 분석적 감상과 심미적 감상으로 구분할 수 있다. 심미적 관점에서의 감상은 문학 작품에 대한 독자의 생각과 의견에 집중하는 경험적 접근법이며, 분석적 감상은 문학 작품에 담겨있는 다양한 요소에 대한 이해를 중심에 둔 정보 추출적 접근방법이다. 교사는 분석적 관점의 발문을 유아들이 작품 내용을 정확하게 이해하는가를 알아보기 위해 사용하기보다 심미적 관점의 발문을 자연스럽게 이어가기 위한 것에 더 비중을 두고 사용하여야 한다.

따라서 감상 활동 시 교사는 두 유형의 접근을 구분하여 진행하기보다 작품 내용과 독자의 수준을 고려하여 필요한 발문을 선정하고 상호 연계적으로 활용하여야 할 것이다. 이에 독자인 유아의 발달 수준, 유아들의 관심, 문학 작품의 내용 등을 복합적으로 고려하여 필요한 발문을 선정하고 가장 효율적인 조합으로 접근할 필요가 있다.

〈표 4-1〉 문학 작품 감상을 위한 관점

	분석적 관점	심미적 관점
발문의 예	• 이야기에 누가 누가 나왔니?	• 이야기에 나오는 사람 중 어떤 사람 이 되고 싶니? · 왜 그렇게 생각하였니? • 이야기에서 누가 가장 마음에 드니? · 무엇이 마음에 들었니? • 이야기 속에 나오는 사람 중 누가 가장 중요한 사람인 것 같니? · 왜 그렇게 생각하였니?
	• 이야기는 언제 일어난 이야기일까?	• 이야기를 다른 시간으로 바꾸고 싶니? · 어떻게 바꾸고 싶니? · 왜 그렇게 바꾸고 싶니? • 그때가 아니고 00였다면 어땠을까?
	• 이야기는 어디서 일어난 이야기일까? • 이야기가 일어난 장소가 어떻게 달라졌나?	• 이야기를 다른 장소로 바꾸고 싶니? · 어떻게 바꾸고 싶니? · 왜 그렇게 바꾸고 싶니? • 그곳이 아니라 00라면 어땠을까?
	• 이야기에서 무슨 일이 있었나?	• 이야기 속에 어떤 일들이 있었지? • 네가 이야기에 나오는 00라면 그때 어떤 기분이었을까?
	• 이야기에서 문제는 어떻게 해결되었나?	• 이야기에 어떤 문제가 있었지? • 이야기 속에서 00는 문제를 어떻게 해결하였니? · 너라면 어떻게 했을 것 같니? · 어떻게 하는 게 더 좋았을까?
	• 이야기를 듣고 어떤 생각을 하게 되었니?	• 이야기에서 무엇이 가장 재미있었니? · 왜 그런 생각하게 되었니? • 이야기에서 무엇을 가장 오래 기억하고 싶니? · 왜 그런 생각을 하게 되었니?

(2) 이해하기

문학교육 내용 중 이해하기 영역의 활동들은 문학 작품을 토대로 작품 속에 내재된 요소들에 대한 이해를 도모하기 위한 것이다. 이해하기의 대표적인 활동 유형은 다음과 같다.

〈표 4-2〉 이해하기를 위한 활동 유형

유형	내용
이야기 지도 만들기 (망 짜기)	ㅇ이야기의 문학적 요소를 탐색하고 이해할 수 있는 활동 • 등장인물에 대한 이해(등장인물의 특징을 기준으로 탐색하기) · 신체적 특징을 기준으로 등장인물 알아보기 · 연령대를 기준으로 등장인물 알아보기 (아기, 어린이, 형/누나, 어른 등) · 성격을 기준으로 등장인물 알아보기 (친절/불친절, 행복/불행, 지혜/어리석음, 용감/겁이 많은 등) • 사건에 대한 이해: · 장소별로 일어난 일들 모아보기 · 시간별로 일어난 일들 모아보기 · 내용별로 일어난 일들 모아보기
게임 활동	ㅇ이야기 내용이나 등장인물의 특징을 반영한 게임 활동 • 보드 게임/원 게임/편 게임
도식화 활동	ㅇ이야기 내용을 기반으로 도식화하여 이해하기 위한 활동 • 비교 차트 활동 이야기 듣기 전에 알았던 것/듣고 난 후 알게 된 것 간의 비교 활동 • 막대그래프 활동 이야기의 내용 중 준거를 삼아 유아들의 선호도 조사하기 • 밴다이어그램 활동 하나의 작품 내에서 또는 유사한 두 개의 작품 내용을 비교하여 공통점과 차이점 찾아 보기
조형 활동	ㅇ이야기 내용 및 그림에 대한 이해에 기초한 조형활동 • 인물, 사건, 배경을 그리거나 만들기 (가장 기억나는 / 가장 중요하다고 생각하는)

(3) 표현하기

문학교육 내용 중 표현하기 영역의 활동은 문학 작품의 내용을 반영하여 조형 활동이나 극놀이로 표현해보는 것으로 대표적인 활동 유형은 다음과 같다.

〈표 4-3〉 문학 작품에 기반한 표현하기 활동 유형

유형	내용
디오라마	• 디오라마는 ㄷ자 또는 반원 형태의 틀에 뒷면은 배경으로 처리하고 바닥면은 소품을 배치하여 등장인물들을 조작하며 활동할 수 있게 만든 것임 • 유아들은 디오라마를 이용하여 문학 작품의 내용을 구성, 재구성해보는 활동을 할 수 있음 • 디오라마는 유아들에게 들려준 문학 작품을 기반으로 교사가 제작하여 제공할 수 도 있음 • 유아들과 함께 무엇을 어떻게 만들지 의논하여 틀은 교사가 제작하고 등장인물과 소품은 유아들이 제작하는 등 유아들이 가능한 범위 내에서 제작할 수 있음
극화 활동	• 문학 작품에 기초한 극화 활동은 인형극과 동극이 대표적임 • 인형극은 문학 작품에 등장하는 인물들을 인형으로 제작하고 유아들이 인형을 조작하면서 이야기를 재연하거나 이야기를 해석하여 표현해보는 활동임 • 동극 활동은 유아들이 작품 속 인물이 되어 인물의 특징을 살린 목소리와 몸짓으로 대사와 연기로 표현하며 이야기를 재현해 보는 활동임 • 동극 활동에 필요한 것 준비 · 교사가 모두 준비하여 동화를 들려준 후 동극 활동을 진행할 수 있음 · 동화 들려주기 활동 이후 동극을 할 것인지, 동극을 한다면 어떤 것들이 필요한지 유아들과 의논하여 소품 제작을 위한 시간을 갖고 다 만든 후 활동할 수 있음
조형 활동	• 가장 재미있는 장면 그려보기 • 가장 좋아하는 인물 그려보기 • 바꾸고 싶은 배경 · 인물 수정하여 그려보기 • 새로운 배경 · 인물 그리거나 만들기 • 디오라마 또는 동극 소품 만들기

(4) 짓기

문학교육 내용 중 짓기 영역의 활동은 그림책 짓기와 동시 짓기가 있다. 짓기 활동 유형은 동화나 동시의 내용을 그대로 옮기거나, 부분적으로 재구성하거나, 창의적으로 새로 지어보는 활동을 모두 포함한다. 단, 옮겨 짓기는 교사가 제안하기보다 유아가 자발적으로 활동하는 것이어야 한다. 각 유형별 내용은 다음과 같다.

〈표 4-4〉 짓기 활동 유형

구분	유형	내용
그림책 짓기	옮겨 짓기	○ 원작의 그림과 글의 내용을 일부 또는 전부를 그대로 옮기기
	재구성 하여 짓기	○ 원작의 일부를 재구성하여 짓기 • 등장인물의 재구성 · 등장인물 중 일부 생략하기 · 새로운 등장인물 추가하기 · 인물의 모습이나 성격 바꾸기 • 사건의 재구성 · 사건 중 일부 생략하기 · 사건 중 일부 변형하기 · 새로운 사건 추가하기 • 배경의 재구성 · 배경 중 일부 생략하기 · 배경 중 일부 변형하기 · 새로운 배경 추가하기
	창의적으로 새로 짓기	○ 주제 관련 다양한 그림 자료를 활용한 짓기 • 건강한 이를 주제로한 이야기 짓기의 경우 · 그림 자료의 예 치약, 칫솔, 양치컵, 치아 건강에 좋은 음식들, 치아 건강에 해로운 음식들, 먹는 모습(식사, 간식), 이 닦는 모습, 이를 아파하는 모습, 치과 선생님, 간호사, 치과 치료 받는 모습 등
		○ 글자 없는 그림책 활용한 짓기 • 글자 없는 그림책의 그림 장면 중 대표적인 그림을 4, 5장면 발췌하여 만든 짓기 활동자료를 이용하여 이야기 짓기 • 그림 장면은 기승전결로 이어질 수 있으면서 유아마다 다양한 생각을 갖고 이야기를 지을 수 있는 장면을 활용하는 것이 좋음
		○ 화두를 시작으로 이어짓기(릴레이짓기) • 5명 내외 소집단 협동 활동으로 함 • 화두가 될만한 그림을 제공하고 그것을 시작으로 한명씩 돌아가며 이야기를 만들고 그림 그린것을 모아 하나의 이야기로 짓기를 함 • 유아들이 직전 이야기를 반영하여 이야기를 만들 수 있도록 유의함
		○ 후속 이야기 짓기 • 열린 결말로 끝난 이야기를 들은 후 그 뒷 이야기 상상하며 지어보기
		○ 동일한 제목이나 주제의 다른 이야기 짓기 • 유아들이 관심 있어 하는 책의 제목 또는 책의 주제를 키워드로 하여 새로운 이야기 짓기

<table>
<tr><td rowspan="3">동시 짓기</td><td>옮겨 짓기</td><td>동시의 글을 일부 또는 전부를 그대로 옮기기</td></tr>
<tr><td>재구성하여 짓기</td><td>○ 동시에 제시된 내용 중 부분 바꾸어 보기
• 동시에 제시되어 있는 단어 바꾸기
· 동시에 제시된 의성어, 의태어 변형하기
· 동시에 제시된 의성어, 의태어에 더 추가하기
· 동시에 제시된 형용사, 동사, 감탄사 바꾸기
• 내용 바꾸기
· 유치원 → 집
· 과일 → 채소
· 겨울 놀이 → 겨울 음식 등</td></tr>
<tr><td>창의적으로 새로 짓기</td><td>• 직접 경험한 것에 대한 생각을 공유하면서 그에 대한 표현들을 모아 함께 지어보기
• 직접 경험한 것에 대한 생각을 토대로 개별적으로 지어보기
• 동일한 제목이나 주제를 갖고 개별 또는 협동으로 새로 지어보기</td></tr>
</table>

3. 문학교육을 위한 교수학습 방법

유아 문학교육을 위한 교수학습의 중심은 독자이자 학습자인 유아가 되어야 한다. 유아들의 문학 경험은 교사가 알고 있는 것을 전달하고 경험하게 하는 것이 아니라 독자인 유아가 능동적으로 자신의 경험과 배경지식에 기초하여 텍스트(작품), 교사, 또래 간 상호작용을 통해 의미를 구성해 가는 것이기 때문이다. 유아들은 문학 작품을 통해 간접 경험을 하고 그 과정에서 등장인물과의 동일시가 이루어지며 등장인물이 겪는 갈등과 감정을 함께 공유하게 된다(서정숙, 남규, 2019).

그러므로 유아 문학교육은 학문 중심적으로 작품을 분해하고 분석하여 언어적 기능을 알아내거나 작품 속에 내재 된 객관적 정보를 알아내는 것을 중시하는 접근이 아니라 작품을 대하는 유아의 반응을 중심으로 심미적, 경험적으로 접근해야 하는 것이다. 독자인 유아는 문학 작품을 감상하고 이해하는 과정에서 이전 경험과 자신이 처한 상황 및 맥락을 토대로 문학 작품의 내용과 교류하며 새로운 이미지와 느낌을 만들어 내고 이에 대해 반응하게 된다. 이에 문학 작품에 대한 교수학습의 방향은 독자가 작가의 의도를 알아내고 따라가는 것이 아니라 독자가 능동적으로 만들어 가는 경험을 중심에 두어야 하는 것이다.

4. 문학 활동의 예

〈 감상 영역 활동의 예 〉

<table>
<tr><th>주제</th><td colspan="4">내가 할 수 있는 일</td></tr>
<tr><th rowspan="2">활동
선정이유</th><td>관찰내용</td><td colspan="3">• 내가 할 수 있는 일에 대해 알아가던 중 OO이가 엄마 심부름으로 우유를 사 온 것에 대해 친구들에게 이야기함
• 유사한 경험이 있는 유아들이 서로 자신의 경험을 말함
• 아직 심부름 경험이 없는 유아들은 '나도 하고 싶다'거나 '무섭지 않아?' 라며 걱정하기도 함</td></tr>
<tr><td>지원내용</td><td colspan="3">• 집 밖 심부름에 대한 유아들의 관심을 토대로 심부름 할 때 유아들이 경험할 수 있는 것, 걱정하는 것들이 잘 묘사된 동화를 들려주고자 함
• 이를 계기로 심부름에 대한 유아들의 호기심과 궁금증을 해소하고 알고 있어야 할 것들에 대해 생각해 볼 수 있는 내용을 연결해 보고자 함</td></tr>
<tr><th>활동명</th><td colspan="2">동화들려주기『이슬이의 첫 심부름』</td><th>대상 연령</th><td>5세</td></tr>
<tr><th>활동 유형
(집단형태)</th><td colspan="4">동화 들려주기(대집단)</td></tr>
<tr><th>교육목표</th><td colspan="4">• 심부름할 때 조심해야 할 것이 있음을 안다.
• 안전하게 심부름할 수 있다.
• 가족을 위해 할 수 있는 일에 관심을 갖는다.</td></tr>
<tr><th>19 개정
누리과정
관련요소</th><td colspan="4">• 의사소통: 책과 이야기 즐기기–책에 관심을 가지고 상상하기를 즐긴다.
• 의사소통: 듣기와 말하기–자신의 경험, 느낌, 생각을 말한다.
• 사회관계: 더불어 생활하기–가족의 의미를 알고 화목하게 지낸다.</td></tr>
<tr><th>교과
교육내용</th><td colspan="4">문학교육 내용 영역: 감상 영역</td></tr>
</table>

<table>
<tr><td>수업자료</td><td colspan="2">○ 큰 그림 동화: 「이슬이의 첫 심부름」
• 동화책을 대집단 활동에 적절하게 큰 그림동화로 매체 전환한 자료
• 원작: 쓰쓰이 요리코 글, 하야시 아키코 그림(한림출판사)
</td></tr>
<tr><td>구분</td><td>활 동 내 용</td><td>자료 및 교사지원</td></tr>
<tr><td>도입</td><td>○ 심부름 해 본 경험에 대해 이야기 나눈다.
• 혼자 심부름을 해 본 적이 있니?
• 어떤 마음이 들었니?
• 위험한 일은 없었니?
• 무엇이 가장 걱정되었니?</td><td></td></tr>
<tr><td>전개</td><td>○ 동화를 소개한다.
• 오늘 너희들에게 들려줄 동화는 '이슬이의 첫 심부름'이야 잘 들어보자
• 동화를 들려준다.

○ 동화 내용을 회상하며 이야기 나눈다.
• 어떤 이야기였니?
• 이슬이가 가게로 가는 길에 어떤 일들이 있었지?
• 이슬이는 그때 어떤 마음이었을까?
• 가게에 가서 이슬이는 어떻게 했지?
• 너희라면 어떻게 했을까?
• 왜 그렇게 생각했니?</td><td>• 큰 그림동화: 「이슬이의 첫 심부름」

• 동화 내용을 회상하며 심미적 감상을 중심으로 이야기 나눈다.

• 유아들의 반응을 최대한 수용하면서 이야기 나눈다.</td></tr>
<tr><td>마무리</td><td>○ 활동을 평가하며 마무리 한다.
• 어떤 이야기가 제일 기억에 남니?
• 심부름할 때 무엇을 조심하면 좋겠니?
• 우리가 안전하게 엄마의 심부름을 잘 할 수 있다면 엄마는 어떤 마음일까?
• 이 이야기의 동화책이야
• 이 책을 언어영역에 둘게 궁금한 친구들은 책으로 더 보자</td><td>• 동화책: 「이슬이의 첫 심부름」</td></tr>
</table>

평가	유아평가	• 심부름할 때 조심해야 할 것에 대해 아는가? • 안전하게 심부름 할 수 있는가? • 가족을 위해 할 수 있는 일에 관심을 갖는가?.
	교사평가	• 큰 그림 동화 제작은 적절한가? • 동화 들려주기는 절적한가? • 동화를 듣고 유아들이 자신의 생각을 자유롭게 활발히 표현 할 수 있었나?
향후 지원계획	• '00의 첫 심부름' 이라는 제목의 표지를 제공하여 유아들이 자신의 경험담을 이야기로 지어 볼 수 있도록 지원하고자 함	

〈 이해 영역 활동의 예 〉

주제	동물		
활동 선정이유	관찰내용	• 동물원을 다녀온 후 유아들이 동물에 대한 관심으로 동물 주제가 진행 중임 • 유아들이 과학영역에 비치한 「누가 누가 잘하지?」 동화책을 보면서 동물마다 잘하는 것이 있다는 것에 대해 호기심을 갖고 친구들과 이야기함	
	지원내용	• 유아들의 이 같은 관심과 호기심을 갖게 된 「누가 누가 잘하지?」 지식 그림책을 기반으로 동물들마다 어떤 특성을 가졌는지 망 짜기 활동을 하면서 유아들이 궁금해 하는 것을 시각적으로 분명하게 이해될 수 있도록 이야기하고자 함	
활동명	누가 누가 잘하지?	대상 연령	5세
활동 유형 (집단형태)	이야기 나누기(대집단)		
교육목표	• 동물의 특성에 대해 안다. • 동물의 특성에 따라 분류할 수 있다. • 동물 특성에 관심을 가진다.		
19 개정 누리과정 관련요소	• 의사소통: 듣기와 말하기–말이나 이야기를 관심 있게 듣는다. • 자연탐구: 탐구과정 즐기기–궁금한 것을 탐구하는 과정에 즐겁게 참여한다. • 자연탐구: 자연과 더불어 살기–주변의 동식물에 관심을 가진다.		
교과 교육내용	문학교육 내용 영역: 이해 영역 활동유형: 이야기 지도 만들기(망 짜기) 기준: 등장인물의 특성		

<table>
<tr>
<td>수업자료</td>
<td colspan="2">ㅇ PPT 동화: 「누가 누가 잘하지」
• 동화책을을 대집단 활동에 적절하게 PPT 동화로 매체 전환한 자료
• 원작: 이상교 글, 마르던 브루 그림(웅진북클럽)

• 망 짜기 활동을 위한 틀(매달리기/미끄러지기/달리기/헤엄치기/잠자기)
• 융판 자료(범주별 해당 동물들)
· 매달리기를 잘하는 동물: 원숭이, 박쥐, 판다
· 미끄러지기를 잘하는 동물: 물범, 펭귄, 수달
· 달리기를 잘하는 동물: 치타, 타조, 얼룩말
· 헤엄치기를 잘하는 동물: 하마, 고래, 바다거북
· 잠을 잘 자는 동물: 나무늘보, 코알라</td>
</tr>
<tr>
<td>구분</td>
<td>활 동 내 용</td>
<td>자료 및 교사 지원</td>
</tr>
<tr>
<td>도입</td>
<td>「누가 누가 잘하지?」 동화를 들려준다.
• 어떤 이야기들이 있었니?</td>
<td>• 자료
PPT 동화: 「누가 누가 잘하지?」

• 동화를 들려주면서 유아들의 반응을 수시로 살펴 유아들이 집중하여 들을 수 있도록 유의한다.</td>
</tr>
<tr>
<td>전개</td>
<td>ㅇ 동화에 등장하는 동물 특성별로 이야기 나누며 망을 구성한다.
• 동물들이 무엇을 잘한다고 하였나요?

<매달리기를 잘하는 동물에 대해>
• 이야기에 나오는 강인이는 무엇을 잘하는 친구였지?
• 강인이처럼 매달리기를 잘하는 동물은 어떤 동물이 있었니?</td>
<td></td>
</tr>
</table>

전개	· 그렇구나, 원숭이는 나뭇가지를 움켜쥐고 대롱대롱 잘 매달린다고 했어. · 박쥐는 갈고리처럼 생긴 기다란 발톱으로 거꾸로 잘 매달린다고 했지. · 판다는 네 다리로 나무를 꼭 끌어안고 잘 매달려있다고 했었지 〈미끄러지기를 잘하는 동물에 대해〉 • 이야기 속 나연이는 무엇을 잘하는 친구였니? • 나연이처럼 미끄러지기를 잘하는 동물은 어떤 동물이 있었지? · 물범은 몸이 미끌미끌해서 잘 미끄러진다고 했어. · 펭귄은 얼음판에서 떼를 지어서 씽씽 잘 미끄러진다고 했지. · 수달은 비탈진 진흙 길에서 잘 미끄러진다고 했어. 〈달리기를 잘하는 동물에 대해〉 • 이야기에서 다솜이는 잘 달린다고 자랑했지? • 그럼 다솜이처럼 잘 달리는 동물은 어떤 동물이 있었니? · 치타는 앞발과 뒷발을 쭉쭉 뻗으며 날쌔게 잘 달린다고 했지. · 타조는 튼튼한 다리와 두툼한 발가락 두 개로 빠르게 잘 달린다고 했어. · 얼룩말은 사나운 동물을 피할 때 힘센 네 다리로 잘 달린다고 했어. 〈헤엄을 잘 치는 동물에 대해〉 • 이야기 속 민수는 무엇을 잘하는 친구였지? • 민수처럼 헤엄을 잘 치는 동물은 어떤 동물이 있지? · 하마는 물 위에서 눈, 코, 귀를 나란히 내놓고 헤엄을 잘 친다고 했지요. · 고래는 꼬리를 위아래로 힘차게 움직이며 잘 헤엄친다고 했지요. · 바다거북은 납작한 앞발을 지느러미처럼 이용해 잘 헤엄친다고 했지요.	• 자료:망짜기 틀과 동물 융판 자료 • 유아들이 동화내용을 회상하며 동물의 특성과 해당하는 동물들을 생각할 수 있도록 상호작용하며 격려한다. • 자료를 유아가 붙일 경우 필요하다면 유아가 생각할 시간을 기다려 주면서 유아가 스스로 판단하여 붙여보도록 한다. • 유아가 범주를 잘못 판단한 경우라도 답을 바로 주기보다 올바른 범주를 찾아 갈 수 있도록 격려한다. • 동화 이야기에 나오는 동물 뿐 만 아니라 유아의 반응을 수용하며 이야기 나눈다.

<table>
<tr><td>전개</td><td colspan="2">〈잠을 잘 자는 동물〉
• 이야기 속에 훈이는 잘 잔다고 자랑했는데 동물 중에는 누가 잘 잤나요?
· 나무늘보는 기다란 발톱으로 나뭇가지에 매달려서 잘 잔다고 했지요.
· 코알라는 나뭇가지 사이에 걸터앉아서 잘 잔다고 했지요.</td><td></td></tr>
<tr><td>마무리</td><td colspan="2">○ 완성된 망을 보며 동물 특성별로 활동한 내용에 대해 이야기해본다.
• 잘 매달리는 동물은 어떤 어떤 동물이 있었는지 기억나니?
원숭이와 박쥐, 판다가 있구나.
• 잘 미끄러지는 동물은 어떤 어떤 동물이 있었는지 기억나니?
물범, 펭귄, 수달이 있구나.
• 잘 달리는 동물은 어떤 어떤 동물이 있었는지 기억나니?
치타, 타조, 얼룩말이 있구나.
• 헤엄을 잘 치는 동물은 어떤 어떤 동물이 있었는지 기억나니?
하마, 고래, 바다거북이 있구나.
• 잘 자는 동물은 어떤 어떤 동물이 있었는지 기억나니?
나무늘보와 코알라가 있구나.

○ 활동을 마무리하고 다음 활동을 안내한다.
• 다음 시간은 간식시간이야. 선생님이 이름 불러준 친구부터 화장실 가서 손을 씻도록 하자</td><td>자료 : 유아들과 이야기하면서 완성한 망</td></tr>
<tr><td rowspan="2">평가</td><td>유아평가</td><td colspan="2">• 등장인물의 특성에 대해 아는가?
• 등장인물 특성에 따라 분류할 수 있는가?
• 등장인물의 특성에 관심을 가지는가?</td></tr>
<tr><td>교사평가</td><td colspan="2">• 망짜기 틀과 동물 융판 자료의 크기는 적절한가?
• 유아들의 다양한 반응에 수용적이었나?</td></tr>
<tr><td>향후 지원계획</td><td colspan="3">• 자유선택 활동 시간 중 관심 있는 유아들이 친구들과 함께 또는 개별적으로 활동할 수 있도록 과학영역 활동으로 전환하여 제공할 것임
• 활동자료: 「누가 누가 잘하지?」(지식그림책), 망짜기 틀, 동물 융판 자료
•「누가 누가 잘하지?」 이야기에 나오는 동물 외에 유아들이 제시한 동물을 중심으로 범주별 동물의 종류를 추가해 갈 것임</td></tr>
</table>

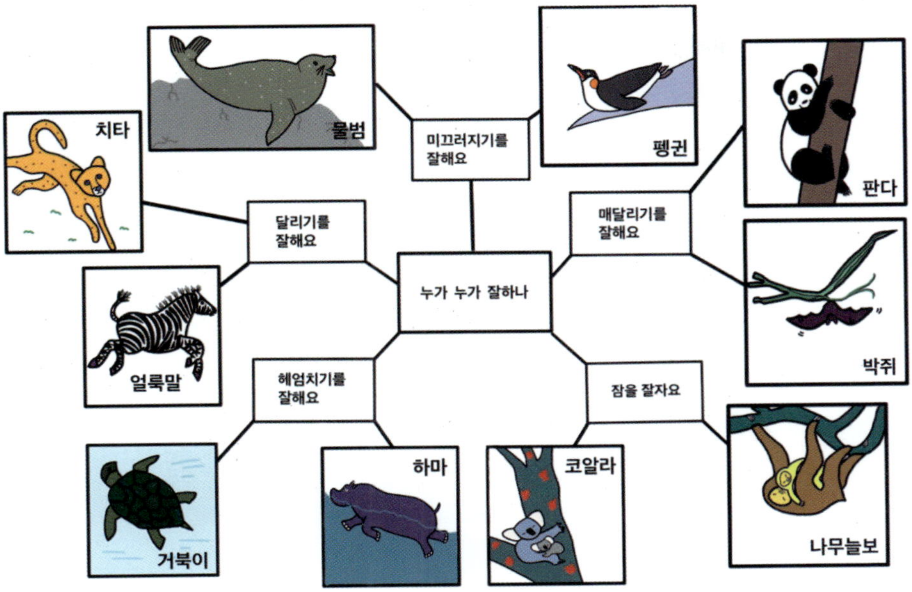

〈 표현 영역 활동의 예〉

<table>
<tr><td>주제</td><td colspan="3">동물</td></tr>
<tr><td rowspan="2">활동
선정이유</td><td>관찰내용</td><td colspan="2">• 유아들의 관심을 토대로 동물 주제를 하고 있는 중에 목장체험을 다녀옴
• 목장 체험 이후 유아들이 농장 동물뿐 만 아니라 동물에 대해 관심을 많이 보임</td></tr>
<tr><td>지원내용</td><td colspan="2">• 동물이 등장하는 동화를 선정하여 들려준 후 동극 활동으로 연계하고자 함</td></tr>
<tr><td>활동명</td><td>토끼의 의자</td><td>대상 연령</td><td>5세</td></tr>
<tr><td>활동 유형
(집단형태)</td><td colspan="3">동극(대집단)</td></tr>
<tr><td>교육목표</td><td colspan="3">• 동화 이야기를 이해한다.
• 다른 사람에게 고마운 마음을 표현할 수 있다.
• 등장인물에 따라 적절한 행동과 목소리로 표현하는데 관심을 갖는다.</td></tr>
<tr><td>19 개정
누리과정
관련요소</td><td colspan="3">• 의사소통: 책과 이야기 즐기기–동화, 동시에서 말의 재미를 느낀다.
• 사회관계: 더불어 생활하기–친구와 서로 도우며 사이좋게 지낸다.
• 예술경험: 창의적으로 표현하기–극놀이로 경험이나 이야기를 표현한다.</td></tr>
</table>

<table>
<tr><td>교과
교육내용</td><td colspan="2">문학교육 내용 영역: 표현영역
활동유형: 동극</td></tr>
<tr><td>수업자료</td><td colspan="2">○ 융판동화: 「토끼의 의자」
• 동화책을 대집단 활동에 적절하게 융판동화로 매체 전환한 자료
• 원작: 고부야마 요시코 글, 가키모토 고조 그림, 김숙 옮김(한림출판사)

• 동극 활동 자료: 등장인물 머리띠(토끼, 당나귀, 곰, 다람쥐, 너구리), 나무, 의자, 아무나 의자 표지판, 당근바구니, 사과바구니, 꿀단지, 도토리바구니</td></tr>
<tr><td>구분</td><td>활 동 내 용</td><td>자료 및 교사지원</td></tr>
<tr><td>도입</td><td>○ 목장에 다녀온 경험을 회상하며 이야기 나눈다.
• 어제 우리가 어디를 갔다 왔지?
• 어떤 동물들을 보았니?
• 선생님이 오늘 우리가 보았던 동물이 나오는 동화를 준비해 왔어. 어떤 이야기인지 잘 들어보자

○ 융판 동화 '토끼의 의자'를 들려준다.
○ 동화에 대해 이야기 나눈다.
• 이야기에 어떤 동물들이 나왔니?
• 누구나 의자는 어떤 의자이니?
• 당나귀가 누구나 의자에 무엇을 두고 잠이 들었지?
• 곰(다람쥐, 너구리)는 어떻게 했지?
• 이야기가 어떻게 끝이 났니?</td><td></td></tr>
</table>

<table>
<tr><td rowspan="3">전개</td><td>○동극 활동을 할 것인지 의논한다.
• 이 이야기로 동극을 해보면 어떨까?</td><td>• 자료: 역할 머리띠, 그 밖에 동극에 필요한 소품들</td></tr>
<tr><td>○등장인물을 하나씩 의논하여 결정한다.
• 동극을 하려면 누가 누가 있어야 하지?
• 00는 누가 하고 싶니?
○동극에 필요한 것들을 준비한다.
• 00는 무엇이 필요하지?(당근, 사과, 꿀, 도토리)
• 이 나무(팻말, 의자)는 어디에 놓으면 좋을까?
○동극 할 유아들의 준비와 동극을 보는 유아들의 태도에 대해 이야기 한다.
• 어디에서 기다리고 있으면 좋을까?
• 00는 어떤 말을 해야 할까?
• 동극을 보는 친구들은 어떻게 하면 좋을까?</td><td>• 역할이 결정될 때 마다 유아는 앞으로 나오도록 하고 교사는 역할에 맡는 머리띠를 씌워준다.
• 여러명의 유아가 하나의 역할을 원할 경우 유아들과 의논하여 결정한다.
• 이번에 역할을 맡지 못한 유아들에게 기회가 있음을 안내 한다.</td></tr>
<tr><td>○동극의 시작을 알리고 진행한다.
• 지금부터 「토끼의 의자」 동극을 시작하겠습니다.

「토끼의 의자」
토끼가 작은 의자를 만들었습니다.
“뚝딱 뚝딱” 다 만들었다. “어디에 둘까”
“아! 누구나 앉을 수 있게 나무 밑에 두면 좋겠다. ‘누구나 의자’라고 팻말도 붙여놔야지”
팻말을 붙인 토끼는 누구나 의자에 당근 바구니를 올려둔 채 잠깐 집으로 돌아갔습니다.
그 때 당나귀가 사과 한 바구니를 지고 지나가고 있었습니다.
“누구나 먹어도 된다고? 고마워라 잘 먹겠습니다!”
냠냠냠 당나귀는 바구니에 있는 당근을 몽땅 먹어버렸습니다.
“아, 어떡하지? 빈 바구니가 되었네”
당근을 다 먹은 당나귀는 미안한 마음에 바구니에 사과를 두고 갔습니다.
그때 곰이 꿀단지를 들고 지나가고 있었습니다.
“누구나 먹어도 된다고? 고마워라 잘 먹겠습니다!”
냠냠냠 곰은 사과를 몽땅 먹어버렸습니다.
“아, 어떡하지? 빈 바구니가 되었네”</td><td>• 동극 활동이 잘 진행될 수 있게 해설은 너무 길지 않게 하고, 등장인물의 대사도 쉽게 기억할 수 있도록 짧고 반복적 문장을 사용하여 각색 한다.
• 동극 진행 시 유아가 해설을 하기에 어려움이 있다면 교사가 할 수 있다.
• 역할에 따른 대사를 훈련시키기 보다 동극 활동 중이라도 필요 시 교사가 해설할때의 톤과 다르게 하여 조그만 목소리로 말해준다.</td></tr>
</table>

전개	사과를 다 먹은 곰은 미안한 마음에 꿀단지를 놓고 갔습니다. 그때 다람쥐가 도토리를 한 바구니 갖고 지나가고 있었습니다. "누구나 먹어도 된다고? 고마워라 잘 먹겠습니다!" 냠냠냠 다람쥐는 바구니에 있는 꿀을 몽땅 먹어버렸습니다. "아, 어떡하지? 빈 바구니가 되었네" 꿀을 다 먹은 다람쥐는 미안한 마음에 도토리 바구니를 놓고 갔습니다. 그때 너구리가 당근을 갖고 지나가고 있었습니다. "누구나 먹어도 된다고? 고마워라 잘 먹겠습니다!" 냠냠냠 너구리는 바구니에 있는 도토리를 몽땅 먹어버렸습니다. "아, 어떡하지? 빈 바구니가 되었네" 그때 토끼가 두고 간 당근을 가지러 돌아왔습니다. "어? 내 당근이 어디 갔지?" 토끼의 말을 들은 너구리는 깜짝 놀라서 말했습니다. "여기엔 도토리만 있었어" "누구나 먹어도 되는 줄 알고 내가 다 먹었지" "네 당근도 나처럼 생각한 친구가 먹었나봐" "내가 갖고 있는 당근을 너에게 줄게" "그래, 고마워 맛있게 먹을게." 너구리와 토끼는 손을 잡고 사이좋게 집으로 갔습니다.	
마무리	○동극 활동에 대해 평가한다. • 동극을 하면서 무엇이 재미있었니? • 동극을 보면서 무엇이 가장 기억에 남니? ○동극 활동을 마무리한다. • 동극을 한 친구들은 자기가 어떤 동물을 맡았는지 말해주고 인사하고 들어가자. ○"00를 맡은 000입니다." • 친구들은 수고했다고 박수 쳐주면 어떨까?	

평가	유아평가	• 동화 내용을 잘 이해하고 있는가? • 역할에 적절한 행동과 목소리로 표현하는가? • 바른 태도로 동극을 감상하는가?
	교사평가	• 융판 동화 자료의 제작은 적절한가? • 동극 활동을 위한 자료 제작은 적절한가? • 동극 준비와 진행에서 상호작용은 적절한가?
향후 지원계획	• 동화책 「토끼의 의자」를 언어영역에 제공하여 관심 있는 유아들이 개별적으로 이야기를 더 즐길 수 있도록 할 것임 • 역할은 한정되어 있고 참여하고 싶은 유아들은 많으므로 대집단 형태의 동극 활동을 한 번 더 실시하여 기회를 갖지 못한 유아들이 참여할 수 있도록 할 것임 • 자유선택 활동 시간 중에도 동극 활동을 할 수 있도록 자료를 제공하여 유아들이 흥미를 갖고 지속적으로 참여하며 골고루 기회를 갖도록 할 것임	

등장인물 머리띠

당근 바구니

사과 바구니

꿀단지

도토리 바구니

〈 짓기 영역 활동의 예 〉

<table>
<tr><td>주제</td><td colspan="4">친구</td></tr>
<tr><td rowspan="2">활동
선정이유</td><td>관찰내용</td><td colspan="3">• 여름철 날씨 변화와 우리 생활의 변화에 대한 관심으로 이를 주제로 한 놀이가 진행 중임
• 바깥 놀이 시간 중 해가 강하게 비치는 곳은 덥다며 그늘을 찾는 유아들이 많아짐
• 여름철 날씨가 더워 바깥 놀이시간에 특히 더 땀을 흘리는 유아가 많음
• 바깥 놀이하고 나면 덥다고 하며 물을 마시는 유아들이 많아짐</td></tr>
<tr><td>지원내용</td><td colspan="3">• 여름철 날씨와 우리 생활의 변화를 함께 생각해 볼 수 있는 이야기 짓기를 하고자 함</td></tr>
<tr><td>활동명</td><td colspan="2">함께 만든 이야기</td><td>대상 연령</td><td>5세</td></tr>
<tr><td>활동 유형
(집단형태)</td><td colspan="4">짓기(소집단: 5명 내외)</td></tr>
<tr><td>교육목표</td><td colspan="4">• 여름철 날씨와 생활 변화를 안다.
• 글과 그림으로 자신의 생각을 표현할 수 있다.
• 함께 하는 일에 관심을 갖는다.</td></tr>
<tr><td>19 개정
누리과정
관련요소</td><td colspan="4">• 의사소통영역: 듣기와 말하기–상대방이 하는 이야기를 듣고 관련해서 말한다.
• 의사소통영역: 책과 이야기에 관심가지기–말놀이와 이야기 짓기를 즐긴다.
• 자연탐구: 자연과 더불어 살기–날씨와 계절의 변화를 생활과 관련 짓는다.</td></tr>
<tr><td>교과
교육내용</td><td colspan="4">문학교육 내용 영역: 짓기
활동유형: 이어짓기(릴레이 짓기)</td></tr>
<tr><td>활동자료</td><td colspan="4">이야기 짓기 용지(색 도화지 16절 크기), 표지 용지(색상지 16절 크기), 색연필, 유성매직, 첫 번째 이야기 짓기 할 그림 자료(해가 쨍쨍 비추고 있는 그림)</td></tr>
<tr><td>구분</td><td colspan="3">활 동 내 용</td><td>자료 및 교사지원</td></tr>
<tr><td>도입</td><td colspan="3">○ 이어짓기 활동에 대해 안내한다.
• 친구들이 한명 씩 이어가며 이야기를 짓고 그것을 모아서 책으로 만들면 어떨까?
○ 그림 자료를 보며 이야기 나눈다.
• 이 그림은 무엇인 것 같니?
• 이 그림에 어떤 이야기를 지으면 좋을까?
• 그럼 무엇이라고 적을까?
• 이런 이야기가 되었구나
(그림을 보여주며 지은 이야기를 읽어 준다).</td><td>• 그림 자료

• 유아들과 의논하여 결정한 이야기를 교사가 적거나, 원하는 유아가 있으면 유아가 적는다.</td></tr>
</table>

<table>
<tr><td>전개</td><td colspan="2">ㅇ이어짓기 활동을 한다.
• 그 다음엔 어떤 이야기를 지으면 좋을까?
• 이 이야기에는 어떤 그림을 그리면 좋을까?
• 각 장면마다 완성된 후 바로 그림을 보여주면서 이야기를 들려준다
• 다음 차례인 유아는 직전 이야기를 이어받아 지을 수 있도록 안내한다.
ㅇ마지막 유아 차례가 되면 이야기가 끝나는 것을 생각하며 이어 짓도록 한다.
• 이야기가 어떻게 끝나면 좋을까?
• 어떤 그림을 그릴 거니?
ㅇ책을 완성한다.
• 친구들이 만든 이야기를 처음부터 읽어줄게.
• 이 이야기의 제목을 무엇으로 하면 좋을까?
• 책 표지는 어떤 색으로 하고 싶니?
• 누가 누가 이야기를 짓고 그림을 그렸는지 우리 이름을 쓰면 어떨까?</td><td>• 한명씩 이어가며 이야기를 짓고 그림을 그리는 동안 다른 친구들은 어떤 그림을 그리고 이야기를 짓는 지 보면서 잘 기다려 줄 것을 안내한다.

• 그림으로 표현할 때 친구의 도움을 요청 할 수 있고, 요청이 있다면 도와 줄 수 있음을 안내한다.

• 글씨는 교사 또는 글씨를 쓸 줄 아는 친구가 도와 줄 수 있음을 안내 한다.</td></tr>
<tr><td>마무리</td><td colspan="2">ㅇ완성한 책을 다른 친구들과 함께 보는 방법에 대해 이야기 나눈다.
• 이 책을 다른 친구들에게 어떻게 소개하면 좋을까?
• 이 책을 어디에 두면 좋을까?</td><td></td></tr>
<tr><td rowspan="2">평가</td><td>유아평가</td><td colspan="2">• 여름철 날씨와 생활의 변화를 아는가?
• 글과 그림으로 자신의 생각을 표현할 수 있는가?
• 함께 하는 일에 관심을 갖는가?</td></tr>
<tr><td>교사평가</td><td colspan="2">• 직전 이야기를 토대로 이어짓기가 이루어지도록 상호작용 하였나?
• 주제를 벗어나지 않고 짓기가 이루어질 수 있도록 상호작용 하였나?
• 그림으로 표현하거나 글씨 쓰기가 어려운 유아도 부담을 갖지 않는 분위기에서 활동하였는가?</td></tr>
<tr><td>향후
지원계획</td><td colspan="3">• 유아들이 이어짓기로 만든 그림책을 대집단 활동 시간에 소개한 후 언어영역에 두어 개별적으로 볼 수 있게 할 것임
• 원하는 유아들이 있으면 유아들과 주제를 의논하여 소집단으로 이어짓기 활동을 진행할 것임</td></tr>
</table>

: 아이스크림 마을
지은사람 : 백하랑. 김예솔. 김보현. 김인서 서하늘 정예림
무더운 여름날, 햇빛이 쨍쨍
내리 쬐고 있었어요.
너무 더워서
아이스크림 마을이 녹고 있어요.
더워
너무 더워서 마을 사람들도 힘들어해요.
모이세요!!
마을 대장 두게더 할아버지가
"모이세요"라고 말했어요.
각 아이스크림 대장은
아이스크림들이 모여서 회의를 했어요.
그때,
선풍기 왕자가 마을을 구해줬어요.
DANCE
아이스크림 마을에 평화가 찾아와
모두들 춤을 췄어요.

CHAPTER 05

사회교육

1. 사회교육의 개념

사회교육은 유아가 자신을 이해하고 존중하는 태도를 형성하고, 다른 사람과 함께 더불어 살아가는데 필요한 사회적 기술과 태도를 익히며, 점진적으로 주변 사회에 대한 관심과 이해를 갖고 적응해 나감으로써 유능한 민주시민으로 성장하도록 돕는 교과이다. 인간은 일반적으로 한 가정에서 태어나 가족을 시작으로 생활공간과 교류의 대상이 확대되어 가는 과정에서 지속적인 사회화를 통해 바람직한 사회 구성원으로 성장하고 살아가게 된다. 유아 시기에는 기본적으로 자기 이해와 존중감을 갖는 것이 가장 우선이며 점차 자기가 속한 사회의 구성원으로 살아가는데 필요한 지식과 태도와 가치관을 형성하도록 도움을 주어 원만한 사회생활을 영위할 수 있도록 하여야 한다.

2. 사회교육의 목적 및 목표

사회교육의 목적은 긍정적인 자아개념을 형성하고 자신이 속한 사회에서 더불어 살아갈 수 있는 사회적 능력과 올바른 인성을 함양하여 원만한 사회생활을 영위할 수 있는 기초를 기르기 위함이다. 국가 수준의 교육과정 중 사회관계 영역에 제시된 목표를 통해 사회교육의 목표를 살펴볼 수 있겠다(교육부, 2019; 보건복지부, 2020).

표준보육과정			2019 개정 누리과정
영역	0~1세 보육과정 목표	2세 보육과정 목표	3~5세 누리과정 목표
사회관계	나를 인식하고, 친숙한 사람과 관계를 맺는다.	나를 알고, 다른 사람과 더불어 생활하는 경험을 한다.	자신을 존중하고 더불어 생활하는 태도를 가진다.
	1) 나를 고유한 존재로 안다.	1) 나를 알고 긍정적으로 여긴다.	1) 자신을 이해하고 존중한다.
	2) 안정적인 애착을 형성하고, 또래, 교사와 함께 지낸다.	2) 다른 사람과 즐겁게 지내기 위한 태도를 기른다.	2) 다른 사람과 사이좋게 지낸다.
			3) 우리가 사는 사회와 다양한 문화에 관심을 가진다.

사회관계 영역에 제시된 목표를 보면 0~1세의 경우 나를 인식하고, 친숙한 사람과 관계 맺기를 위해 나의 존재를 알고, 안정적 애착을 형성하여 주변 사람과 함께 지내는 것으로 제시되어 있다. 0~1세의 친숙한 사람과 관계 맺기는 2세에서 다른 사람과 더불어 생활하는 경험을 하는 것으로, 3세 이후는 자신을 존중하고 더불어 생활하는 태도를 갖는 것으로 발전된다. 0~1세의 나를 고유한 존재로 알기는 2세에서 나를 긍정적으로 여기는 것으로, 3세 이후엔 나를 알고 존중하는 것으로 변화되었고, 0~1세의 친숙한 사람과 함께 지내기는 2세에서 다른 사람과 즐겁게 지내기 위한 태도 기르기로, 3세 이후엔 다른 사람과 사이좋게 지내기로 변화되었다. 그리고 3~5세에서만 우리 사회와 다양한 문화에 관심 가지기가 제시되어 있다. 이처럼 목표 수준에서도 사회적 교류의 대상과 갖추어야 할 사회적 기술이 유아의 연령에 따라 점차 확대되어야 함을 시사하는 것이다.

3. 사회교육의 내용

1) 국가 수준 교육과정에서의 사회교육 내용

사회교육 교과는 국가 수준 교육과정 내용 중 사회관계 영역과 관련된 교과이다. 사회관계 영역의 내용 범주는 『나를 알고 존중하기』, 『더불어 생활하기』, 『사회에 관심 가지기』의 3개 범주로 구성되어 있고 각 내용은 연령별 특성을 반영하여 점진적으로 구체화 되어 있다.

표준보육과정				19 개정 누리과정
영역	내용 범주	내용		내용
		0~1세 보육과정	2세 보육과정	3~5세 누리과정
사회관계	나를 알고 존중하기	• 나를 인식한다.	• 나와 다른 사람을 구별한다.	• 나를 알고 소중히 여긴다.
		• 나의 욕구와 감정을 나타낸다.	• 나의 감정을 표현한다.	• 나의 감정을 알고 상황에 맞게 표현한다.
		• 나와 친숙한 것을 안다.	• 내가 좋아하는 것을 한다.	• 내가 할 수 있는 것을 스스로 한다.
	더불어 생활하기	• 안정적인 애착을 형성한다.	• 가족에게 관심을 가진다.	• 가족의 의미를 알고 화목하게 지낸다.
		• 또래에게 관심을 가진다.	• 또래와 함께 놀이한다.	• 친구와 서로 도우며 사이좋게 지낸다.
				• 친구와의 갈등을 긍정적인 방법으로 해결한다.
		• 다른 사람의 감정과 행동에 관심을 가진다.	• 다른 사람의 감정과 행에 반응한다.	• 서로 다른 감정, 생각, 행동을 존중한다.
				• 친구와 어른께 예의 바르게 행동한다.
		• 반에서 편안하게 지낸다.	• 반에서의 규칙과 약속을 알고 지킨다.	• 약속와 규칙의 필요성을 알고 지킨다.

사회관계	사회에 관심 가지기			• 내가 살고 있는 곳에 대해 궁금한 것을 알아본다.
				• 우리나라에 대해 자부심을 가진다.
				• 다양한 문화에 관심을 가진다.

사회관계 영역의 내용 범주 중 『나를 알고 존중하기』 내용 범주의 내용과 『더불어 생활하기』 내용 범주의 내용은 연령별 특성에 따라 수준의 차이를 두고 내용이 심화되었고, 친구와의 갈등을 긍정적으로 해결하기, 친구와 어른께 예의 바른 행동하기는 3~5세에서만 제시되어 있다. 그리고 『사회에 관심가지기』 내용 범주와 내용은 모두 3~5세에서만 제시되어 있어 사회교육에서 다루게 되는 교육 내용의 수준 차이를 이해할 수 있다.

2) 사회교육을 위한 영역별 내용

사회교육을 위한 내용은 사회성 발달과 사회과학 지식의 두 개 영역으로 구분하여 보다 구체적으로 살펴볼 수 있다. 사회성 발달영역은 다른 사람과 원만하게 관계를 형성하고 유지하는데 필요한 가치와 태도의 습득, 친사회적 기술 및 태도 형성과 관련된 내용이다. 사회성 발달은 유아가 성인이 되었을 때 사회적 관계와 사회적 행동의 기본이고 개인의 삶에 매우 중요한 요인이므로 유아 사회교육에서 핵심적으로 다루게 되는 내용이다(심성경, 이선경, 변길희, 김은정, 2017).

사회과학 지식 영역은 사회현상과 관련된 지식으로 가족, 지리, 역사, 경제, 환경 등과 관련된 내용을 말한다. 유아 사회교육을 위한 내용을 영역별로 정리하면 〈표 5-1〉과 같다(박찬옥, 서동미, 엄은나, 2021; 심성경, 어선경, 변길희, 김은정, 2017; 나은숙, 윤희경, 안경숙, 김승옥, 2017).

〈표 5-1〉 사회교육을 위한 영역별 내용

<table>
<tr><th>사회교육 영역</th><th colspan="2">내용</th><th>하위내용</th></tr>
<tr><td rowspan="5">사회성 발달</td><td rowspan="4">가치와 태도</td><td>보편적 가치와 태도</td><td>• 신체적 자아존중감
• 심리적 자아존중감</td></tr>
<tr><td>개인적 가치와 태도</td><td>• 선호 경향성
· 좋아하는 옷, 물건, 음식, 놀이 등</td></tr>
<tr><td>지식/학습에 대한 긍정적 가치와 태도</td><td>• 가치 인식
· 사회적 현상을 배우고 알게 되는 지식의 가치 인식하기
• 학습태도
· 사회적 현상 학습에 대한 긍정적 태도 형성</td></tr>
<tr><td>도덕적 · 민주적 가치와 태도</td><td>• 자신의 권리와 책임
• 타인의 권리와 책임
• 공정
• 자유
• 평등</td></tr>
<tr><td colspan="2">사회적 기술</td><td>• 자기 조절력
· 자기점검(자기평가, 자기결정)
· 자기통제(정서조절, 행동조절)
• 친사회적 기술
· 공유하기, 나누기, 양보하기, 도움주기, 차례지키기, 협동하기 등
• 의사소통 및 협의 기술
• 관계 형성 및 갈등 관리</td></tr>
<tr><td rowspan="3">사회과학 지식</td><td colspan="2">가족</td><td>• 가족 구성원과 의미
• 가족 구성원의 역할
• 다양한 가족 형태</td></tr>
<tr><td colspan="2">지역사회</td><td>• 지역사회를 위해 도움을 주는 사람
• 지역사회를 위한 공공기관과 기능</td></tr>
<tr><td colspan="2">지리</td><td>• 주변 지역의 지리적 특성
• 지역 간 인적, 물적 자원과의 관계</td></tr>
</table>

사회과학 지식	역사	• 시간의 흐름 • 생활의 변화 • 생활의 연속성 • 우리나라의 전통/현대 문화와 생활
	경제	• 자원 • 생산/소비/분배 • 돈의 가치와 올바른 사용 • 일과 직업
	환경	• 환경보전 • 환경오염 • 환경보호 • 환경의 상호의존성 • 재활용, 재사용
	시민교육	• 공공질서 • 기본 권리와 책임 • 예절, 규칙 • 국가와 인종
	세계여러나라와 다문화	• 유사점(문화, 인종, 언어) • 다양성(문화, 인종, 언어) • 상호의존성 • 평화

4. 사회교육을 위한 교수학습 방법

1) 사회교육을 위한 접근법

유아를 위한 사회교육의 대표적인 접근법은 사회교육 내용을 어떻게 구성하여 진행해 나갈 것인가에 따라 동심원적 접근법과 나선형적 접근법이 있다(이영자 외, 2022).

첫째, 동심원적 접근법

동심원적 접근법은 유아를 위한 사회교육 내용으로 유아가 현재 생활하고 있는 가까운 주변 세계를 중심으로 시작하여 점진적으로 확대해 나가는 방법으로 나를 시작으로 가족, 이웃, 지역사회, 국가, 세계 여러 나라로 넓혀가는 것을 의미한다. 발달과정에 있는 유아들은 경험도 부족하지만, 자기중심적인 사고 특성을 갖고 있어 사회 학습을 위한 교육 내용은 나를 시작으로 구체적이고 직접적인 경험을 통해 점진적으로 사회적 개념을 형성해 나가야 한다.

둘째, 나선형적 접근법

유아를 위한 사회교육 내용을 구성하는 또 다른 방법은 나선형적 접근법이다. 이 접근법에서는 유아에게 중요한 사회교육의 기본 개념들을 선택하고 반복적으로 다루면서 개념을 일반화하고, 복잡성과 추상성을 더 해가는 것으로 반복과 심화 과정을 통해 개념의 상위 수준에 도달할 수 있도록 하는 방법이다.

2) 유아 사회 교육을 위한 교수 원리

유아를 위한 사회 교육에서 교사는 다음과 같은 일반적인 교수 원리를 고려하여야 한다(이영자 외, 2022).

첫째, 유아 사회교육은 유아의 발달에 적합한 내용과 방법으로 이루어져야 한다.

교사는 학급 유아들의 일반적인 발달단계 및 사고의 특징과 함께 유아들이 갖고 있는 흥미, 경험, 능력 등으로 인한 개별적인 특성과 상황을 모두 세밀히 관찰하고, 이를 기초로 보편적 발달 수준과 개별 유아들의 차이를 함께 고려하여 활동을 제공하고 적절한 교육 방법을 적용하여야 한다.

둘째, 유아 사회교육은 일상적 경험으로 시작되어야 한다.

유아의 생활과 관련된 경험은 유아들에게 매우 의미 있는 학습이기도 하다. 또한 사회교육은 기관에서의 일과 중 정해 둔 특정 시간에만 진행하는 것이 아니며 다양한 일과와 활동을 통해 이루어진다. 유아들은 학급의 모든 일과 속에서 경험하는 일상적 상황에서도 다양한 사회성 발달 및 사회적 현상에 대한 개념을 형성해 나갈 수 있다.

셋째, 사회교육은 통합적으로 이루어져야 한다.

사회교육은 내용 범위가 넓어 다양한 분야의 내용들이 대부분 통합적 특성을 갖고 있으므로 다양한 활동과 교과의 통합을 통해 진행할 수 있다. 그러나 교사는 통합적인 교수학습 자체를 목적으로 하기보다 사회교육의 목적에 따라 의미 있는 통합적 접근을 할 수 있어야 한다.

넷째, 교사는 사회교육을 통해 유아들이 학습하기를 기대하는 행동에 대한 모델이 되어야 한다.

교사의 언어 사용과 행동은 유아들에게 큰 영향을 미치게 되므로 교사는 사회교육과 관련된 개념이나 태도의 형성 특히 친사회적 행동과 관련된 언행에서 항상 모델이 되어야 한다.

다섯째, 유아 사회교육은 다양한 방법과 활동을 통해 지도하여야 한다.

유아 사회교육을 위한 활동들은 사회교육과 관련된 주제를 활동 내용으로 다루면서 사회적 지식과 기술, 태도 형성을 목표로 할 뿐만 아니라 활동 방법을 통해서도 사회적 지식과 기술과 태도 형성에 영향을 미칠 수 있다.

다음은 활동 방법 측면에서 사회교육 내용을 다룰 수 있는 대표적인 활동 형태이다.

〈표 5-2〉 활동 방법을 통한 사회교육 형태

활동 형태	내 용
협동계획 및 집단토의	유아들은 협동적으로 계획하거나 구체적인 주제를 갖고 토의해 보는 경험을 통해 나의 생각과 느낌을 다른 사람과 공유하기도 하고 나와 다른 또래의 관점도 수용해보는 경험을 할 수 있다.
견학 및 자원인사활용	ㅇ견학 • 견학은 유아교육기관에서 경험할 수 없는 내용을 현장에서 직접 경험하면서 지역사회 및 사회적 현상에 대한 지식을 확장 시킬 수 있는 교육 활동이다. 견학은 유아들의 학습 동기를 유발하고 견학 장소와 목적에 따라 관련 정보를 유아들이 직접 관찰하여 수집할 수 있는 좋은 기회가 될 수 있다. • 견학 활동이 유아들에게 의미 있는 경험이 되려면 견학 전 사전활동을 시작으로 견학 후 사후활동까지 연계하여 충실히 운영하는 것이 필요하다. · 사전활동에서는 어디를 갈 것이고 무엇을 어떻게 볼 것인지 기본 정보를 안내하거나 본 활동 내용에 대해 유아들과 의견을 나누며 준비한다. · 견학 중에는 무엇을 보러 왔는지 어떻게 볼 수 있는지를 다시 상기해 보고 유아들이 보고 싶고, 알고 싶은 것들을 충분히 관찰하고 여유있게 탐색할 수 있도록 배려해 준다. · 견학을 다녀온 후 사후활동에서는 무엇을 보았고, 무엇을 알게 되었는지, 어떤 느낌을 받았고 생각하게 되었는지를 평가하며 또래들과 생각과 정보를 공유하는 시간을 갖는다. ㅇ자원 인사 활용 • 견학 활동 시 현장에서 일하시는 분의 협조를 요청하여 유아들에게 장소에 대한 정보를 말해주거나 유아들이 궁금해 하는 것들을 질문하고 답을 주는 활동을 할 수 있다. • 견학을 가지 않을 경우 사회교육 주제와 관련된 일을 하시는 분이 기관에 오셔서 무엇을 보여주거나 정보를 주면서 유아들이 궁금해 하는 것을 알아보는 시간을 가질 수 있다.
문학 작품을 통한 경험	유아 문학 작품 중 권선징악이 중심 주제인 전래동화나 다양한 사회적 개념들을 다루고 있는 생활동화를 활용할 수 있다. 교사는 사회교육에서 다루고자 하는 주제와 관련된 문학 작품을 선정하여 유아들에게 읽어 들려주기도 하고 유아들이 볼 수 있게 제시해 줄 수 있다. 유아들은 이같은 문학 작품을 통해 사회적 현상에 대한 이해와 친사회적 기술 및 태도를 형성할 수 있다.
역할 놀이	유아들은 역할 놀이를 통해 다양한 역할과 상황을 설정하여 가작화 놀이를 하면서 다른 사람의 생각이나 감정을 알아가고 탈 중심화함으로써 또래나 가족 구성원들의 나와 같거나 다른 기분에 대해 공감하고, 생각이나 관점을 수용하는 등 사회인지 능력이 증진되어 진다.

5. 사회교육 활동의 예

〈사회성 발달 영역: 친 사회적 기술관련 활동의 예〉

<table>
<tr><th>주제</th><td colspan="3">친구</td></tr>
<tr><th rowspan="2">활동
선정이유</th><td>관찰내용</td><td colspan="2">• 화장실에 유아들이 줄을 서 있는데 00이가 줄을 서지 않고 앞으로 가자 줄을 서서 기다리던 유아들이 00이에게 새치기 했다며 화를 내면서 갈등 상황이 일어남. 00가 화장실이 너무 급해서 그랬다고 하여 유아들에게 양해를 구하고 먼저 화장실을 사용하도록 하였고, 이후 이야기를 나누어 보니 00가 말을 하지 않았기 때문에 새치기 한 것으로 알았다고 함.
• 최근 서로 발표하고 싶어 하면서 종종 갈등이 발생하거나 기회를 갖지 못한 유아들이 속상해 하는 일이 많아짐</td></tr>
<tr><td>지원내용</td><td colspan="2">• 유아들은 자기 입장만 생각하게 되는 자기중심적 특성으로 다른 친구의 입장을 이해하는데 어려움이 있음
• 상황에 따라 친구를 먼저 생각하거나, 자신의 상황을 먼저 친구들에게 말하여 허락을 받는 것은 친구들과 잘 지내는데 필요한 태도임
• 현재 유아들이 경험한 상황을 내용으로 이야기 나누기를 하여 친구를 먼저 생각해 주는 것, 친구의 허락을 먼저 받아야 하는 것에 대해 생각하는 계기를 갖고자 함</td></tr>
<tr><th>활동명</th><td>친구를 생각해주는 마음</td><th>대상 연령</th><td>3세</td></tr>
<tr><th>활동 유형
(집단형태)</th><td colspan="3">이야기 나누기(대집단)</td></tr>
<tr><th>교육목표</th><td colspan="3">• 친구를 먼저 생각해 주어야 하는 상황을 안다.
• 친구를 먼저 생각하며 행동할 수 있다.
• 친구의 상황에 관심을 갖는다.</td></tr>
<tr><th>19 개정
누리과정
관련요소</th><td colspan="3">• 의사소통: 듣기와 말하기–자신의 경험, 느낌, 생각을 말한다.
• 의사소통: 듣기와 말하기–상대방이 하는 이야기를 듣고 관련해서 말한다.
• 사회관계: 더불어 생활하기–친구와 서로 도우며 사이좋게 지낸다.
• 사회관계: 더불어 생활하기–서로 다른 감정, 생각, 행동을 존중한다.</td></tr>
<tr><th>교과
교육내용</th><td colspan="3">사회교육 내용 영역:사회성 발달–사회적 기술–친사회적 기술</td></tr>
<tr><th>수업자료</th><td colspan="3">방글이 상황 그림/벙글이 상황 그림</td></tr>
<tr><th>구분</th><td colspan="2">활 동 내 용</td><td>자료 및 교사지원</td></tr>
</table>

<table>
<tr><td>도입</td><td>○ 이야기 나누기 활동을 소개한다.
• 오늘 방글이라는 친구 얘기를 들려주려고 해
• 방글이 이야기를 잘 듣고 같이 생각해 보자</td><td></td></tr>
<tr><td>전개</td><td>○ 첫 번째 이야기를 들려준다.
• 이 친구 이름은 방글이야. 방글이는 발표하기를 아주 좋아해서 발표도 많이 하는 친구예요.
• 오늘도 방글이는 발표를 하고 싶어서 손을 번쩍 들었는데 손을 들고 있는 친구들이 많이 '있었어요.
• 방글이는 마음 속으로 생각 했어요
· 언제나 그런 것처럼 내가 먼저 손을 들었다고 크게 말할까?
· 아니야 나는 그 동안 발표를 많이 했으니까 다른 친구들도 발표할 수 있게 손을 내릴까?
○ 첫 번째 상황 그림을 보며 이야기 나눈다.
• 어떤 이야기였니?
• 방글이만 계속 발표하게 되면 다른 친구들 마음은 어떨까?
• 방글이는 어떤 생각을 하였니?
• 너희가 방글이라면 어떻게 하겠니?
• 계속해서 나만 발표하지 않고 발표하고 싶은 다른 친구들의 마음을 생각해 줄 수도 있구나
○ 두 번째 이야기를 들려준다.
• 벙글이는 화장실에서 다른 친구들과 함께 줄을 서 서 차례를 기다리고 있었어요.
• 그런데 00가 달려오더니 줄도 서지 않고 방글이를 앞질러 화장실로 들어가려고 하는 거예요.
• 화가난 벙글이가 00에게 새치기했다고 화를 내자 00가 '나 급하다고' 하면서 울어버렸어요.
벙글이는 마음속으로 생각했어요
· 00가 너무 급해서 그런 거니까 먼저 가라고 해야 되나?
· 아니야 그래도 00가 급하다고 양보해 달라고 말을 해줘야 알지
· 안돼 우리는 줄을 서서 차례를 기다리고 있었는데 줄도 안 서고 가는 건 좋지 않아</td><td>• 방글이 상황그림
• 유아들이 생각하고 말할 수 있는 시간을 충분히 제공한다.</td></tr>
</table>

	○ 두 번째 상황 그림을 보며 이야기 나눈다. • 어떤 이야기였니? • 00가 왜 줄도 안 서고 화장실에 가려고 했지? • 벙글이는 어떤 생각을 하였니? • 너희가 벙글이라면 어떻게 하겠니? · 차례를 지키는 건 중요하지만 급한 친구가 있을 땐 먼저 가라고 할 수 있구나 • 00는 어떻게 하면 더 좋았을까? · 자기가 급하다고 줄 서있는 친구들에게 급하다고 이야기 하고 허락을 받았으면 더 좋았겠구나		• 벙글이 상황그림 • 유아들이 생각하고 말할 수 있는 시간을 충분히 제공한다.
마무리	○ 이야기한 내용을 정리하고 마무리한다. • 오늘 어떤 이야기를 했지? • 우리도 이럴 때 친구들을 먼저 생각해 줄 수 있을까?		
평가	유아평가	• 친구를 먼저 생각해 주어야 하는 상황을 아는가? • 친구를 먼저 생각하며 행동할 수 있는가? • 친구의 상황에 관심을 갖는가?	
	교사평가	• 수업자료의 내용은 적절하였나? • 수업자료의 제작은 적절하였나?	
향후 지원계획	• 향후 또래 관계에서 이 같은 일들이 발생하게 될 경우 이야기 나누기 내용을 생각하며 유아가 스스로 적절한 방법으로 대처할 수 있도록 격려함으로써 사회적 기술을 내면화 할 수 있도록 지원하고자 함		

방글이 상황

벙글이 상황

〈사회과학 지식 영역: 세계 여러 나라의 다양성 관련 활동의 예〉

<table>
<tr><th>주제</th><td colspan="4">세계 여러나라</td></tr>
<tr><th rowspan="2">활동
선정이유</th><td>관찰내용</td><td colspan="3">• 유아들이 도쿄 올림픽 개막식 중계를 보고 나서 세계 여러나라의 국가명과 사람들의 모습에 대한 관심이 높아져 세계 여러나라에 대해 궁금한 것을 알아가고 있는 상황임
• 00가 「집과 사람」(아이코리아 엮음)이라고 하는 책을 친구들과 보고 싶다고 집에서 가져왔고 세계 여러나라 집에 대한 유아들의 관심이 높아짐
• 「집과 사람」은 집의 개념과 종류와 기능에 대한 지식 그림책으로 유아들이 이해하기에 내용이 어려움
• 그러나 이 책을 계기로 유아들이 세계 여러나라의 전통 가옥에 대해 매우 흥미로워함</td></tr>
<tr><td>지원내용</td><td colspan="3">유아들이 특별히 관심을 보이고 특징이 분명한 집을 중심으로 이야기 나누기 활동을 함으로써 유아들의 호기심을 해소하고 이해를 돕고자 함</td></tr>
<tr><th>활동명</th><td colspan="2">여러 나라의 특별한 집</td><th>대상 연령</th><td>5세</td></tr>
<tr><th>활동 유형
(집단형태)</th><td colspan="4">이야기 나누기(대집단)</td></tr>
<tr><th>교육목표</th><td colspan="4">• 나라마다 특별한 집이 있음을 안다.
• 다양한 집의 특징을 말할 수 있다.
• 세계 여러 나라의 집에 관심 갖는다.</td></tr>
<tr><th>19 개정
누리과정
관련요소</th><td colspan="4">• 사회관계: 사회에 관심 가지기–다양한 문화에 관심을 가진다.
• 자연탐구: 탐구과정 즐기기–주변 세계와 자연에 대해 지속적으로 호기심을 가진다.
• 의사소통: 듣기와 말하기–바른 태도로 듣고 말한다.
• 의사소통: 듣기와 말하기–자신의 경험, 느낌, 생각을 말한다.</td></tr>
<tr><th>교과
교육내용</th><td colspan="4">사회교육 내용 영역: 사회과학 지식–세계여러나라와 다문화–다양성</td></tr>
<tr><th>수업자료</th><td colspan="4">• 여러 나라 전통 가옥 사진(그림)
(우리나라: 초가집, 기와집/베트남:수상가옥/몽골:게르/러시아:통나무집/북극:이글루)</td></tr>
</table>

구분	활 동 내 용	자료 및 교사지원
도입	ㅇ이야기 나누기 주제에 대해 소개한다. • 애들아 00가 가져온 「집과 사람」이라는 책을 본 친구 있니? • 오늘은 선생님이 세계 여러나라의 특별한 집의 모습을 준비해 왔어 • 어떤 집들이 있는지 보면서 이야기 해보자	• 지식그림책: 「집과 사람」
	ㅇ우리나라 전통 가옥 사진을 보며 이야기 나눈다. 한다. • 이런 집을 본 적 있니? • 이 집을 어떤 집이라고 하는지 들어본 친구 있니? • 이 집은 옛날부터 우리나라에 있었던 집이야 • 이것 처럼 다른 나라에도 옛날부터 살았던 특별한 집이 있는지 알아볼까?	• 그림자료: 기와집 초가집
전개	세계 여러나라 전통 가옥 사진을 하나씩 소개하며 이야기 나눈다. ㅇ베트남: 수상가옥 • 이런 집을 본 적 있니? • 이 집은 어떤 모양이지? • 이 집은 어디에 있어? • 이 집은 왜 물 위에 있을까? • 물 위에 집을 지으면 뭐가 좋을까? · 이 집은 베트남이라고 하는 나라의 특별한 집이란다. · 베트남은 너희가 생각한 것처럼 날씨가 너무 더워서 시원한 물 위에 집을 지은거래. 이런 집을 어려운 말로 수상가옥이라고 해.	• 그림자료: 수상가옥
	ㅇ몽골: 게르 • 이런 집을 본 적 있니? • 이 집은 어떤 모양이지? • 이 집은 어디에 있어? • 이 집은 무엇으로 지은 걸까? • 왜 천막으로 집을 지었을까? · 이 집은 몽골의 특별한 집인데 게르라고 부른 단다.	• 그림자료: 게르

<table>
<tr><td rowspan="3">전개</td><td colspan="2">· 이곳에 사는 사람들은 양들이 먹어야 하는 풀을 찾아 다녀야 해서 갖고 다니기 편하게 천막집을 이용한데 천막집은 빠르고 지을 수도 있고 다른 곳으로 갈 때는 쉽게 거둘 수 있어서 편리하다고 해</td><td>• 그림자료: 게르</td></tr>
<tr><td colspan="2">○ 러시아: 통나무집
• 이런 집을 본 적 있니?
• 이 집은 어떤 모양이지?
• 이 집은 어디에 있어?
• 이 집은 왜 나무로 지었을까?
· 이 집은 러시아라고 하는 나라의 특별한 집인데 통나무집이라고 불러. 러시아에는 나무가 아주 많아서 쉽게 구할 수 있는 나무를 이용해서 집을 지었대.</td><td>• 그림자료: 통나무집</td></tr>
<tr><td colspan="2">○ 북극: 이글루
• 이런 집을 본 적 있니?
• 어떤 모양이지?
• 이 집은 무엇으로 만든 것 같니?
• 이 곳의 날씨는 어떨까?
• 날씨가 추운데, 왜 눈과 얼음으로 집을 지었을까?
· 이 집은 어떤 나라의 특별한 집이 아니고 세상에서 가장 추운 북극이라는 지역에서 특별히 볼 수 있는 이글루라는 집이야. 북극은 아주 춥고 눈도 많이 오는 곳이라 얼음과 눈을 이용해서 집을 만들어서 살았데. 얼음과 눈으로 만든 집이지만 찬바람을 막아줘서 안에 있으면 따뜻하다고 해.</td><td>• 그림자료: 이글루</td></tr>
<tr><td>마무리</td><td colspan="2">○ 이야기 나누기 활동을 정리하고 마무리 한다.
• 오늘 우리가 어떤 이야기를 해보았지?
• 왜 나라마다 특별한 집을 갖고 있는 것 같니?
• 오늘 알아본 집들 중에서 어떤 집이 제일 마음에드니?
• 어떤 집에서 살아보고 싶니? 왜 그렇게 생각했니?
• 선생님이 오늘 보았던 것들을 과학영역에 붙여 둘게 친구들과 함께 더 보도록 하자.</td><td></td></tr>
<tr><td>평가</td><td>유아평가</td><td colspan="2">• 나라마다 특별한 집이 있음을 아는가?
• 다양한 집의 특징에 대해 말할 수 있는가?
• 세계 여러 나라의 집에 관심을 갖는가?</td></tr>
</table>

평가	교사평가	• 유아들의 이해와 관심을 중심으로 이야기 내용을 선정하였는가? • 수업자료의 크기와 내용은 적절하였나?
향후 지원계획	• 수업자료로 사용한 사진(그림) 자료를 과학영역에 게시하여 유아들의 관심이 지속될 수 있도록 할 것임 • 이야기 나누기 활동 후 유아들의 관심을 살펴 그에 적절한 확장 활동을 지원할 것임	

초가집

기와집

베트남-수상가옥

몽골-게르

러시아-통나무집

북극-이글루

CHAPTER 06

음악교육

1. 음악교육의 개념

음악교육이란 유아들이 음악적 경험을 통해 음악을 지각하고 느끼고 즐기며, 음악적 개념을 이해하고 음악으로 자신의 감정과 생각을 표현하는 등 음악적 인지능력과 감수성을 개발하여 정서적 안정과 심미적 감각을 풍부히 발달시키는데 도움을 주기 위한 교과이다(강보라, 2022; 임부연 외, 2018). 유아들은 주변의 다양한 소리를 들으며 성장하면서 자신의 신체나 도구를 이용하여 소리를 만들고 즐기며, 음악의 아름다움을 경험하면서 음악을 즐기는 태도를 형성해 나간다.

유아 음악교육은 유아의 발달 수준에 적합한 다양한 음악적 활동을 제공하여 유아들이 자연스럽게 음악적 요소를 탐색하고 경험하면서 음악적 이해와 감수성을 키우며 음악에서 다양한 감정을 느끼고 즐기는 태도를 함양하는데 도움을 줄 수 있다(김진희 외, 2020).

2. 음악교육의 목적 및 목표

음악교육의 목적은 유아들이 일상생활 속에서 음악에 관심을 갖고 즐기고 표현하는 경험을 통해 전인 발달을 꾀하는 것이다. 국가 수준의 교육과정 중 예술경험 영역에 제시된 음악교육 관련 목표는 다음과 같다(교육부, 2019; 보건복지부, 2020).

<table>
<tr><th colspan="3">표준보육과정</th><th>2019 개정 누리과정</th></tr>
<tr><th>영역</th><th>0~1세 보육과정 목표</th><th>2세 보육과정 목표</th><th>3~5세 누리과정 목표</th></tr>
<tr><td rowspan="4">예술경험</td><td>아름다움을 느끼고 경험한다.</td><td>아름다움을 느끼고 즐긴다.</td><td>아름다움과 예술에 관심을 가지고 창의적 표현을 즐긴다.</td></tr>
<tr><td>1) 자연과 생활에서 아름다움에 관심을 가진다.</td><td>1) 자연과 생활에서 아름다움을 느끼고 관심을 가진다.</td><td>1) 자연과 생활 및 예술에서 아름다움을 느낀다.</td></tr>
<tr><td>2) 예술적 경험을 표현한다.</td><td>2) 예술을 통해 자유롭게 표현한다.</td><td>2) 예술을 통해 창의적으로 표현하는 과정을 즐긴다.</td></tr>
<tr><td></td><td></td><td>3) 다양한 예술 표현을 존중한다.</td></tr>
</table>

예술 경험 영역에 제시된 목표를 음악교육과 연결 지어 생각해 볼 때 음악에서 아름다움을 느끼고 경험하고 즐기고, 음악을 통한 창의적 표현을 즐기며 다양한 음악적 표현을 존중하는 것으로 이해할 수 있겠다. 0~1세에서는 음악의 아름다움을 느끼고 경험하는 수준이었다면 2세의 경우는 음악을 즐기고, 3~5세는 창의적 표현을 즐기는 것으로 연령별 수준의 차이를 볼 수 있다. 세부적으로는 음악적 경험을 표현하는 것으로 시작하여 자유롭게 표현하기, 창의적 표현과정 즐기기로 변화되었고, 다양한 음악적 표현을 존중하는 태도는 3세 이후에서만 제시되어 있음을 알 수 있다.

3. 음악교육의 내용

1) 국가 수준 교육과정에서의 음악교육 내용

음악교육 교과는 국가 수준의 교육과정 영역 중 예술 경험 영역의 내용과 관련된 교과이다.

0~1세와 2세를 위한 내용은 표준보육과정에 제시된 『아름다움 찾아보기』, 『창의적으로 표현하기』의 2개 내용 범주에서, 3~5세를 위한 내용은 『아름다움 찾아보기』, 『창의적으로 표현하기』, 『예술 감상하기』의 3개 내용 범주에서 찾아볼 수 있다(교육부, 2019; 보건복지부, 2020).

표준보육과정				19 개정 누리과정
영역	내용 범주	내 용		내 용
		0~1세 보육과정	2세 보육과정	3~5세 누리과정
예술 경험	아름다움 찾아보기	• 자연과 생활에서 아름다움을 느낀다.	• 자연과 생활에서 아름다움을 느끼고 즐긴다.	• 자연과 생활에서 아름다움을 느끼고 즐긴다.
		• 아름다움에 관심을 가진다.	• 아름다움에 관심을 갖고 찾아본다.	• 예술적 요소에 관심을 갖고 찾아본다.
	창의적으로 표현하기	• 소리와 리듬, 노래로 표현한다.	• 익숙한 노래와 리듬을 표현한다.	• 노래를 즐겨 부른다.
				• 신체, 사물, 악기로 간단한 소리와 리듬을 만들어 본다.
	예술 감상하기			• 다양한 예술을 감상하며 상상하기를 즐긴다.
				• 서로 다른 예술 표현을 존중한다.
				• 우리나라 전통 예술에 관심을 갖고 친숙해진다.

예술경험 영역에 제시된 내용을 음악교육 내용과 연결하여 생각해 볼 때 일단 음악적 탐색과 표현과 감상의 범주로 구분되어 있음을 알 수 있다. 즉 음악적 요소에 관심을 갖고 탐색하기, 노래를 즐겨 부르고 다양한 방법으로 리듬을 만들어 음악적으로 표현하기, 다양한 음악을 감상하고 존중하는 태도를 갖는 것이다.

먼저 『아름다움 찾아 보기』 내용 범주의 내용을 보면 0~1세는 음악적 아름다움에 관심 갖기로 제시되어 있으나, 2세에서는 음악적 아름다움에 대한 관심 뿐만 아니라 좀 더 적극적인 찾아보기로, 3~5세는 음악적 아름다움에서 좀 더 구체화 된 음악적 요소에 관심 갖고 찾아보기로 제시되어 있다.

『창의적으로 표현하기』 내용 범주의 내용에서는 0~1세의 경우는 소리, 리듬, 노래로 표현하기이고, 2세의 경우는 익숙한 노래와 리듬으로 표현하기로 내용이 좀 더 발전되었으며, 3~5세는 노래 즐겨 부르기, 다양한 방법으로 소리와 리듬 만들어 보기 등 더 적극적인 형태로 제시되어 있다.

마지막으로 『예술 감상하기』 내용 범주의 내용은 3~5세 연령에만 제시되어 있어 2세 이하 연령에서 다루는 것이 발달적 수준에 적절치 않음을 알 수 있다. 이처럼 범주별 내용에서 연령별 특성과 수준의 차이가 반영된 것은 유아들의 연령에 따라 어떤 내용을 어느 수준까지 다룰 수 있는지 일차적으로 판단할 수 있는 기초이다. 교사는 이를 기준으로 학급 또는 개별 유아들의 차이를 파악하고 융통성 있게 반영할 수 있을 것이다.

2) 음악 교육을 위한 범주 유형별 내용

음악교육의 범주 유형은 국가 수준의 교육과정 내용 범주에서와 같이 음악 요소에 대한 탐색, 음악적 표현, 음악감상으로 구분되며 각 범주 유형에 해당하는 내용을 토대로 구체적인 교육 내용을 고려할 수 있겠다. 먼저 음악 요소에 대한 탐색은 음, 리듬, 멜로디, 화음에 대한 탐색이고, 음악적 표현은 노래 부르기, 악기 연주, 자신의 경험에 기초한 노래 짓기, 악기 연주를 통한 창의적 표현이며,

음악 감상은 노래와 악기 연주에 대한 감상을 말한다.

음악적 요소는 발달적 적합성을 고려하여 필요에 따라 각각의 요소에 대한 탐색적 활동을 제공할 수도 있지만 일반적으로 음악적 표현과 감상 활동 과정에서 자연스럽게 통합적으로 연계하여 활동하게 된다.

다음 〈표 6-1〉은 음악교육 내용 범주의 유형별로 음악적 탐색과 표현과 감상으로 구분하여 각각에서 다룰 수 있는 내용을 제시한 것이다.

〈표 6-1〉 음악교육 범주별 유형과 내용

<table>
<tr><th>범주 유형</th><th colspan="3">내 용</th></tr>
<tr><td rowspan="10">음악적 요소 탐색하기</td><td rowspan="5">음(tone)</td><td>셈여림(intensity)</td><td>음의 강하고 약함</td></tr>
<tr><td>장단(duration)</td><td>음의 길고 짧음</td></tr>
<tr><td>고저(pitch)</td><td>음의 높고 낮음</td></tr>
<tr><td>음색(tone color)</td><td>음을 내는 재질에 따른 소리의 차이</td></tr>
<tr><td>음질(quality)</td><td>음의 선명한 정도</td></tr>
<tr><td rowspan="3">리듬(rhythm)</td><td>속도(tempo)</td><td>음악의 빠르기</td></tr>
<tr><td>박(beat)</td><td>규칙적인 강약의 반복</td></tr>
<tr><td>리듬패턴
(rhythm pattern)</td><td>길고 짧은 음의 묶음</td></tr>
<tr><td>멜로디
(melody)</td><td colspan="2">음의 고저와 장단이 일정 방식으로 조직되어 고유한 음높이와 흐름을 나타내는 것</td></tr>
<tr><td>화음(harmony)</td><td colspan="2">둘 이상의 음을 동시에 소리 내는 음악적 현상</td></tr>
<tr><td rowspan="3">음악으로 표현하기</td><td colspan="3">노래 부르기</td></tr>
<tr><td colspan="3">악기 연주하기</td></tr>
<tr><td colspan="3">음악 만들기</td></tr>
<tr><td>음악 감상하기</td><td colspan="3">노래 또는 악기 연주 감상하기</td></tr>
</table>

출처 : 김진희 외, 2020, p.78, 재구성

4. 음악교육을 위한 교수학습 방법

음악교육을 위한 교수학습은 기본적으로 개별적인 흥미와 수준을 고려하여 다양한 수준의 활동 유형을 경험할 수 있어야 한다. 음악교육에서 대표적인 노래 부르기, 악기 다루기(연주하기), 음악 감상하기를 위한 지도 방법을 살펴보면 다음과 같다(임부연 외, 2018).

1) 노래 부르기

노래 부르기 활동은 노래를 선정하는 것으로 시작하게 된다. 교사는 노래 선정 시 일차적으로 유아들의 관심과 흥미를 통해 도출된 현재 진행 중인 놀이주제와의 관련성을 고려하여야 한다. 또한 유아들이 좀 더 흥미 있게 즐기고 쉽게 부를 수 있으려면 노래의 구조에서 전체 멜로디의 가장 낮은 음과 높은 음의 간격이 5도 정도이고 리듬이나 노랫말에 반복이 있으며, 높은 음에서 낮은 음으로 내려가는 구조를 유념하여 선정할 필요가 있다.

새 노래 부르기 활동은 다음과 같은 진행 내용을 고려하여 운영한다.

(1) 정확한 육성으로 노래 들려주기

새 노래 배우기를 위해 유아들에게 처음 노래를 소개하는 단계에서는 교사가 육성으로 정확하게 노래 전체를 먼저 들려주어 유아들이 새로 배울 노래의 멜로디와 노랫말을 듣고 맛볼 수 있도록 한다.

(2) 한음 부르기

'라', '나'와 같이 발음하기 쉬운 음을 하나 정하여 한음 부르기를 하면서 멜로디를 익힌다.

(3) 나누어 부르기

교사와 유아, 유아들과 유아들이 노래의 부분 부분을 나누어 부른 후 노래 전체를 함께 부르며 점진적으로 노래의 멜로디와 노랫말을 익힐 수 있도록 한다. 유아와 교사가 나누어 부를 곳을 정할 때 노랫말이 간단하거나 반복적이어서 쉽게 기억하여 부를 수 있는 후렴구나 소절이 있는 부분을 유아가 하도록 배려하면 유아들이 멜로디를 즐겁게 익히는데 도움이 될 뿐만 아니라 글씨를 읽지 못하는 유아들도 어려움 없이 참여할 수 있다. 노래를 배우는 초기 단계에서 나누어 부르기를 할 때 교사는 유아가 부르기로 한 부분에서도 너무 크지 않은 소리로 같이 불러 노래가 익숙하지 않은 유아들에게 도움을 주도록 한다. 나누어 부르기는 새 노래를 배우는 과정에서 뿐만 아니라 노래가 익숙해진 후에도 다양하게 노래 부르기를 경험하기 위해서도 진행할 수 있다.

(4) 반주하기

교사가 반주를 할 경우 노래가 익숙하지 않은 단계에서는 유아들이 멜로디에 집중하며 음을 따라 갈 수 있도록 멜로디만 쳐주는 것이 좋다. 노래가 익숙해지면 멜로디를 듣고 따라가는데 방해되지 않을 정도의 간단한 반주로 유아들의 흥을 돋우어 주어 유아들이 더 큰 즐거움을 느끼면서 노래를 익힐 수 있도록 한다.

(5) 시간을 두고 반복하여 부르기

유아들은 새 노래를 한 번에 배우기 어려우므로 시간을 갖고 반복적으로 경험하는 것이 필요하다. 따라서 새노래 배우기 활동 후 노랫말 판이나 노래를 들을 수 있는 CD를 음률 영역에 제시하여 유아들이 개별적으로 반복하여 불러보기도 하고 학급의 유아들이 다 같이 모이는 시간 전, 후에 교사와 함께 부르며 서서히 익혀가도록 한다.

(6) 노래 부르기의 확장 활동

노래가 익숙해지면 노랫말을 부분적으로 바꾸어 보거나 노래에 들어있는 음악적 요소를 발견해 보는 등 확장된 활동을 할 수 있다.

2) 악기 다루기(연주하기)

악기 다루기는 유아들이 악기 연주를 위한 정확한 기술 습득이 목적이 아니라 다양한 악기를 통해 음악을 경험하고 느끼고 이해하기 위한 것이다. 다양한 재질로 만들어진 악기들은 독특한 음색과 서로 다른 음높이를 갖고 있어 노래 부르기에서보다 더 다양한 음악적 요소를 경험할 수 있다.

악기 다루기를 위해 유아들은 악기의 모양이나 음색, 연주 방법 등을 충분히 탐색할 수 있는 기회와 시간을 갖는 것이 필요하다. 악기는 유아의 대·소근육 조절 능력과 협응력 수준을 고려하며 난이도가 낮은 악기부터 제공하고 점차 정확한 소리를 위한 올바른 악기 연주 방법(두드리기, 흔들기, 치기, 부딪치기, 비비기, 긁기 등)을 익히도록 한다.

악기 다루기는 유아들이 쉽게 다룰 수 있고 음색과 리듬의 속도와 강약을 경험할 수 있는 신체 악기(발구르기, 손뼉치기, 입으로 소리내기 등)나 다양한 방법으로 소리 내는 리듬 악기가 많이 사용되고 있고, 멜로디 악기는 주로 실로폰과 피아노와 같은 건반악기가 사용된다. 악기 연주하기는 우선 각각의 악기가 갖고 있는 고유의 음색을 느끼고 탐색하는 과정을 먼저 경험하고 2세 전후에 자유롭게 연주하기를 시작으로 부분 연주하기, 분담하여 합주하기, 전체 합주하기 등 유아의 연령에 따라 적합한 수준을 고려하여 활동할 수 있다(강보라, 2022).

3) 음악 감상하기

음악 감상은 음악의 아름다움을 지각하고 민감하게 듣고 반응하며 의미를 이해하고 즐기는 행위이다. 음악 감상은 크게 수동적 감상과 능동적 감상으로 구분할 수 있다. 수동적 감상이란 감상이 목적이 아니므로 음악에 집중하여 듣는 것은 아니지만 낮잠 시간, 휴식 시간에 어울리는 음악을 들려주는 것처럼 특정 시간대에 분위기 조성을 위한 배경음악을 듣는 것이 이에 해당한다. 능동적 감상은 음악 감상을 목적으로 집중하여 들으며 감상하는 것으로 흔히 감상 후 느낌에 대해 이야기 해보거나 그림 그려보기, 신체 표현하기 등 다양한 활동들을 연계하게 된다.

음악 감상은 대부분 노래를 감상하거나 악기 연주를 감상하게 되는데 교사나 또래가 직접 부르는 노래나 악기 연주하는 것을 감상하기도 하고, 영상을 보거나 녹음된 것을 들으며 감상하기도 한다. 음악감상을 위한 곡을 선정할 때 유의할 점은 다음과 같다(신동주 외, 2021).

첫째, 다양한 장르, 문화적 배경의 곡을 선정하여 유아들이 다양한 느낌을 경험할 수 있도록 한다.

둘째, 음악의 구성요소가 명확하여 분명하게 구분할 수 있는 곡을 선정한다. 음의 빠르기, 셈여림, 높낮이가 대비되는 특징이 있거나 음색이 분명한 곡들이 유아가 감상하기에도 흥미롭고 곡에 담겨있는 음악적 개념을 이해하기에도 용이하다.

셋째, 스토리가 있거나 모습이나 행동이 묘사된 곡, 노랫말이 유머러스 한 곡과 같이 유아의 감각과 상상력을 자극할 수 있는 곡을 선정하여 감상하면 유아들이 흥미를 보이며 집중하고 상상하며 즐길 수 있다.

5. 음악교육 활동의 예

〈노래 부르기 활동의 예〉

<table>
<tr><th>주제</th><td colspan="4">겨울</td></tr>
<tr><th rowspan="2">활동
선정이유</th><td>관찰내용</td><td colspan="3">• 날씨의 변화로 유아들의 생활 모습도 달라지면서 겨울이라는 주제를 운영 중임
• 밤새 내린 눈이 쌓여 있어 유아들이 실외놀이 시간에 눈을 이용하여 다양하게 놀이함
• 00가 눈사람을 만들자 다른 유아들도 눈사람 만들기를 하였고 큰 눈사람을 만들고 싶은 유아들은 다양한 방법으로 눈사람을 만들기도 함
• 유아들이 만든 눈사람을 두고 교실로 들어오면서 다음 바깥 놀이 시간에 눈사람을 어떻게 꾸밀지 생각해보기로 함</td></tr>
<tr><td>지원내용</td><td colspan="3">• 많은 유아들이 눈사람을 만들고 꾸미기에 관심을 갖고 흥미롭게 활동하는 상황과 연계하여 새노래로 '멋진 눈사람'을 배우기로 함
• 유아들은 노랫말을 통해 눈사람을 만들고 꾸미는 것을 더 다양하게 생각해 보기도 하고, 눈으로 할 수 있는 다양한 놀이에 대해 자연스럽게 관심을 가질 수 있을 것임</td></tr>
<tr><th>활동명</th><td colspan="2">멋진 눈사람</td><th>대상 연령</th><td>5세</td></tr>
<tr><th>활동 유형
(집단형태)</th><td colspan="4">새노래 배우기(대집단)</td></tr>
<tr><th>교육목표</th><td colspan="4">• 눈의 특성을 안다.
• 겨울철 놀이를 즐길 수 있다.
• 다양한 방법으로 노래 부르기에 관심을 갖는다.</td></tr>
<tr><th>19 개정
누리과정
관련요소</th><td colspan="4">• 예술경험: 창의적으로 표현하기 - 노래를 즐겨 부른다.
• 자연탐구: 자연과 더불어 살기 - 날씨와 계절의 변화를 생활과 관련짓는다.</td></tr>
<tr><th>교과
교육내용</th><td colspan="4">음악교육 내용 영역–음악으로 표현하기–노래 부르기</td></tr>
<tr><th>수업자료</th><td colspan="4">• 멋진 눈사람 노랫말 판, 융판 자료(눈사람, 눈, 눈썹, 코, 입, 모자, 안경, 외투, 장갑)</td></tr>
</table>

구분	활 동 내 용	자료 및 교사지원
도입	ㅇ동요 가사를 이야기로 꾸며 들려준다. 눈을 데굴데굴 굴리다가 두 덩이를 붙였어요. "우리 눈사람을 만들어볼까?", "좋아 좋아", "우리 눈사람 얼굴에 눈썹, 눈, 코, 입도 붙여주자.", "안경을 끼면 더 멋질 것 같아.", "그래 그래", "추우니까 외투도 입혀야 겠네", "우리 처럼 모자랑 장갑도 끼워 줄까?" 와, 멋진 눈사람이 되었네.	• 융판자료: 눈사람, 눈, 눈썹, 코, 입, 안경, 외투, 모자, 장갑 • 이야기를 통해 노래 가사에 관심을 갖도록 한다.
전개	ㅇ'멋진 눈사람' 노래를 소개한다. • 방금 들었던 이야기가 있는 노래가 있어. (노랫말 판을 보여주며) 제목은 '멋진 눈사람'이야. 어떤 노래인지 같이 볼까? • (가사를 읽어준다.) ㅇ'멋진 눈사람' 노래를 다양한 방법으로 불러본다. ① 교사가 반주 없이 정확한 음으로 노래를 불러 들려 준다. ② 한 단어로 노래를 부르며 멜로디를 익힌다. • 친구들 '랄랄라'로 노래를 불러볼까요? • 또 어떤 말로 불러볼까요? ③ 교사와 유아가 한 줄씩 나누어 불러본다. • 친구들은 빨간색으로 된 부분을 불러보고, 선생님은 검정색으로 된 부분을 불러보자. ④ 두 집단으로 나누어 불러본다. 의자에 앉은 친구들은 검정색 부분을 불러볼까? 바닥에 앉은 친구들은 빨간색 부분을 불러보자.. 이번엔 서로 바꾸어서 불러볼까? ⑤ 다 함께 불러본다. * 동요 〈멋진 눈사람〉 작사/작곡: 김방옥 눈을 굴려서 눈을 굴려서 눈사람을 만들자 눈을 굴려서 눈을 굴려서 눈사람을 만들자 눈썹 눈 코 입 예쁜 얼굴이 됐네 모자 안경 외투 장갑 멋진 눈사람이 됐네	• 자료: '멋진 눈사람' 노랫말 판 • 노래를 익히기 위한 충분한 시간을 제공한다. • 교사와 유아가 나누어 부를 때 유아가 더 쉽게 따라 할 수 있는 가사나 멜로디를 고려한다. • 노랫말에 해당하는 작은 그림을 그려주어 글을 모르는 유아도 어렵지 않게 따라 부를 수 있도록 한다.

<table>
<tr><td rowspan="1">마무리</td><td colspan="2">ㅇ새 노래 배우기 활동에 대해 이야기 나누고 평가한다.
눈사람을 어떻게 꾸며 주었다고 했지?
노래를 배우면서 무엇이 재미있었니?
노래를 부르면서 어려운 점은 없었니?
ㅇ활동을 마무리하고 다음 활동에 대해 안내한다.
• 노랫말 판과 융판 자료를 음률 영역에 둘테니 더 불러 보고 싶은 친구들은 불러보도록 하자
• 이제 바깥 놀이 나갈 시간이죠? 어제 만들어 둔 눈사람을 멋지게 꾸며봅시다.</td><td>• 대집단 활동 이후 다음 시간으로 이동하기 위해 준비할 유아들이 혼잡한 상황에 있지 않도록 4,5명 정도의 유아를 한명 씩 이름을 불러준다.
• 상황에 따라 혼잡을 피하기 위해 손유희를 하는 등 간격을 두고 다음 유아들을 불러주며 시간을 조절한다.</td></tr>
<tr><td rowspan="2">평가</td><td>유아평가</td><td colspan="2">눈의 특성을 아는가?
겨울철에 즐길 수 있는 놀이를 아는가?
다양한 방법으로 노래 부르기에 관심을 갖는가?</td></tr>
<tr><td>교사평가</td><td colspan="2">수업자료의 제작이 적절한가?
유아들이 새로운 노래를 점진적으로 익혀나갈 수 있도록 지원하였나?</td></tr>
<tr><td>향후 지원계획</td><td colspan="3">ㅇ노래의 멜로디와 가사가 익숙해지면 유아들과 다양하게 노랫말 바꾸기를 하면서 유아들이 창의적으로 노랫말을 재구성해보는 기회를 가질 것임
• 눈사람 만드는 방법과 꾸미기에 해당하는 노랫말 바꾸어 보기
(굴려서, 모자/안경/외투/장갑)
• 눈사람 만들기 외에 눈으로 할 수 있는 놀이로 바꾸어 보기
ㅇ눈사람 만들기 외에 눈으로 할 수 있는 놀이로 노랫말을 바꾸어 보면 면서 눈을 이용한 겨울 놀이에 대해서도 함께 생각해 보고자 함</td></tr>
</table>

<멋진 눈사람>

눈을 굴려서 눈을 굴려서
눈사람( )을 만들자
눈을 굴려서 눈을 굴려서
눈사람( )을 만들자
눈썹( )눈( ) 코( )입( )
예쁜 얼굴( )이 됐네
모자( )안경( )외투( )장갑( )
멋진 눈사람( )이 됐네

〈 악기 연주하기 활동의 예 〉

<table>
<tr><th>주제</th><td colspan="4">생활에 필요한 도구들</td></tr>
<tr><th rowspan="2">활동
선정이유</th><td>관찰내용</td><td colspan="3">• 생활에 필요한 도구를 주제로 활동하는 중에 동요 '시계'를 배움
• 음률 영역에서 유아들이 '시계' 노래를 부르며 노랫말 중 똑딱 똑딱이라는 가사 부분에서 입으로 소리를 내며 흥미로워함</td></tr>
<tr><td>지원내용</td><td colspan="3">• '시계' 동요를 악기로 연주하기 위한 그림 악보를 만들어 제공하고자 함</td></tr>
<tr><th>활동명</th><td colspan="2">시계(나운영 작곡)</td><th>대상 연령</th><td>4세</td></tr>
<tr><th>활동 유형
(집단형태)</th><td colspan="4">악기 연주(대집단)</td></tr>
<tr><th>교육목표</th><td colspan="4">• 함께 노래하고 연주하는 즐거움을 안다.
• 약속한 방법으로 악기를 연주할 수 있다.
• 악기의 음색에 관심을 갖는다.</td></tr>
<tr><th>19 개정
누리과정
관련요소</th><td colspan="4">• 예술경험: 창의적으로 표현하기–노래를 즐겨 부른다.
• 예술경험: 창의적으로 표현하기–신체, 사물, 악기로 간단한 소리와 리듬을 만들어 본다.</td></tr>
<tr><th>교과
교육내용</th><td colspan="4">음악으로 표현하기–악기 연주하기</td></tr>
<tr><th>수업자료</th><td colspan="4">악기 연주를 위한 그림 악보</td></tr>
<tr><th>구분</th><td colspan="3">활 동 내 용</td><td>자료 및 교사지원</td></tr>
<tr><th>도입</th><td colspan="3">o '시계' 동요 노래를 부르며 악기를 함께 연주해 볼 것을 제안한다.</td><td></td></tr>
<tr><th>전개</th><td colspan="3">o '똑딱 똑딱' 노랫말에 투톤 블록이 그려진 그림 악보를 소개한다.
• 여기 어떤 악기가 보이니?
• 그럼 이 악기가 그려진 곳은 어떻게 하면 좋을까?
o 투톤 블록을 나누어 가진다.
• 시계 노래를 부르면서 악기를 함께 연주해 보자
• 악기가 그려진 곳에서는 투톤 블록으로만 소리를 내볼까?</td><td></td></tr>
</table>

<table>
<tr><td>전개</td><td colspan="2">○투톤 블록 말고 어떤 악기로 연주하면 재미있을까?
• 유아들이 제안한 악기로 연주해 본다.
• '똑딱 똑딱'이 3번 반복되므로 3가지 서로 다른 악기로 한번씩 노래와 함께 연주해 본다.
○3종류의 악기를 한 집단 씩 나누어 연주해 본다.
• 처음에 나오는 '똑딱 똑딱'은 어떤 악기로 소리내볼까?
• 두번째 '똑딱 똑딱'은 어떤 악기로 할까?
• 세번째 '똑딱 똑딱'은 어떤 악기로 할까?
• 악기 순서를 바꾸어 해볼까?
○악기로 연주할 다른 부분과 새로운 악기에 대해 의논해 본다.
• 또 어느 부분을 악기로 연주해 보면 좋겠니?
• 어떤 악기로 하면 좋을까?</td><td>• 노랫말 판에 악기 그림을 떼었다 붙였다 할 수 있게 제작한다.</td></tr>
<tr><td>마무리</td><td colspan="2">○활동을 평가하고 마무리 한다.
• 노래를 부르며 악기를 연주해 보니 어떠니?
• 어떻게 연주하는 것이 제일 재미있게 들렸니?</td><td></td></tr>
<tr><td rowspan="2">평가</td><td>유아평가</td><td colspan="2">• 함께 노래하고 연주하는 즐거움을 아는가?
• 약속한 방법으로 악기를 연주할 수 있는가?
• 악기의 음색에 관심을 갖는가?</td></tr>
<tr><td>교사평가</td><td colspan="2">• 악기가 갖고 있는 음색에 집중할 수 있도록 하였는가?
• 악기 연주를 위한 그림 악보는 유아가 이해하는데 어려움은 없었나?</td></tr>
<tr><td>향후 지원계획</td><td colspan="3">• 음률 영역에서 개별 또는 소집단으로 활동할 수 있도록 지원할 것임
• 약속한 방법으로 연주하는 것이 익숙해지면 개별 또는 소집단으로 원하는 악기로 원하는 곳을 자유롭게 연주해보도록 격려할 것임</td></tr>
</table>

〈 음악 감상하기 활동의 예 〉

<table>
<tr><th>주제</th><td colspan="3">친구들과 잘 지내려면</td></tr>
<tr><th rowspan="2">활동
선정이유</th><td>관찰내용</td><td colspan="2">• 친구들에게 이야기하거나 놀이하면서 필요 이상 큰 소리를 내면서 불편해 하는 친구들이 화를 내는 상황이 종종 발생함</td></tr>
<tr><td>지원내용</td><td colspan="2">• 유아들이 큰소리와 작은 소리의 차이를 알고 생활 속에서 적절하게 조절해야 한다는 것을 이해할 필요가 있다고 생각함
• 이를 위해 유아들이 크고 작은 소리에 좀 더 집중할 수 있는 음악 감상 활동을 지원하고자 함</td></tr>
<tr><th>활동명</th><td colspan="2">큰소리, 작은 소리</td><th>대상 연령</th><td>5세</td></tr>
<tr><th>활동 유형
(집단형태)</th><td colspan="3">음악 감상하기(대집단)</td></tr>
<tr><th>교육목표</th><td colspan="3">• 소리의 크기에 따라 느낌이 다름을 안다.
• 소리의 크기를 몸으로 표현하는 것에 관심을 갖는다.
• 생활 속에서 소리의 크기를 적절하게 조절할 수 있다.</td></tr>
<tr><th>19 개정
누리과정
관련요소</th><td colspan="3">• 예술경험: 표현하기-신체, 사물, 악기로 간단한 소리와 리듬을 만들어 본다.
• 예술경험: 예술감상하기-다양한 예술을 감상하며 상상하기를 즐긴다.
• 사회관계: 더불어 생활하기-친구와 어른께 예의바르게 행동한다.</td></tr>
</table>

교과 교육내용	음악 감상하기-음악적 요소-톤-셈여림	
수업자료	하이든 놀람 교향곡 2장	
구분	활 동 내 용	자료 및 교사지원
도입	ㅇ음악을 함께 들을 것과 감상할 곡에 대해 안내 한다. • 오늘 선생님이 음악을 하나 준비 해 왔어 • 제목은 놀람 교향곡이라고 해 • 왜 제목에 놀람이라는 말을 사용했을까?	
전개	ㅇ음악을 들려준다. • 어떤 음악이 연주되는지 잘 들어보자 ㅇ음악을 다시 들으며 큰 소리인지 작은 소리인지를 구분하여 신체로 표현해 본다. • 큰 소리로 연주되는 곳은 어떻게 하면 좋을까? • 작은 소리로 연주되는 곳은 어떻게 하면 좋을까? · 손뼉 작게 치기, 손뼉 크게 치기, 작은 소리로 발구르기, 큰 소리로 발구르기 등 ㅇ음악을 감상한 느낌에 대해 이야기 한다. • 이 음악을 들으면서 무엇 때문에 놀라웠니? • 큰 소리로 연주되는 것을 들으면서 어떤 느낌이 들었니? • 작은 소리로 연주되는 것을 들으면서 어떤 느낌이 들었니? • 이 음악은 하이든이라고 하는 아주 유명한 음악가가 만든 곡이야 하이든은 왜 이런 음악을 만들었을까?	• 소리 크기에 대한 신체 표현 시 유아의 다양한 반응을 수용한다.
마무리	ㅇ활동을 평가하고 마무리 한다. • 음악가는 듣는 사람들이 즐겁게 큰 소리와 작은 소리로 연주할 수 있게 음악을 만드는구나 • 그런데 우리 교실에서는 어떤 소리가 많이 들리지? • 우리가 말할 때 너무 큰 소리로 말하면 어떤 일이 생길까? • 우리가 놀이하면서 너무 큰 소리를 내며 놀이하면 어떤 일이 생길까?	

<table>
<tr><td rowspan="2">평가</td><td>유아평가</td><td>• 소리의 크기에 따라 느낌이 다름을 안다.
• 소리의 크기를 몸으로 표현하는 것에 관심을 갖는다.
• 생활 속에서 소리의 크기를 적절하게 조절할 수 있다.</td></tr>
<tr><td>교사평가</td><td>• 유아들이 생활속에서 목소리를 조절하여 사용하는 것의 필요성을 잘 이해할 수 있도록 상호작용이 적절하였는가?</td></tr>
<tr><td>향후 지원계획</td><td colspan="2">• 일차적으로 음악과 달리 생활 속에서는 소리의 크기를 적절하게 조절해야 할 필요성을 이해하였다면
• 어떤 상황에서 큰소리를 사용하면 좋을지 작은 소리를 사용하는 것이 좋을지 이야기 나누기 활동을 통해 좀 더 심화된 이해를 돕고 생활 속에서 실천할 수 있도록 지원하고자 함</td></tr>
</table>

작은 소리로 손뼉치기

큰 소리로 손뼉치기

작은 소리로 발 구르기

큰 소리로 발 구르기

CHAPTER 07

미술교육

1. 미술교육의 개념

미술교육은 유아들이 주변의 인물, 사물, 자연환경 속에서 감각적으로 아름다움을 느끼고 탐색하며, 미적 탐색 과정에서 느끼고 생각한 것 또는 자신의 정서적 내면 상태를 표현하고, 자연, 사물, 예술작품 등 미적 대상을 감상하면서 미적 생활을 즐기고 누리는 일련의 총체적 활동이다. 그러므로 유아를 위한 미술교육은 그리거나 만드는 표현 활동에 국한된 것이 아니라 미적 탐색과 미적 표현과 미적 감상을 모두 포함하여 상호 균형을 꾀하는 교육이다.

2. 미술교육의 목적 및 목표

미술교육의 목적은 미적으로 지각할 수 있는 능력을 갖고 미적 경험을 창의적으로 표현하는 경험을 하며 미적 대상을 감상하거나 자신의 생활 속에서 미술을 활용하는 것이다. 국가 수준의 교육과정 중 미술교육 관련 영역인 예술경험 영역에 제시된 목표는 다음과 같다(교육부, 2019; 보건복지부, 2020).

	표준보육과정		2019 개정 누리과정
영역	0~1세 보육과정 목표	2세 보육과정 목표	3~5세 누리과정 목표
예술 경험	아름다움을 느끼고 경험한다.	아름다움을 느끼고 즐긴다.	아름다움과 예술에 관심을 가지고 창의적 표현을 즐긴다.
	1) 자연과 생활에서 아름다움에 관심을 가진다.	1) 자연과 생활에서 아름다움을 느끼고 관심을 가진다.	1) 자연과 생활 및 예술에서 아름다움을 느낀다.
	2) 예술적 경험을 표현한다.	2) 예술을 통해 자유롭게 표현한다.	2) 예술을 통해 창의적으로 표현하는 과정을 즐긴다.
			3) 다양한 예술 표현을 존중한다.

예술 경험 영역에 제시된 목표를 미술교육과 연결 지어 생각해보면 0~1세는 아름다움에 관심을 갖고 그 경험을 표현하는 수준으로, 2세의 경우는 아름다움에 대한 관심뿐만 아니라 아름다움을 느끼고 자유롭게 표현하는 수준으로 제시되어 있다. 반면 3~5세의 경우는 창의적 표현을 즐기며 다양한 미술표현을 존중할 줄 아는 것도 포함하고 있고 다양한 표현에 대한 존중은 3~5세에서만 제시되어 있어 연령별 목표 수준의 차이를 살필 수 있다.

3. 미술교육의 내용

1) 국가 수준 교육과정에서의 미술교육 내용

미술교육 교과는 국가 수준의 교육과정 내용 중 예술 경험 영역과 관련된 교과이다. 0~1세와 2세를 위한 내용은 표준보육과정에 제시된 『아름다움 찾아보기』, 『창의적으로 표현하기』의 2개 내용 범주에서, 3~5세를 위한 내용은 『아름다움 찾아보기』, 『창의적으로 표현하기』, 『예술 감상하기』의 3개 내용 범주에서 찾아볼 수 있다(교육부, 2019; 보건복지부, 2020).

<table>
<tr><th rowspan="2">영역</th><th rowspan="2">내용 범주</th><th colspan="2">내용</th><th>내용</th></tr>
<tr><th>0~1세 보육과정</th><th>2세 보육과정</th><th>3~5세 누리과정</th></tr>
<tr><td rowspan="7">예술 경험</td><td rowspan="2">아름다움 찾아보기</td><td>• 자연과 생활에서 아름다움을 느낀다.</td><td>• 자연과 생활에서 아름다움을 느끼고 즐긴다.</td><td>• 자연과 생활에서 아름다움을 느끼고 즐긴다.</td></tr>
<tr><td>• 아름다움에 관심을 가진다.</td><td>• 아름다움에 관심을 갖고 찾아본다.</td><td>• 예술적 요소에 관심을 갖고 찾아본다.</td></tr>
<tr><td>창의적으로 표현하기</td><td>• 감각을 통해 미술을 경험한다.</td><td>• 미술 재료와 도구로 표현해 본다.</td><td>• 다양한 미술 재료와 도구로 자신의 생각과 느낌을 표현한다.</td></tr>
<tr><td rowspan="3">예술 감상하기</td><td></td><td></td><td>• 다양한 예술을 감상하며 상상하기를 즐긴다.</td></tr>
<tr><td></td><td></td><td>• 서로 다른 예술 표현을 존중한다.</td></tr>
<tr><td></td><td></td><td>• 우리나라 전통 예술에 관심을 갖고 친숙해진다.</td></tr>
</table>

예술 경험 영역에 제시된 내용 범주와 내용을 미술교육 내용과 연결하여 보면 먼저 『아름다움 찾아보기』 내용 범주의 내용에서 0~1세는 아름다움을 느끼고 관심갖기, 2세는 아름다움을 느끼고 즐기며 찾아보기, 3~5세는 아름다움을 느끼고 즐기며 미적 요소에 관심을 갖고 탐색하는 것으로 내용 수준이 지속적으로 상향되고 있음을 알 수 있다. 다음 『창의적으로 표현하기』 내용 범주에 제시된 내용을 보면 0~1세는 감각적인 미술 경험, 2세는 미술 재료와 도구를 이용한 표현, 3~5세 에서는 다양한 미술 재료와 도구를 이용하여 자신의 생각과 느낌을 표현하는 것으로 발전되어 있다. 『예술 감상하기』 내용 범주는 3~5세에서만 제시된 것으로 다양한 미술작품을 감상하고 서로 다른 미술적 표현을 존중하며 전통 미술에 관심을 갖고 친숙해지는 것을 내용으로 한다. 이를 통해 교사는 연령에 따라 다루기에 적합한 일반적 발달 수준과 내용의 범위를 판단할 수 있으며, 학급 유아들의 보편적 발달 수준과 개별 유아들의 발달적 수준 차이를 융통성있게 반영할 수 있을 것이다.

2) 미술교육을 위한 범주별 교육 내용

미술교육의 내용 체계는 미적 탐색, 미적 표현, 미적 감상으로 범주를 나누어 볼 수 있다. 각각의 내용에 대한 이해는 미술교육을 위한 내용으로 무엇을 다룰 수 있는지 보다 더 구체적으로 알 수 있으므로 범주별 내용을 살펴보고자 한다.

(1) 미적 탐색

미적 탐색은 유아들이 감각적으로 자연과 생활과 작품을 직접 경험하면서 아름다움에 관심을 갖고, 미적 요소나 원리를 찾아보며 느끼고 즐기는 것, 미술표현의 가능성을 탐색하기 위해 표현을 위한 주제와 기법에 대해 생각해 보거나, 표현을 위해 사용할 재료 및 도구의 기능과 특성을 탐색하는 것을 말한다. 유아시기에는 다양한 감각적 경험을 통해 주변을 알아가는 특성상 미적 요소에 대한 탐색 또한 감각을 통해 이루어진다.

유아들은 주변 세계에 관심을 갖고 자극에 민감하게 반응하면서 대상이 갖는 아름다움과 미적 특성을 지각할 수 있어야 한다. 유아들은 다양하고 풍부한 감각적 경험을 하며 감각을 활성화하고 미적 탐색을 통해 미적 요소를 이해하여 미적 표현에 활용할 수 있어야 한다. 이에 미적 탐색을 위한 교육 내용은 유아들의 감각을 활성화하고 미적 요소를 인식하고 구별할 수 있는 능력을 도모할 수 있는 내용이라 하겠다.

미적 요소는 예술작품 제작에 활용하는 기본 요소들로 (점)선, 형, 색, 명암, 질감, 공간이 있으며, 미적 원리는 미적 요소를 조직하는 방법으로 균형, 강조, 비례, 움직임, 리듬/반복/패턴, 조화와 통일이 있다. 미적 요소나 미적 원리는 모든 자연환경과 사물에서 발견할 수 있는 것으로 교사는 유아들의 감각적인 탐색 능력의 발달을 도와 사물과 자연에 내재해 있는 미적 요소와 원리에 대해 유아들이 민감하게 반응하고 발견하며 인식할 수 있도록 지원하여야 한다(이정욱 외, 2021).

이를 위해 교사는 예민한 미적 감수성을 바탕으로 미적 요소 및 원리에 대한 충분한 이해를 갖고 유아들의 미적 감각 발달과 미적 감수성 함양에 도움을 줄 수 있어야 한다. 그러나 미적 요소와 원리는 유아들에게 직접적으로 가르칠 수 있는 것이 아니므로 유아들이 생활 속에서 자연스러운 상황으로 경험하며 인식하는 것이 바람직하다. 또한 유아들이 이해할 수 있는 수준에서 활용하여야 하며 지나치게 강조하지 않도록 유의해야 할 것이다.

미적 요소 및 원리의 내용은 다음과 같다.

〈표 7-1〉 미적 요소

미적 요소	하위 요소
선 (점의 연속)	• 길이: 긴 선, 짧은 선 • 굵기: 굵은 선, 가는 선 • 방향: 수직선, 수평선, 사선 • 강도: 진한 선, 연한 선 • 느낌: 부드러운 선, 거친 선, 움직이는 선 • 관계: 겹친 선, 분리된 선
형 (물체의 윤곽)	• 크기: 크다, 작다 • 명칭: · 기하 모양: 동그라미, 세모, 네모 등/ 원기둥, 사면체, 삼면체 등 · 비 기하 모양: 나뭇잎 모양, 구름 모양 등 · 직선형: 직사각형, 삼각형 등 · 곡선형: 원형, 타원형 등 • 개방 유무: 열린 모양, 닫힌 모양 • 느낌: 부드러운, 딱딱한 • 관계: ~의 위, ~의 아래, ~의 옆
색 (빛의흡수와반사의 결과로 나타나는 현상)	• 색의 종류 · 삼원색: 빨강, 파랑, 노랑 · 2차색: 주황, 보라, 초록 • 명도: 밝은색, 어두운색 • 채도: 맑은 색, 탁한 색 • 느낌 · 온도감: 따듯한 색, 차가운 색 · 무게감: 무거운 색, 가벼운색

명암 (밝고 어두움)	• 느낌 · 밝음: 가벼움, 명확함 · 어두움: 무거움, 불분명함
질감 (재질 또는 화면 대상의 느낌)	• 실제적 질감: 실물을 만져본 느낌 • 시각적 질감: 창조된 질감에 대한 시각적 느낌 부드럽다, 거칠다, 딱딱하다, 말랑말랑하다, 미끌미끌하다, 까칠까칠하다 등
공간 (형들 간의 거리)	• 위치: ~의 위, ~의 아래, 가운데, 구석, 멀리, 가까이 • 경계: ~안, ~밖 • 느낌: 답답함, 시원함, 무거운, 가벼운

〈표 7-2〉 **미적 원리**

미적 원리	내용
균형	• 시각적, 정서적으로 안정감을 주는 무게감 • 대칭적 균형, 비대칭적 균형
강조	• 보여주고자 하는 것을 강조하여 두드러져 보이게 함 • 색, 명암, 크기, 질감 등으로 효과를 줌
비례	• 부분과 부분의 관계 • 실제적 비율, 과장된 비율
움직임	• 사람이나 동물의 움직임의 표현 • 대각선 사용, 강조 등으로 나타냄
리듬/반복/패턴	• 일정한 간격으로 반복되는 규칙적이고 조화로운 패턴 • 장식적 효과, 질서를 보여줌
조화와 통일	• 미적 요소들간의 상호관계 • 모양, 색, 질감, 재료, 기법 등을 이용한 조화로움 또는 통일감

유아들은 미적 요소나 원리를 직관적으로 사용하기도 하지만 이에 대한 개념을 형성하고 이해를 갖게 되면 미적 판단에 있어 객관적 기준에 대한 관심이 커지면서 미적 감각을 발달시켜 나가게 된다. 교사는 동식물과 같은 자연물이나 신발, 우산, 옷과 같이 유아들이 실제 사용하는 물건들, 미적 요소 또는 미적 원리에 대한 탐색을 목적으로 제작한 교구, 예술품이나 유아들의 작품 등 유아의 일상과 놀이에서 다양한 미적 요소들을 감각적으로 탐색해 볼 수 있는 경험을 제공할 수 있다.

2) 미적 표현

미적 표현은 유아들이 경험하고 느끼고 생각한 것들을 미적 요소를 사용하여 시각적 이미지를 만들어 내는 것을 말한다. 표현하기에서 유아들은 결과물을 만들어 내는 것보다 표현하는 과정을 더 즐길 수 있어야 하고 미술표현을 위한 선택과 결정도 유아가 주도적으로 할 수 있어야 한다. 교사는 유아의 풍부한 미술적 표현을 돕기 위해 다양한 미술 재료와 도구를 다루는 방법과 기술을 경험할 수 있는 기회를 제공하여야 한다.

미적 표현은 감각적으로 경험하고 발견한 미적 요소를 적용할 수 있는 능력이 요구되므로 교사는 유아들의 발달 수준에 따라 다양한 평면 활동과 입체구성 활동을 제공하여 유아들의 표현 경험의 폭을 넓혀 나갈 수 있도록 지원할 필요가 있다. 나아가 지지적이고 수용적인 환경을 조성하고 다양한 자료를 제공하여 풍부한 경험을 표현 활동으로 연계할 수 있도록 해야 한다. 표현 활동의 유형별 내용을 살펴보면 다음과 같다.

〈표 7-3〉 표현을 위한 활동 유형과 내용

유형	내용
그리기	다양한 재료와 도구를 활용한 그리기
찢고 자르고 붙이기	다양한 재질의 종이를 찢거나 잘라 구성하기
판화	평판화, 오목판화, 볼목판화, 공판화
입체물 구성하기	폐품(상자, 용기 등)이나 찰흙 등을 이용한 입체물(환조/부조)구성하기, 설치미술, 모빌만들기
디지털 미디어 활용하기	그리기 프로그램 및 디지털 카메라 등을 활용한 활동

3) 미적 감상

미적 감상은 유아가 주변의 자연과 사물 또는 예술가, 자신, 또래 작품의 아름다움을 인식하고 이해하며 즐기는 것을 말한다. 감상은 감상하는 대상에서 미적 요소를 찾아 보고 아름다움을 느끼며 아름다움의 이유도 생각해 보는 것이다. 감상 능력 향상을 위해 유아는 일차적으로 주변 세계의 아름다움과 작품에 많이 노출되어야 하고 점차 감상 대상의 미적 특성에 반응할 수 있는 기회를 풍부히 가져야 한다. 유아를 위한 감상하기의 유형은 토론법과 비교감상법, 제작법이 있고 이외에도 명화 퍼즐, 감상물에 기반한 이야기 짓기, 감상의 내용을 몸으로 표현해 보는 동작 활동 등이 있다. 교사는 유아의 발달 수준과 감상을 위한 대상의 특성 및 상황 등을 고려하여 적절한 감상 유형을 사용하면서 유아들이 다양하게 경험할 수 있도록 한다.

감상 유형 중 토론법은 Feldman의 미술비평 모델에 기초한 것이다. 이는 매우 체계적이고 논리적인 접근법이나 감상의 단계를 순서적으로 지키며 진행해야 하는 위계성으로 유아들에게는 매우 구조적인 접근이다. 그러나 유아들과 감상 활동 시 어떤 내용을 어떻게 다루어야 하는가에 대한 전략을 시사 받을 수 있어 감상에 어려움이 있는 교사도 쉽게 접근할 수 있으므로 활용도가 높다. 그러나 교사는 토론법을 감상 전략의 하나로 숙지하고 감상을 위한 틀로 이용하더라도 유아에게 적합한 내용으로 융통성 있게 운영해야 함을 유의하여야 한다. 즉 유아에게 이 모델을 적용할 경우 교사는 단계별 순서를 엄격히 따라가기보다 유아들의 반응에 중심을 두고, 감상하는 작품에서 한, 두 가지라도 유아들에게 의미 있는 요소에 집중하며, 유아들이 직관적으로 자유롭게 생각하고 반응하는 것을 더 의미 있게 생각하여야 하는 것이다.

유아의 감상 능력은 부분적인 감상에서 전체적인 감상으로 발달 되고 표현 능력의 발달과도 밀접한 관계가 있어 긁적거리는 단계의 유아들이 오히려 추상화를 부담 없이 받아들일 수 있다. 또한 유아들은 사실적인 작품보다 단순한 형태와 선명한 색상으로 표현된 작품, 단순하면서 장식적으로 표현된 작품을 더 선호하는 경향이 있다. 교사는 유아들과 감상하기 위한 작품 선정 시 내용의 단순성, 색상의 선명함, 강한 대비, 일상적 경험과의 관련성 등을 고려할 필요가 있다.

〈표 7-4〉는 다양한 감상활동 유형과 내용을 정리한 것이다(이원영, 임경애, 김정미, 강유진, 2019; 이정욱 외, 2021; Feldman, 1993).

〈표 7-4〉 유형별 감상법

유형	내용
토론법 (Feldman의 미술 비평 모델)	1단계 기술하기 • 감상물(작품)에서 볼 수 있는 것들에 대해 이야기하기 (묘사된 것들을 살피며 모두 나열해 보기) "이 그림에는 무엇 무엇이 그려져 있니?" "다시 자세히 보자 무엇이 보이니?" 2단계 분석하기 • 미적 요소 및 미적 원리를 찾아보고 무엇이 어떻게 표현되었는지 이야기 하기 *미적요소: 선, 모양, 색, 명암, 질감, 공간 *미적원리: 균형, 강조, 비례, 움직임, 리듬/반복/패턴, 조화/통일 "그림에서 가장 긴 선은 어디에 그려져 있니?" "어떤 모양이 보이니?" "가장 많이 보이는 색은 무슨 색이니?" "그림에서 가장 밝은 곳은 어디니?" "우리가 만져본다면 어떤 느낌일까?" "이 그림에 그려진 것들이 반듯해 보이니 기울어 보이니?" "특별히 눈에 띄는 것이 있니?" "이 그림 속 00가 멈춘 것 같니 움직이는 것 같니?" "계속 반복되는 모양이 있니?" 3단계 해석하기 • 감상물(작품)에 담겨있는 의미, 일상생활과의 관계 등 작가의 의도 등 작가의 관점에서 감상물과 관련된 내용을 생각해보거나 감상물(작품)에 대한 유아의 생각이나 느낌 등에 대해 이야기하기 "이 그림은 무엇을 그린 것 같니?" "왜 그런 생각을 했니?" "이 그림을 그린 화가는 왜 이렇게 그렸을까?" 4단계 판단하기 • 이전 단계에서 이야기 된 사실들에 입각하여 작품의 가치에 대해 이야기 하기 "이 그림이 마음에 드니?" "또 보고 싶을까?" "이 그림을 갖는다면 어디에 걸어두고 싶니?" "왜 사람들은 이 작품을 훌륭하다고 했을까?"

비교 감상법	• 토론법을 기반으로 같은 주제에서 표현기법이나 내용이 서로 다른 작품을 대비하여 비교하면서 각각의 작품 특성을 찾아내기
제작법	• 모방하기 · 감상물(작품)을 그대로 모방하여 제작하기 감상물(작품)을 세심하게 관찰하며 그대로 표현하기 감상물(작품)의 복사물 위에 표현하기 • 변형하기 · 감상물(작품)의 표현 내용의 부분 또는 전체를 변형하여 표현하기 기법, 색, 선, 형의 크기, 형의 위치 등에서 부분 변형하기 기법, 색, 선, 형의 크기, 형의 위치 등에서 전체 변형하기
기타	• 감상물(작품)에 대한 이야기 꾸미기 • 명화 퍼즐 • 감상물(작품)보고 몸으로 표현하기

4. 미술교육을 위한 교수학습 방법

교사는 미술교육을 위한 다양한 교수학습 접근법에 대해 충분히 이해함으로써 유아를 위한 미술교육에서 가장 적절한 접근법이 무엇인지 판단하고 적용할 수 있어야 한다. 또한 바람직한 미술교육을 위해 기본적으로 고려해야 할 기본 원리를 알고 반영하여야 할 것이다(이영자 외, 2022).

1) 미술교육을 위한 접근법

미술교육을 위한 교수학습 방법의 대표적인 접근법은 교사 주도적 접근법, 유아 주도적 접근법, 교사 안내적 접근법이 있다.

첫째, 교사 주도적 접근법

교사 주도적 접근법은 미술 활동에서 유아들이 무엇을 어떻게 만들 것인가를 교사가 주도적이고 구체적으로 계획한 것을 유아들에게 설명해 주는 구조적인 접근으로 유아들은 자신의 생각을 반영할 수 있는 여지가 없이 교사의 지시를 따르게 되는 접근법이다. 교사 주도적 접근법은 어떤 재료를 갖고 어떤 방법으로 할 것인지 재료 사용이나 기법 등이 이미 구체적으로 정해져 있기 때문에 활동 과정에서 유아가 스스로 생각하거나 선택할 여지가 없으므로 유아들의 미술 활동 결과물 또한 거의 동일하게 나타난다.

둘째, 유아 주도적 접근법

유아 주도적 접근법은 교사 주도적 접근법과 상반된 접근법으로 유아들이 주도적으로 원하는 대로 자유롭게 활동하도록 하는 비구조적인 접근법이다. 이 접근법은 기본적으로 유아들이 자기가 그리고 싶거나 만들고 싶은 것을 표현하기 위해 스스로 사용할 재료나 활동 방법 및 최종 결과물의 형태를 선택할 수 있으므로 자신의 아이디어를 마음껏 발휘할 수 있는 여지가 충분한 접근법이다. 그러나 모든 것을 유아들이 스스로 선택하고 결정하도록 한다면 유아들은 발달에 따른 능력의 제한으로 부담을 가질 수 있고 지치게 되면서 흥미 또한 사라질 수 있다는 점이 우려된다.

셋째, 교사 안내적 접근법

교사 안내적 접근법은 교사 주도적 접근법과 유아 주도적 접근법을 절충한 형태로 두 접근법이 갖고 있는 단점을 보완할 수 있는 접근법이다. 교사 안내적 접근법에서 교사는 활동의 큰 틀을 제안하고 유아는 구체적인 내용에서 자신의 의견을 반영할 수 있는 여지를 두는 것이다. 예를 들어 부채 만들기 활동을 할 경우, 교사는 부채 틀로 사용하게 될 모양 3, 4개와 꾸밀 수 있는 재료를 다양하게 준비해 주고, 유아들이 부채를 만드는 과정에서 필요한 구체적인 내용들을 자기 생각대로 자유롭게 선택할 여지를 남겨두는 것이다. 유아들은 부채의 모양을 선택할 수 있고, 그림을 그려서 꾸밀지, 다양한 자료를 잘라 붙여 꾸밀지, 다양한 방법을 혼합하여 꾸밀지 등 꾸미는 방법에서 창의적인 아이디어를 반영하며 자유롭게 활동할 수 있게 된다.

교사는 이상의 세 유형의 접근법을 옳고 그름으로 판단하기보다 각각을 충분히 이해하여 개별 유아의 상황 또는 활동 내용이나 활동 과정에 따라 가장 효율적인 방법을 선택할 수 있어야 한다.

2) 미술교육을 위한 기본 원리

미술교육을 위해 고려해야 할 가장 기본적인 원리는 균형의 원리와 유아 중심의 원리이다.

첫째, 균형의 원리

균형의 원리는 미술교육의 내용 체계인 탐색, 표현, 감상의 범주를 균형적으로 운영하는 것을 말한다. 미술교육의 내용 범주인 탐색과 표현과 감상은 상호보완적 관계로 탐색은 표현과 감상에, 표현은 탐색과 감상에, 감상은 탐색과 표현에 상호 긍정적인 영향을 미치게 된다. 이에 유아를 위한 미술교육은 탐색과 표현과 감상의 내용 범주가 한쪽으로 치우치지 않도록 유의하며 균형적으로 운영하여야 한다.

둘째, 유아 중심의 원리

유아를 위한 미술교육은 교사 중심 또는 결과 중심이 아니라 유아가 주체가 되어 활동할 수 있어야 한다. 이를 위해 교사는 미술 활동 계획에서부터 학급 유아들의 보편적, 개별적 발달 수준과 흥미와 관심을 고려하여 유아들이 자발적 동기를 갖고 미술 활동에 참여할 수 있도록 해야 한다. 활동에 따라 기법, 재료 등을 교사가 제안하는 경우가 있을 수 있지만 유아들이 모두 교사가 제안한 대로 동일한 재료와 방법과 기법을 사용하며 획일적인 결과물을 산출하도록 요구해선

안 된다. 교사는 재료 선택과 기법 사용, 결과물 등에서 반드시 유아들의 개인적이고 창의적인 생각을 반영하고 선택할 수 있는 여지를 둠으로써 유아들이 창의적으로 생각할 수 있고 자신의 생각을 활동 과정에 자연스럽게 반영할 수 있도록 하여야 한다.

5. 미술교육 활동의 예

〈미적 탐색 활동의 예〉

<table>
<tr><th>주제</th><td colspan="3">나무</td></tr>
<tr><th rowspan="2">활동
선정이유</th><td>관찰내용</td><td colspan="2">• 유아들이 실외놀이터에 있는 나무의 가지를 보며 굵기에 관심을 갖고 이야기함</td></tr>
<tr><td>지원내용</td><td colspan="2">• 나뭇가지 굵기에 대한 유아들의 관심을 게임 활동으로 연결하여 미적 요소 중 선에 대한 굵기를 탐색할 수 있는 교구를 제작하여 지원하고자 함</td></tr>
<tr><th>활동명</th><td colspan="2">굵고 가는 나뭇가지 대상 연령</td><td>4세</td></tr>
<tr><th>활동 유형
(집단형태)</th><td colspan="3">자유 선택 활동–미술영역(개별)</td></tr>
<tr><th>교육목표</th><td colspan="3">• 선의 속성 중 굵기가 있음을 안다.
• 선의 굵기에 따른 느낌에 관심을 갖는다.
• 게임 규칙에 따라 활동할 수 있다.</td></tr>
<tr><th>19 개정
누리과정
관련요소</th><td colspan="3">• 예술경험: 아름다움 찾아보기–예술적 요소에 관심을 갖고 찾아 본다.
• 의사소통: 듣기와 말하기–자신의 경험, 느낌, 생각을 말한다.
• 사회관계: 더불어 생활하기–약속과 규칙의 필요성을 알고 지킨다.</td></tr>
<tr><th>교과
교육내용</th><td colspan="3">미술교육 내용 영역: 탐색
활동 유형: 미적 요소 중 선의 굵기에 대한 탐색</td></tr>
</table>

<table>
<tr><td>활동자료</td><td colspan="3">게임판 2개(가지가 비어 있는 나무 모양 2개), 나뭇가지 2세트(굵고 가는 나뭇가지 각 6개씩), 돌림판(나뭇가지의 굵기를 선택하기 위한 판)</td></tr>
<tr><td colspan="3">활 동 내 용</td><td>자료 및 교사지원</td></tr>
<tr><td colspan="3">1. 활동자료를 살펴본다.
• 무엇, 무엇이 있니?
2. 활동 방법에 대해 이야기한다.
• 어떻게 하는 게임일까?
• 누가 먼저 시작하면 좋을까?
• 어떻게 정할까?
3. 게임을 진행한다.
• 순서대로 돌림판을 돌려 나오는 대로 나무판에 굵은 또는 가는 가지를 붙여나간다.
• 나뭇가지를 다 사용하면 게임이 끝난 것으로 한다.
4. 게임을 마치면 각자 완성한 나무의 가지를 감상한다.
• 가는 가지를 보니 어떤 느낌이니?
• 굵은 가지만 있으면 어떤 느낌일까?</td><td>• 게임자료(게임판, 돌림판, 나뭇가지)</td></tr>
<tr><td rowspan="2">평가</td><td>유아평가</td><td colspan="2">• 선의 속성 중 굵기(굵고 가는)를 아는가?
• 선의 굵기에 따른 느낌에 관심을 갖는가?
• 게임 규칙에 따라 활동하는가?</td></tr>
<tr><td>교사평가</td><td colspan="2">• 게임도구와 방법은 유아의 수준에 적합한가?
• 게임도구는 활동 목표에 적절하게 제작되었는가?</td></tr>
<tr><td>향후 지원계획</td><td colspan="3">• 실외놀이 시 나뭇가지의 굵기와 주변에서 볼 수 있는 선의 굵기에 대해 지속적으로 관심을 갖고 발견할 수 있도록 지원할 것임
• 굵기 외에도 나무에서 발견할 수 있는 선의 속성들에 대해서도 관심을 갖도록 지원할 것임</td></tr>
</table>

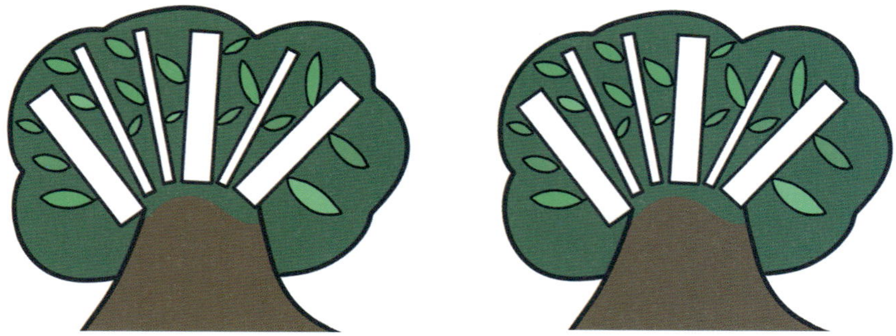

게임판 2개

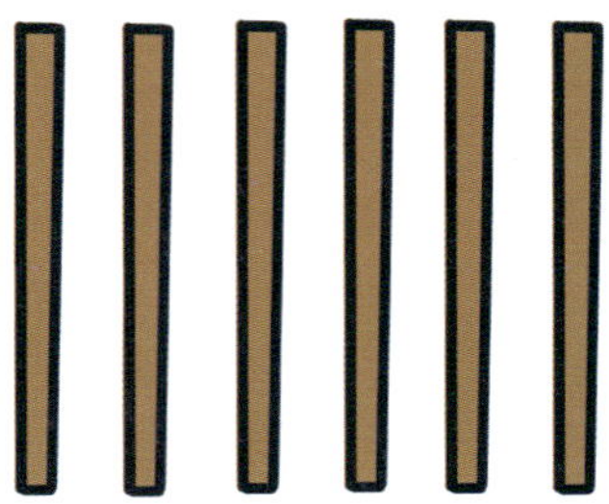

가는 나뭇가지

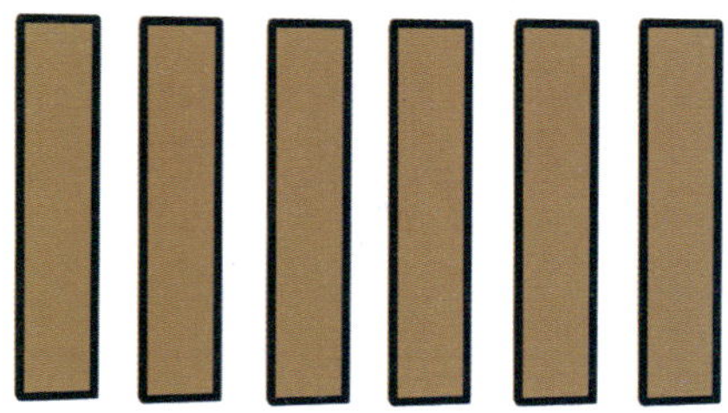

굵은 나뭇가지

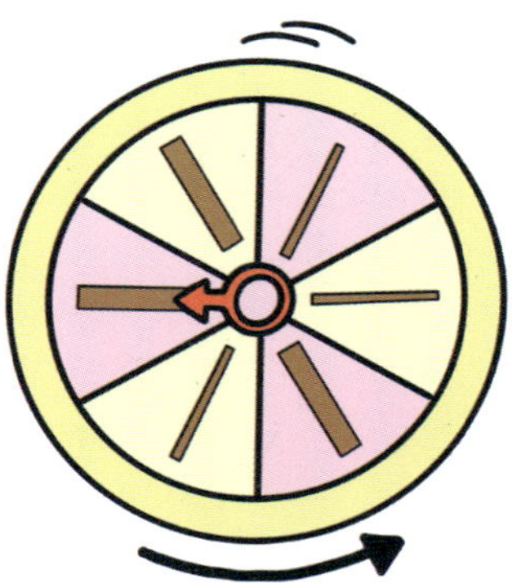

돌림판

나뭇가지를 채운 게임판

〈미적 표현의 예〉

<table>
<tr><td>주제</td><td colspan="4">가을</td></tr>
<tr><td rowspan="2">활동
선정이유</td><td>관찰내용</td><td colspan="3">• 산책 중 낙엽을 밟고 뿌려본 경험을 이야기하며 잭슨 폴락의 작품 '가을의 리듬'을 감상하였는데 이후 유아들이 잭슨 폴락의 그림을 모방하며 낙서처럼 표현하는 모습을 관찰함
</td></tr>
<tr><td>지원내용</td><td colspan="3">• 다양한 기법에 대한 경험을 제공하고자 유아들이 현재 관심을 보이는 잭슨 폴락의 액션 페인팅 기법과 유사한 표현을 경험할 수 있는 구슬 그림그리기를 지원하고자 함</td></tr>
<tr><td>활동명</td><td colspan="2">구슬을 굴려보세요</td><td>대상 연령</td><td>5세</td></tr>
<tr><td>활동 유형
(집단형태)</td><td colspan="4">자유 선택 활동–미술영역(개별)</td></tr>
<tr><td>교육목표</td><td colspan="4">• 구슬의 움직임과 흔적 간의 관계를 안다.
• 자신이 원하는 흔적을 생각하며 표현할 수 있다.
• 친구들의 작품을 존중하는 태도를 갖는다.</td></tr>
<tr><td>19 개정
누리과정
관련요소</td><td colspan="4">• 예술경험: 아름다움 찾아보기–예술적 요소에 관심을 갖고 찾아본다.
• 예술경험: 창의적으로 표현하기–다양한 미술 재료와 도구로 자신의 생각과 느낌을 표현한다.
• 예술경험: 예술감상하기–서로 다른 예술표현을 존중한다.</td></tr>
<tr><td>교과
교육내용</td><td colspan="4">미술 교육 내용 영역: 표현
미술 활동 유형: 그리기</td></tr>
<tr><td>활동자료</td><td colspan="4">구슬(2개 크기의 구슬 총 6개), 물감 접시(빨강,파랑,노랑), 집게(물감 색깔별로 각 2개), 도화지(16절 크기), 박스뚜껑(A4 용지 크기), 비닐 앞치마, 토시, 물걸레</td></tr>
<tr><td>구분</td><td colspan="3">활 동 내 용</td><td>자료 및 교사지원</td></tr>
<tr><td>도입</td><td colspan="3">〈도구와 자료 및 기법에 대한 탐색〉
○ 활동 도구와 자료에 대해 알아 본다.
• 무엇이 보이니?
• 어떻게 사용하면 좋을까?</td><td></td></tr>
</table>

<table>
<tr><td rowspan="1">도입</td><td colspan="2">ㅇ활동 방법(기법)에 대해 이야기 나눈다.
• 어제 함께 보았던 그림 생각나니?
• 우리도 잭슨 폴락 화가처럼 해보면 어떨까?
• 00이가 친구들이 볼 수 있게 한번 해보자.
· 상자 뚜껑 안에 도화지를 넣어보자
· 원하는 색의 구슬을 상자 뚜껑 안에 넣어보자
· 하고 싶은 대로 상자 뚜껑을 움직여 볼까?
· 어떻게 되었니?
• 물감접시에 있는 구슬은 어떻게 사용하면 좋을까?</td><td>• 색이 혼합되지 않도록 물감 접시 마다 2개 크기의 구슬을 정해 두고 사용하도록 유의한다.
• 구슬마다 사용하기로 약속한 색이 잘 나타나지 않게 되면 물걸레로 닦은 후 사용하여 색이 잘 나타나도록 안내한다.</td></tr>
<tr><td>전개</td><td colspan="2">〈표현〉
ㅇ 표현 방법 및 활동 과정에 대해 상호작용한다.
• 구슬은 어떤 것으로 하고 싶니?(크기, 색 선택)
• 어떻게 움직이고 싶니?
• 어떤 선이 그려졌니?
• 어떻게 움직일 때 이런 선이 그려졌니?
• 어떤 색으로 그려졌니?
• 네가 사용하지 않은 색도 보이니?
• 왜 그런 일이 생겼을까?</td><td></td></tr>
<tr><td>마무리</td><td colspan="2">〈감상〉
ㅇ 작품을 감상하고 전시한다.
• 어떤 선이 있니?
• 어떻게 움직였을 때 이런 선이 나타났니?
• 어떤 색이 있니? 어떤 색이 가장 많이 보이니?
• 어떤 모양이 있니?
• 어떻게 움직였을 때 이런 모양이 되었니?
• 구슬 그림 그리면서 무엇이 가장 재미있었니?
• 구슬 그림 그리면서 힘든 것은 없었니?
• 이 그림을 어디에 붙이고 싶니?</td><td>• 교실 창문을 전시공간으로 하여 유아들이 원하는 곳에 구슬 그림을 붙일것을 안내한다.
• 자신과 또래의 구슬 그림에 관심을 갖고 살펴보도로 격려한다.</td></tr>
<tr><td rowspan="2">평가</td><td>유아평가</td><td colspan="2">• 구슬의 움직임이 흔적 간의 관계를 알고 있는가?
• 자신이 원하는 흔적을 생각하며 의도적으로 움직여 표현할 수 있는가?
• 친구들의 작품을 존중하는가?</td></tr>
<tr><td>교사평가</td><td colspan="2">• 제공한 활동 도구 및 자료는 유아들이 사용하기에 적절한가?
• 유아들이 도구의 특성과 방법을 이해하고 활동할 수 있도록 상호작용 하였는가?</td></tr>
<tr><td>향후 지원계획</td><td colspan="3">• 구슬 그림 그리기 기법이 익숙해지면 상자와 도화지 크기를 2배 더 큰 것으로 준비하여 2, 3명의 유아가 함께 협동하여 활동할 수 있도록 지원할 것임</td></tr>
</table>

〈미적 감상의 예〉

<table>
<tr><td>주제</td><td colspan="4">친구</td></tr>
<tr><td rowspan="2">활동
선정이유</td><td>관찰내용</td><td colspan="3">• 친구가 자기가 묻는 말에 화를 냈다고 생각하여 발생한 갈등 상황을 중재하면서 유아들이 친구의 기분을 잘못 판단하여 갈등이 발생할 수 있음을 관찰함
• 유아들은 상대방을 어떻게 생각하고 느낄지를 이해하는데 어려움이 있음</td></tr>
<tr><td>지원내용</td><td colspan="3">• 친구와 잘 지내기 위해 나와 친구의 기분을 이해하는 것이 친구와의 원만한 관계에 중요하지만 유아들은 친구가 어떻게 생각하고 어떻게 느끼는지 이해하는 것이 어려움
• 기분에 따른 표정을 살펴볼 수 있는 명화를 감상하며 이야기 나누고자 함</td></tr>
<tr><td>활동명</td><td colspan="2">어떤 기분일까?</td><td>대상 연령</td><td>4세</td></tr>
<tr><td>활동 유형
(집단형태)</td><td colspan="4">명화 감상하기(대집단)</td></tr>
<tr><td>교육목표</td><td colspan="4">• 감정과 표정 간의 관계를 안다.
• 나의 기분을 표현할 수 있다.
• 다양한 감정과 표정에 관심을 갖는다.</td></tr>
<tr><td>19 개정
누리과정
관련요소</td><td colspan="4">예술경험: 예술감상하기–다양한 예술을 감상하며 상상하기를 즐긴다.
의사소통: 듣기와 말하기–자신의 경험, 느낌, 생각을 말한다.
사회관계: 더불어 생활하기–서로 다른 감정, 생각, 행동을 존중한다.</td></tr>
<tr><td>교과
교육내용</td><td colspan="4">미술교육 내용 영역: 감상하기
활동유형: 명화 감상</td></tr>
<tr><td>수업자료</td><td colspan="4">명화 4점
• 윌킨스 작: E.YAW.OR
• 로이 릭텐스타인 작: 행복한 눈물
• 뭉크: 절규
• 이순구: 웃는 얼굴</td></tr>
<tr><td>구분</td><td colspan="3">활 동 내 용</td><td>자료 및 교사지원</td></tr>
<tr><td>도입</td><td colspan="3">ㅇ 기분과 표정에 대해 이야기 한다.
• 너희들은 지금 어떤 기분이니?
• 또 다른 기분일 때도 있었니?
• 언제 그런 기분이 들었니?
• 기분이 00하면 우리 얼굴은 어떤 모습일까?</td><td></td></tr>
</table>

<table>
<tr>
<td>전개</td>
<td>○ 그림 속 얼굴 표정과 기분을 연계하여 감상한다.
• 오늘 너희들과 함께 보려고 그림을 준비해 왔어

〈윌킨스 작 : E.yaw.or〉
• 이 사람 얼굴 표정은 어떠니?
• 이 사람은 어떤 기분일까?
• 무엇을 보고 그렇게 생각했니?
• 너희들은 어떨 때 화가 나니?
• 그럴 때 어떤 모습이 될까?
• 옆에 있는 친구 얼굴을 볼까?
• 이 그림에 제목을 붙여준다면 무엇이 좋을까?

〈로이 릭텐스타인 작: 행복한 눈물〉
• 이 사람 얼굴 표정은 어떠니?
• 이 사람은 어떤 기분일까?
• 무엇을 보고 그렇게 생각했니?
• 너희들은 어떨 때 눈물이 나니?
• 그럴 때 얼굴은 어떤 모습이 되니?
• 옆에 있는 친구 얼굴을 볼까?
• 이 그림에 제목을 붙여준다면 무엇이 좋을까?

〈뭉크 작 :절규〉
• 이 사람 얼굴 표정은 어떠니?
• 이 사람은 지금 어떤 기분일까?
• 무엇을 보고 그렇게 생각했니?
• 너희들은 어떨 때 슬프니?
• 그럴 때 얼굴은 어떤 모습이 되니?
• 옆에 있는 친구 얼굴을 볼까?
• 이 그림에 제목을 붙여준다면 무엇이 좋을까?

〈이순구 작: 웃는 얼굴〉
• 이 사람 얼굴 표정은 어떠니?
• 이 사람은 지금 어떤 기분일까?
• 무엇을 보고 그렇게 생각했니?
• 너희들은 어떨 때 웃게 되니?
• 그럴 때 얼굴은 어떤 모습이 되니?
• 옆에 있는 친구 얼굴을 볼까?
• 이 그림에 제목을 붙여준다면 무엇이 좋을까?</td>
<td>• 그림과 친구 얼굴에서 표정을 살필 때 눈썹, 눈, 입 모양을 연결하여 생각해 보도록 격려한다.</td>
</tr>
</table>

<table>
<tr><td>마무리</td><td colspan="2">○ 활동에 대해 평가한다.
• 우리가 그림 속 사람들의 얼굴 표정만 보고 어떻게 어떤 기분인지 생각할 수 있었을까?
• 우리가 본 그림 중 가장 마음에 드는 그림은 어떤 것이니?
• 그림의 무엇이 마음에 들었니?
• 너희들이 다시 그린다면 그림 중 무엇을 바꾸고 싶니?</td><td></td></tr>
<tr><td rowspan="2">평가</td><td>유아평가</td><td colspan="2">• 감정과 표정 간의 관계를 아는가?
• 나의 기분을 표현할 수 있나?
• 다양한 감정과 표정에 관심을 갖는가?</td></tr>
<tr><td>교사평가</td><td colspan="2">• 수업자료로 선정한 명화들은 얼굴표정과 감정에 대해 이야기 하기에 적절한가?</td></tr>
<tr><td>향후
지원계획</td><td colspan="3">• 감상 활동에 사용한 명화를 교실에 전시하여 유아들이 얼굴 표정과 기분의 관계에 대한 관심을 유지하고자 함.
• 이 활동과 연계하여 친구들의 얼굴 표정에 관심을 갖고 기분을 살피도록 지원하고자 함.</td></tr>
</table>

윌킨스 작「E.YAW.OR」

로이 릭텐스타인 작「행복한 눈물」

뭉크 작「절규」

이순구 작「웃는 얼굴」

CHAPTER 08

수학교육

1. 수학교육의 개념

수학교육은 유아들이 주변 세계를 이해하는데 필요한 기초적인 수학적 지식을 형성하고, 수학적 지식을 사용하여 문제를 해결할 수 있는 능력을 기르며 일상생활에서 수학의 유용성에 대한 경험을 통해 수학에 대한 흥미를 증진하고 태도를 함양하기 위한 것이다. 인간은 성장 과정에서부터 직관적이고 자발적으로 비형식적인 수학적 경험을 하게 된다. 이 과정에서 유아들은 주변 물체의 모양을 인식하고 구별하며 위치를 파악하기도 하고 크기와 길이, 무게, 수량이나 양에 대한 기초개념을 형성하여 생활에 적용하는 경험을 하면서 형식적 수학을 이해하는 기초를 다지게 되는 것이다(이영자 외, 2017).

2. 수학교육의 목적 및 목표

유아를 위한 수학교육의 목적은 사물과 사건에서 수학적 속성을 탐색하고 다양한 기준에 따라 분류하고 비교하며 관계를 찾아보는 구체적 경험을 통해 기초적 수학능력과 태도를 기르기 위한 것이다. 유아를 위한 수학교육에서 수학의 기초적 개념을 다루기 위해서는 유아 시기의 발달적 특성과 사고의 특성을 반드시 고려하여야 한다. 유아의 수학적 경험은 수학적 문제해결 능력과 수학적 의사소통 방법을 익히고 수학적 학습을 위한 바람직한 태도를 형성하며 수학 학습의 가치를 인식할 수 있어야 한다. 국가 수준의 교육과정 중 자연 탐구 영역에 제시된 목표를 수학교육 중심으로 살펴보면 다음과 같다(교육부, 2019; 보건복지부, 2020).

표준보육과정			2019 개정 누리과정
영역	0~1세 보육과정 목표	2세 보육과정 목표	3~5세 누리과정 목표
자연 탐구	주변 환경과 자연에 관심을 가진다.	주변 환경과 자연을 탐색하는 과정을 즐긴다.	탐구하는 과정을 즐기고, 자연과 더불어 살아가는 태도를 가진다.
	1) 일상에서 탐색을 즐긴다.	1) 일상에서 탐색하는 과정을즐긴다.	1) 일상에서 호기심을 가지고 탐구하는 과정을 즐긴다.
	2) 주변 환경을 탐색한다.	2) 주변 환경에 관심을 가지고 탐색한다.	2) 생활 속의 문제를 수학적, 과학적으로 탐구한다.

0~1세는 생활과 주변 환경에서 수학적 탐색을 즐기는 수준인 반면, 2세에서는 관심을 갖고 탐색하며, 3~5세에서는 호기심을 갖고 탐구과정을 즐기고 생활 속 문제를 수학적으로 탐구하는 것으로 제시되어 있어 연령에 따라 목표 수준이 심화되고 있음을 알 수 있다.

3. 수학교육의 내용

1) 국가 수준의 교육과정에서의 수학교육 내용

수학교육 교과는 국가 수준 교육과정 영역 중 자연 탐구 영역 내용과 관련된 교과이다. 표준보육과정과 19 개정 누리과정에 제시된 내용 범주 중 『탐구과정 즐기기』와 『생활 속에서 탐구하기』의 2개 내용 범주에서 수학교육 내용을 연계하여 살펴볼 수 있다. 각 내용 범주에서 제시된 내용을 보면 0~1세의 경우, 호기심을 갖고 탐색하기를 즐기고 친숙한 물체를 감각적으로 탐색하는 수준이지만 2세의 경우엔 물체의 특성(크기, 모양 등)을 반복적으로 탐색하는 것을 즐기는 것으로 탐색의 방법과 내용이 구체화 되었고, 사물의 같고 다름을 구분하는 것이 더 추가되어 있음을 알 수 있다. 3~5세의 경우엔 탐구과정에서 서로 다른 생각에 관심을 갖고, 수학적으로 탐색하며 수 세기, 위치, 방향, 모양, 길이 무게와 같은 속성을 알고 비교한다거나 패턴 찾아보기, 수집한 자료 분류하기 등 다른 연령과 달리 수학의 기초적인 개념을 이해하고 활용하는 내용들이 제시되어 있어 연령에 적합한 수학교육 내용의 범위와 난이도를 이해할 수 있다.

영역	내용 범주	내용		내용
		0~1세 보육과정	2세 보육과정	3~5세 누리과정
자연탐구	탐구과정 즐기기	• 주변 세계와 자연에 대해 호기심을 가진다.	• 주변 세계와 자연에 대해 호기심을 가진다.	• 주변 세계와 자연에 대해 지속적으로 호기심을 가진다.
		• 사물과 자연 탐색하기를 즐긴다.	• 사물과 자연을 반복하여 탐색하기를 즐긴다.	• 궁금한 것을 탐구하는 과정에 즐겁게 참여한다.
				• 탐구과정에서 서로 다른 생각에 관심을 가진다.
	생활속에서 탐구하기	• 친숙한 물체를 감각으로 탐색한다.	• 친숙한 물체의 특성과 변화를 감각으로 탐색한다.	• 물체의 특성과 변화를 여러 가지 방법으로 탐색한다.
		• 물체의 수량에 관심을 가진다.	• 물체의 수량에 관심을 가진다.	• 물체를 세어 수량을 알아본다.
		• 주변 공간과 모양을 탐색한다.	• 주변 공간과 모양을 탐색한다.	• 물체의 위치와 방향,모양을 알고 구별한다.
				• 일상에서 길이, 무게, 등의 속성을 비교한다.
		• 규칙성을 경험한다.	• 규칙성에 관심을 가진다.	• 주변에서 반복되는 규칙을 찾는다.
			• 주변 사물을 같고 다름에 따라 구분한다.	• 일상에서 모은 자료를 기준에 따라 분류한다.

2) 수학 지식에 기초한 수학교육 내용

유아를 위한 수학교육에서 다루게 되는 수학교육의 내용은 기초적인 수학지식을 통해서 좀 더 구체적으로 살펴볼 수 있다. 수학적 지식의 내용은 수와 연산, 공간과 도형, 기초적 측정, 규칙성, 기초적 자료조직과 분석으로 구분되며 각각의 내용은 다음과 같다(김진희 외, 2020).

〈표 7-1〉 **기초적 수학 지식과 내용**

수학적 지식	내용
수와 연산	• 수 세기, 숫자 읽기, 어림수 • 수의 많고 적음 비교, 구체물을 이용한 더하기 빼기, • 부분과 전체 이해
공간과 도형	• 물체의 위치와 방향(위, 아래, 앞, 뒤, 옆) • 도형의 모양과 이름(입체도형, 평면도형) • 입체도형을 이용한 공간구성 • 평면도형을 이용한 공간 그리기
기초적 측정	• 기초적 속성 비교(길이, 무게, 길이 등) • 서열화 • 임의 측정(끈, 발길이, 단위 블록 등을 이용한 측정)
규칙성	• 패턴 인식(일정한 순서로 반복되는 배열) • 패턴 규칙 따르기 • 패턴 만들기
자료의 조직과 분석	• 단순 분류(하나의 준거) • 복합 분류(둘 이상의 준거) • 유목화(사물의 위계적 관계) • 결과 기록 및 제시(그림, 표, 그래프)

4. 수학교육을 위한 교수학습 방법

유아를 위한 수학교육의 교수학습 유형은 유아의 흥미와 관심에 기초한 수학적 탐색 활동과 비형식적 활동으로 이루어질 수 있고, 유아들의 발견을 지향하는 개별활동과 수학의 객관적 지식을 교사 및 또래와 함께 탐구하는 집단활동 형태로 이루어진다. 수학교육은 유아들이 수학에 대해 긍정적인 태도를 형성하고, 탐구과정을 경험하며, 기초적인 수학적 개념을 이해하는 것이 중요하므로 다음과 같은 교수 원리를 고려하여야 한다(이영자 외, 2022).

첫째, 유아를 위한 수학교육은 유아가 지니고 있는 비형식적 지식에 기초하여야 한다. 유아는 일상에서 만나게 되는 수학적 상황에 호기심을 갖고 직관적 이해를 토대로 자발적으로 수학적 지식을 구성해 나간다. 이에 교사는 비형식적 경험을 통해 유아가 자발적으로 형성한 수학적 지식을 보완하고 심화하면서 유아의 수학적 개념을 확장 시킬 수 있도록 돕는다.

둘째, 유아가 구체적이고 직접적인 활동에 참여하여 수학적 개념을 형성하도록 돕는다. 유아의 인지적 발달 수준을 고려해 볼 때 유아는 추상적 사고가 가능하지 않으므로 글과 그림과 같은 추상적이고 상징적인 표상물보다 감각적으로 조작이 가능한 구체물을 직접 조작하는 경험이 적절하다.

셋째, 유아의 수학 학습은 문제해결을 통해 이루어져야 한다. 수학 학습은 궁극적으로 생활 속에서 일어나는 다양한 문제상황을 수학적 사고와 수학적 지식을 활용하여 효과적으로 해결할 수 있어야 한다. 수학 학습은 생활과 무관한 수학적 사실에 대한 단순 기억을 수학적 절차에 적용하는 것이 아니라 실제 문제를 해결하는 과정을 통해 수학적 관계를 이해하고 수학적 사고와 추리능력을 발달시킬 수 있어야 한다.

유아들이 수학을 생활 속에서 유용한 것으로 인식한다는 것은 수학 학습에 대한 동기를 유발하는 주요한 요인이 될 수 있으므로 교사는 실제적 상황을 수학적 학습 상황으로 전환하여 유아가 스스로 탐색할 수 있도록 충분한 시간을 허용하면서 자연스러운 상황에서 수학을 학습할 수 있도록 연결할 수 있다.

넷째, 수학적 아이디어 및 문제해결 전략에 대하여 유아가 언어적으로 표현할 수 있도록 한다. 교사는 적절한 질문으로 유아들이 수학적 아이디어나 문제해결 전략에 대해 서로 의사소통할 수 있는 상황을 마련하고 자신의 생각을 다른 사람과 공유하거나 자신의 생각을 명료화하고 확장할 수 있는 기회를 제공하여야 한다.

다섯째, 교사는 유아의 수학 학습을 지원하기 위해 자발적 학습지원, 비형식적 교수, 구조화된 교수 등 다양한 교수유형을 적절히 활용하여야 한다. 유아들은 일상생활의 자연스러운 경험을 통해 자발적으로 수학적 지식을 구성하기도 하고, 교사가 수학 학습이 일어날 수 있는 일상적 상황을 수학적 학습 상황으로 연결한 상황에서 수학적 개념을 형성할 수 있으며, 유아의 수학적 이해를 돕기 위한 목적으로 교사가 제공한 교육 활동을 통해서도 수학 학습이 이루어진다(Charlesworth & Lind, 2013). 자발적, 비형식적, 구조적인 수학 학습은 상황에 따라 유용성이 다르므로 교사는 유아의 발달 수준 및 관심과 상황에 따라 최선의 학습 상황을 활용함으로써 특정 유형에 치중되지 않도록 유의하여야 한다.

5. 수학교육 활동의 예

<table>
<tr><td>주제</td><td colspan="4">공룡</td></tr>
<tr><td rowspan="2">활동
선정이유</td><td>관찰내용</td><td colspan="3">• 폐품을 이용하여 공룡 만들기를 하였고 만든 공룡을 대집단 놀이 평가시간에 소개하면서 우리 교실에 진짜 공룡처럼 아주 큰 공룡이 있었으면 좋겠다고 유아들이 제안함
• 어떤 공룡을 크게 만들고 싶은지 묻자 유아들마다 좋아하는 공룡을 말하면서 결정하지 못함</td></tr>
<tr><td>지원내용</td><td colspan="3">• 우리 반 친구들이 제일 좋아하는 공룡이 무엇인지 먼저 알아보고 결정할 것을 제안하면서 그래프 활동을 지원함</td></tr>
<tr><td>활동명</td><td colspan="2">우리반 친구들이 좋아하는 공룡은 무엇일까요?(막대 그래프)</td><td>대상 연령</td><td>5세</td></tr>
<tr><td>활동 유형
(집단형태)</td><td colspan="4">자유 선택 활동-수학영역(개별)
이야기나누기(대집단)</td></tr>
<tr><td>교육목표</td><td colspan="4">• 사람마다 좋아하는 것이 서로 다를 수 있음을 안다.
• 막대 그래프의 기능에 관심을 갖는다.
• 그래프에 나타난 결과를 비교할 수 있다.</td></tr>
<tr><td>19 개정
누리과정
관련요소</td><td colspan="4">• 사회관계: 더불어 생활하기-서로 다른 감정, 생각, 행동을 존중한다.
• 자연탐구: 탐구과정 즐기기-궁금한 것을 탐구하는 과정에 즐겁게 참여한다.
• 자연탐구: 생활속에서 탐구하기-일상에서 모은 자료를 기준에 따라 분류한다.</td></tr>
<tr><td>교과별
교육내용</td><td colspan="4">수학적 지식-자료의 조직과 분석</td></tr>
<tr><td>활동자료</td><td colspan="4">• 유아들의 선호도를 조사할 수 있는 막대그래프 용지
• 자신이 좋아하는 공룡칸에 붙일 수 있는 일정 규격의 기록용지
(막대그래프 칸의 크기와 동일한 크기로 마련함)</td></tr>
<tr><td colspan="3">활 동 내 용</td><td colspan="2">자료 및 교사지원</td></tr>
<tr><td colspan="3">○ 그래프 활동을 위해 어떤 공룡들을 조사할지 의논한다.
• 어떤 어떤 공룡을 조사하면 좋을까?
○ 유아들과 의논한 공룡을 넣어 제작한 그래프 용지를 보며 활동을 안내한다.
• 어떤 공룡들이 있니?
• 기록용지를 소개한다.
· 제일 좋아하는 공룡에 한 친구가 한 번만 표시해주면 좋겠다.
· 왜 이렇게 해야 할까?
· 왜 이 공룡이 제일 좋은지도 적어보자</td><td colspan="2">• 막대그래프 활동을 통해 조사하려는 항목이 너무 많지 않도록 먼저 유아들과 의논하여 결정한다.
• 유아들과 조사할 항목을 의논한 후 그래프 용지를 제작하는 시간이 필요하므로 다음 날부터 활동을 시작할 수 있음을 안내한다.</td></tr>
</table>

<table>
<tr><td colspan="3">(글씨 쓰기는 교사의 도움을 받을 수 있음을 안내함)
• 자유선택 활동 시간에 수학영역에서 자유롭게 참여하여 활동할 수 있도록 안내한다.
• 참여하지 않는 유아들에게 활동 참여를 격려한다.
○ 완성된 그래프의 결과를 함께 보며 이야기 나눈다.
• 어떤 공룡의 막대가 가장 높으니?
• 이건 무슨 뜻일까?
• 00공룡이 좋다고 한 친구들은 몇 명이지?
• 친구들은 왜 이 공룡이 제일 좋다고 했을까?
• 두 번째로 높은 막대는 어떤 공룡이니?
• 그럼 큰 공룡은 몇 개 만들고 싶니? 어떤 공룡으로 만들면 좋을까?
• 친구들이 어떤 공룡을 좋아하는지 막대 그래프로 알아보았는데 무엇이 좋은 것 같니?</td><td>• 유아들이 선택한 공룡이 왜 제일 좋은지에 대해 생각해 보고 기록 용지에 기록할 것을 격려하되 교사가 글로 적는 것을 도와줄 수 있음을 안내 한다.
• 막대그래프 활동은 유아들이 모두 참여하여 완성될 때까지 시간적 여유를 갖도록 한다.
• 결정된 결과에 불만을 갖지 않고 수용하는 태도를 격려하고 분위기를 조성한다.</td></tr>
<tr><td rowspan="2">평가</td><td>유아평가</td><td colspan="2">• 사람마다 좋아하는 것이 서로 다를 수 있음을 아는가?
• 막대그래프의 기능에 관심을 갖는가?
• 그래프에 나타난 결과를 비교할 수 있는가?</td></tr>
<tr><td>교사평가</td><td colspan="2">• 그래프 활동을 위한 자료 제작은 적절한가?
• 유아들이 활동 방법과 결과의 의미를 이해할 수 있도록 상호작용하였는가?</td></tr>
<tr><td>향후 지원계획</td><td colspan="3">• 막대그래프 활동은 친구들이 좋아하는 공룡으로 큰 공룡을 만들기 위한 조사 활동이었으므로 그 결과에 따라 큰 공룡 만들기를 지원하고자 함
• 큰 공룡 만들기를 혼자하는 것은 부담이 크므로 공룡마다 관심 있는 유아들로 팀을 구성하여 협동작업으로 제작할 것을 제안하고자 함</td></tr>
</table>

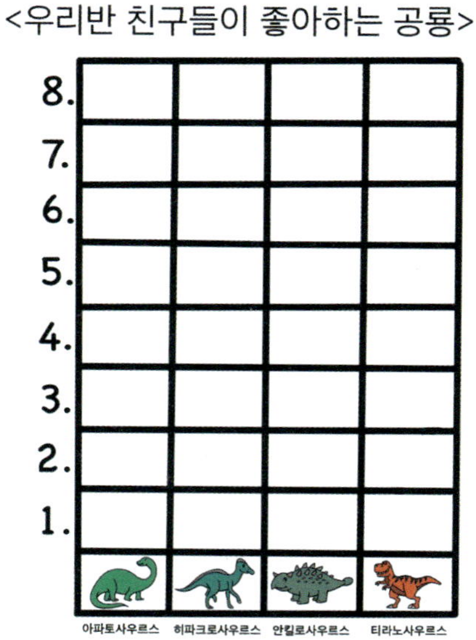

막대그래프 활동 판

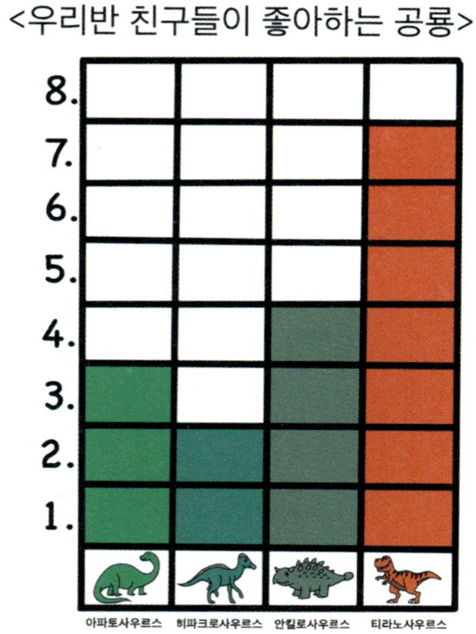

막대그래프 활동 결과

CHAPTER 09

과학교육

1. 과학교육의 개념

유아를 위한 과학교육은 유아들이 자연과 생활에서 경험할 수 있는 과학적 사실과 현상에 대해 호기심을 갖고 탐구하는 태도를 기르며, 과학적 지식 형성을 통해 과학적인 이해와 문제해결 능력을 기르고, 과학에 대한 긍정적인 태도의 발달을 돕는 교육이다(유칠선 외, 2021). 유아들은 주변 현상에 대해 지속적으로 호기심을 갖고 궁금한 것을 탐구하고 발견하는 등 스스로 문제를 해결하고 알아가게 된다. 유아를 위한 과학교육은 이러한 과정에서 유아들의 호기심을 격려하여 자신이 살고 있는 세계를 즐겁게 알아갈 수 있는 기회를 제공하는 것이다(박화윤 외, 2011). 유아는 과학교육을 통해 과학적 경험에 적극적으로 참여하고 과학에 대한 흥미와 이해를 지속적으로 발달시켜 나갈 수 있는 기초를 형성하여야 한다.

2. 과학교육의 목적 및 목표

유아를 위한 과학교육의 목적은 유아가 호기심을 갖고 주변 세계에 대한 정보를 수집하여, 궁금한 것에 대한 답을 찾고 대처하는 능력을 기르며 과학적인 과정에 즐겁게 참여할 수 있도록 함이다(신성숙, 2017). 국가 수준의 교육과정 중 과학교육 관련 영역인 자연 탐구 영역에 제시된 목표를 과학교육과 연계하여 살펴보고자 한다(교육부, 2019; 보건복지부, 2020).

	표준보육과정		2019 개정 누리과정
영역	0~1세 보육과정 목표	2세 보육과정 목표	3~5세 누리과정 목표
자연 탐구	주변 환경과 자연에 관심을 가진다.	주변 환경과 자연을 탐색하는 과정을 즐긴다.	탐구하는 과정을 즐기고, 자연과 더불어 살아가는 태도를 가진다.
	1) 일상에서 탐색을 즐긴다.	1) 일상에서 탐색하는 과정을즐긴다.	1) 일상에서 호기심을 가지고 탐구하는 과정을 즐긴다.
	2) 주변 환경을 탐색한다.	2) 주변 환경에 관심을 가지고 탐색한다.	2) 생활 속의 문제를 수학적, 과학적으로 탐구한다.
	3) 생명과 자연에 관심을 가진다.	3) 생명과 자연에 관심을 가진다.	3) 생명과 자연을 존중한다.

0~1세를 위한 과학교육의 목표는 주변환경과 자연에 관심을 갖는 것이라면, 2세의 경우엔 주변환경과 자연을 탐색하는 과정을 즐기는 것이고, 3~5세의 경우는 탐구과정을 즐기고 생활 속 문제를 과학적으로 탐구하며 생명과 자연을 존중할 줄 아는 태도 형성이 제시되어 있다. 국가 수준의 교육과정에 제시된 과학교육의 목표는 연령의 증가와 더불어 관심 갖기에서 즐기기로 발전되고 이후 탐구하며 존중하는 태도 기르기로 점차 심화되고 확대되고 있음을 알 수 있다.

3. 과학교육의 내용

1) 국가 수준 교육과정에서의 과학교육 내용

유아를 위한 과학교육 교과는 국가 수준의 교육과정 내용 중 자연 탐구 영역 내용과 관련된 교과이다. 표준보육과정과 누리 과정에 제시된 것을 보면 『탐구과정 즐기기』, 『생활 속에서 탐구하기』, 『자연과 더불어 살기』의 내용 범주별로 내용이 제시되어 있어 이를 토대로 과학교육의 내용을 살펴볼 수 있겠다(교육부, 2019; 보건복지부, 2020).

영역	내용 범주	내용		내용
		0~1세 보육과정	2세 보육과정	3~5세 누리과정 내용
자연 탐구	탐구 과정 즐기기	• 주변 세계와 자연에 대해 호기심을 가진다.	• 주변 세계와 자연에 대해 호기심을 가진다.	• 주변 세계와 자연에 대해 지속적으로 호기심을 가진다.
		• 사물과 자연 탐색하기를 즐긴다.	• 사물과 자연을 반복하여 탐색하기를 즐긴다.	• 궁금한 것을 탐구하는 과정에 즐겁게 참여한다.
				• 탐구과정에서 서로 다른 생각에 관심을 가진다.
	생활 속에서 탐구하기	• 친숙한 물체를 감각으로 탐색한다.	• 친숙한 물체의 특성과 변화를 감각으로 탐색한다.	• 물체의 특성과 변화를 여러 가지 방법으로 탐색한다.
			• 생활도구에 관심을 가진다.	• 도구와 기계에 대해 관심을 가진다.
	자연과 더불어 살기	• 주변의 동식물에 관심을 가진다.	• 주변의 동식물에 관심을 가진다.	• 주변의 동식물에 관심을 가진다.
				• 생명과 자연환경을 소중히 여긴다.
		• 날씨와 변화를 감각으로 느낀다.	• 날씨와 계절의 변화를 감각으로 느낀다.	• 날씨와 계절의 변화를 생활과 관련 짓는다.

각 내용 범주에 제시된 내용을 보면 0~1세의 경우엔 탐색을 즐기고, 친숙한 물체 중심으로 감각적 탐색을 하며, 주변 동식물에 관심을 갖고 날씨의 변화를 느끼는 수준으로 제시되었다면, 2세의 경우는 관심 수준이 물체의 특성과 변화를 탐색하는 것으로 발전되었으며, 생활 도구에 대한 관심과 계절변화 느끼기가 새로운 내용으로 추가되어 있다. 3~5세의 경우는 궁금한 것을 즐겁고 다양한 방법으로 탐구하고, 탐구과정에서 나타나는 서로 다른 생각에 관심을 갖는 것으로, 도구 및 기계에 관심을 갖고 날씨와 계절 변화를 생활과 관련짓기로 심화되어 있다. 이는 3~5세부터는 탐구방법을 다양화하고, 서로 다른 생각에도 관심을 가지며 날씨와 자연의 변화와 생활을 연계하는 것으로 교육 내용이 좀 더 구체화 될 수 있음을 보여주는 것이다. 생명과 자연환경을 소중히 하는 태도는 3~5세에서만 제시되어 있어 이 내용의 수준을 시사 받을 수 있다.

2) 과학적 기술 및 개념에 기초한 과학교육 내용

유아를 위한 과학교육은 유아들이 자신과 자기가 살아가는 생활 주변을 과학적으로 알아갈 수 있기 위한 기초적 경험을 제공하여야 한다. 과학교육의 내용은 과학적 기술(탐구 능력) 및 기초적인 과학적 개념으로 구분하여 구체적으로 살펴볼 수 있다(이영자 외, 2022). 그러나 실제 교수학습 상황에서 이에 대한 적용과 지도는 과학적 태도를 바탕으로 상호연결성을 갖고 병행적으로 적용되어야 한다.

(1) 과학적 기술(탐구 능력)

과학적 기술이란 궁금한 것을 알아보기 위해 다양한 방법으로 탐구해 나갈 수 있는 능력이다. 유아는 궁금한 것을 알아보고 문제를 해결하기 위해 탐구과정에 필요한 다양한 과학적 기술이 필요하다. 탐구 능력으로써 과학적 기술은 일반적으로 관찰하기, 분류하기, 측정하기, 예측하기, 토의하기가 있으며 상황에 따라 적절한 일부 또는 전부를 사용하게 된다. 각각의 내용은 다음과 같다(서동미 외, 2018; Martin, 1997; Schickedanz, et al., 1983).

〈표 8-1〉 탐구능력 유형과 내용

유형	내용
관찰하기	관찰하기는 탐구를 위한 기본 능력으로 다양한 감각을 이용하여 관찰하면서 물체의 특징과 변화를 의식, 무의식적으로 느끼고 알아가는 과정이다.
분류하기	분류하기는 관찰 한 정보를 정리하고 조직하는 것으로 크기, 모양, 질감 등 특정 속성에 준거하여 동식물, 사물, 정보를 비교하거나 분류하는 능력이다. 분류는 명확하고 간단한 하나의 기준으로 시작하여 점차 늘려가는 것이 좋다.
측정하기	측정하기는 신체와 사물과 도구 등을 이용하여 크기, 부피, 거리, 시간, 온도 등을 재어보는 능력이다. 유아들은 표준화된 단위보다 손뼘, 발뼘, 막대 등 비표준화 단위의 임의 측정이 더 적절하다.
예측하기	예측하기는 관찰한 내용이나 경험을 토대로 앞으로 일어날 일을 예상해 보는 활동이다. 유아는 직접적으로 경험하면서 관찰한 정보에 기초하여 예측하고 조사하고 교정하는 순환 과정을 거치면서 수집한 정보를 다시 검토하고 새로운 예측을 해나갈 수 있다.
토의하기	토의하기는 자신의 생각이나 탐구한 결과들을 다른 사람에게 전달하거나 다른 사람의 생각을 들으며 정보를 공유하고 나와 다른 관점을 고려하게 되는 과학적 의사소통 과정이다.

(2) 기초적 과학개념

유아들은 관심과 흥미 있는 것을 중심으로 탐구하며 과학적 개념을 형성해 나간다. 유아 과학교육의 내용으로 다룰 수 있는 기초적인 과학개념은 다음과 같다.

〈표 8-2〉 기초적 과학개념의 범주별 내용과 주요개념

범주	내용	주요 개념
나와 생물	나	• 나는 자라고 변화한다. • 내 몸은 여러 부분으로 되어 있다. • 내 몸의 각 부분은 기능과 역할이 다르다.
	동물	• 동물들은 털, 가죽 껍질 등으로 몸을 싸고 있다. • 동물의 몸을 싸고 있는 것은 기후나 다른 동물로 부터 보호하는 기능이 있다. • 동물들이 먹는 먹이가 다르다. • 동물들이 사는 장소가 다르다. • 동물들은 성장하고 변화한다.
	식물	• 식물이 성장하려면 빛과 공기와 물이 필요하다. • 식물의 씨가 흩어지는 방법은 다양하다. • 식물들은 자신의 환경에 적합하게 되어 있다. • 식물들은 기후와 동물로부터 자신을 보호한다.
	상호의존성	• 인간과 동물과 식물은 서로에게 의존적이다.
물리적 세계	물체와 물질의 속성	• 감각을 통해 물체의 속성(크기,모양,질감 등)을 알 수 있다. • 물에 뜨는 것과 가라앉는 물체가 있다. • 물질은 고체, 액체, 기체 상태로 되어 있다.
	위치와 움직임	• 물체는 밀거나 당김으로써 움직일 수 있다. • 물체는 특정 방향으로 움직인다.
	공기	• 공기는 눈에 보이지 않지만 사람이 생활하는 어디에나 있다. • 공기의 움직임을 바람이라고 한다.
	소리	• 소리는 진동에 의해서 생긴다. • 소리에는 크기, 높낮이, 빠르기가 있다.
	빛	• 빛이 없으면 볼 수 없다. • 빛을 가리면 그림자가 생긴다.
	열 · 전기	• 열은 물질의 상태를 액체에서 기체, 액체에서 고체처럼 하나의 형태에서 다른 형태로 변화시킨다. • 열은 장애물이나 절연체의 사용에 따라 전달되거나 전달되지 않을 수 있다. • 전기는 우리 주위에서 만들어 질 수 있다. • 전기가 통하는 물체와 통하지 않는 물체가 있다.

	자석	• 자석의 종류는 다양하다. • 자석에는 양극이 있다. • 자석의 극은 같은 극끼리는 밀치고 다른 극끼리는 당기는 힘이 있다. • 자석에는 붙는 물체와 붙지 않는 물체가 있다. • 자석의 힘은 다양하게 쓰인다.
지구와 우주	지구를 구성하고 있는 물질	• 지구는 땅과 물로 되어 있다. • 돌의 종류는 다양하다. • 돌의 특성은 다양하다. • 돌은 우리 생활에 다양하게 쓰인다.
	하늘에서 볼 수 있는 것	• 하늘에는 해와 달과 별이 있다.
	지구와 하늘의 변화	• 낮과 밤이 있다. • 날씨와 계절은 변한다. • 시간의 흐름에 따라 자연은 변화한다. • 달의 모양은 변화한다.

출처: 이영자, 외(2022). pp. 263-264. 재구성

4. 과학교육을 위한 교수학습 방법

유아를 위한 과학교육은 자연스러운 경험을 통한 자발적 학습과 교사의 계획에 의한 계획적 학습으로 이루어지며 자발적 학습과 계획적 학습 모두 유아들이 직접 경험하면서 탐구할 수 있는 탐구적 교수학습이 중심이 되어야 한다. 탐구란 탐구 기술을 사용하여 문제를 해결하고 과학적 지식을 발견하는 것이다. 능동적 학습자인 유아는 주변 세계의 다양한 현상에 대해 관심과 호기심을 갖고 궁금한 것들을 탐구하는 과정에서 과학적 개념을 형성해 나가는데. 탐구 중심의 교수학습은 탐구 능력과 과학적 개념을 모두 발달 시키게 되므로 유아 과학교육에 있어 매우 적절한 교수학습 방법이라 할 수 있다(이영자 외, 2022).

유아를 위한 과학교육에서 과학적 기술 발달과 과학적 개념형성은 중요한

교육 내용으로 이를 중심으로 교수학습을 다루게 되지만 이와 함께 과학적 태도 또한 강조되고 중시되어야 한다. 과학적 태도는 과학적 지식과 개념을 이해하고 탐구하기 위한 가장 기본이며, 유아 시기는 태도의 형성이 더 중요하고 의미 있기 때문이다. 과학적 태도는 구체적으로 과학적 주제에 대한 호기심, 적극적인 활동 참여, 과학 활동 결과에 대한 편견 없는 수용, 자료 수집에 대한 객관성, 과학적 현상에 대한 판단과 문제해결을 위한 끈기와 협동성 등이 있다. 이는 계획된 교수학습에 국한하여 다룰 수 있는 것이 아니며 유아들은 일상에서 이와 관련된 더 많은 경험을 자연스럽게 하는 가운데 과학적 태도를 형성하게 된다(신성숙, 2017).

그러므로 과학교육을 위한 교수학습을 위해 교사는 기본적으로 유아들이 일상적인 경험으로 다양한 사건과 상황을 이해하고 처리하는 과정에서도 자연스럽게 과학적 태도를 함양할 수 있는 여지를 살피고 지원하여야 한다. 나아가 탐구 중심의 교수학습을 위해 유아가 주변 환경에서 쉽게 경험할 수 있고 관찰 가능한 자연현상, 동식물, 사물, 사건에 대해 호기심과 의문을 갖도록 격려하고 적극적으로 관찰하고 탐구하여 궁금증을 해결할 수 있도록 하여야 한다.

유아들은 일상 경험과 교육적 상황을 통해 과학적 태도의 함양은 물론 이를 바탕으로 체계적으로 관찰하고 조사하며, 자료 수집을 위해 간단한 도구를 사용하면서 감각을 활성화하게 된다. 또한 수집한 자료를 근거로 알게 된 정보를 설명하고 공유하는 등 의사소통의 기회를 가짐으로써 자신의 경험을 분석할 수 있는 능력을 향상해 나갈 수 있게 되는 것이다(유칠선 외, 2021; 이영자 외, 2022).

5. 과학교육 활동의 예

<table>
<tr><th>주제</th><td colspan="4">동물</td></tr>
<tr><th rowspan="2">활동
선정이유</th><td>관찰내용</td><td colspan="3">• 동물원에 다녀와서 유아들이 자신이 선호하는 동물에 대한 대화가 활발해짐
• 동물 특성에 대해 알고 있는 내용을 공유하기도 하고 궁금한 것을 물어보기도 함
• 동물 특성을 내용으로 하는 지식 그림책을 보는 유아가 많아짐</td></tr>
<tr><td>지원내용</td><td colspan="3">• 동물의 특성을 스스로 알아볼 수 있는 기회를 가질 수 있도록 유아들이 좋아하거나 궁금한 동물을 중심으로 동물 책 만들기 활동을 지원하고자 함</td></tr>
<tr><th>활동명</th><td colspan="2">좋아하는 동물 책 만들기</td><th>대상 연령</th><td>4세</td></tr>
<tr><th>활동 유형
(집단형태)</th><td colspan="4">자유 선택 활동–과학영역(개별)</td></tr>
<tr><th>교육목표</th><td colspan="4">• 동물의 이름을 안다.
• 다양한 방법으로 동물에 대해 궁금한 것을 알아볼 수 있다.
• 동물의 특성에 관심을 갖는다.</td></tr>
<tr><th>19 개정
누리과정
관련요소</th><td colspan="4">자연탐구: 탐구과정 즐기기–궁금한 것을 탐구하는 과정에 즐겁게 참여한다.
자연탐구: 자연과 더불어 살기–주변의 동식물에 관심을 가진다.
의사소통: 책과 이야기 즐기기–말놀이와 이야기 짓기를 즐긴다.</td></tr>
<tr><th>교과
교육내용</th><td colspan="4">나와 생물–동물–동물의 다양한 특성</td></tr>
<tr><th>활동자료</th><td colspan="4">• 책 만들기 자료(유아들이 잘라서 사용할 수 있는 다양한 동물 그림 자료, 16절/8절 크기의 색 도화지, 그리기 도구)
• 동물의 특성을 소개하는 지식 그림책
'어떻게 잠을 잘까요?'(야부우치 미사유키 글 · 그림. 한림출판사, 2006)
'생생한 사진으로 만나는 아기 동물들(베아트리스 퐁타넬 글, 윤미연 옮김. 삐아제 어린이, 2005)
'동물 박물관'(제니브롬 글, 케이티 스콧 그림, 이한음 옮김. 비룡소, 2017)
'초원에 사는 아기 동물들'(제니퍼 스코필드 글, 박정선 옮김. 비룡소, 2004)
'첫 발견 시리즈' 중 곰, 호랑이, 악어, 코끼리 등. (꼬마 샘터, 1994)</td></tr>
</table>

<table>
<tr><th colspan="3">활 동 내 용</th><th>자료 및 교사지원</th></tr>
<tr><td colspan="3">○ 내가 좋아하는 동물책 만들기 활동을 소개한다.
• 어떤 동물 그림들이 있니?
• 직접 그려도 좋고 선생님이 준비한 그림을 이용해도 좋단다.
• 어떤 동물을 좋아하니?
• 어떤 동물책을 만들고 싶니?
• 어떤 동물들을 알아보고 싶니?
• 00에 대해 알고 있는 것은 무엇이니?
○동물들에 대해 궁금한 것은 어떻게 알아볼 수 있을까?
• 00에 대해 무엇이 궁금하니?
• 무엇을 찾아보면 알수 있을까?
○동물책을 완성한다.
• 이 책의 제목은 무엇으로 하면 좋을까?
• 이 책을 누가 만들었는지 알 수 있으려면 어떻게 하면 좋을까?
○동물책을 완성한 후 친구들과 공유한다.
• 오늘 동물책 만든 친구 중에 소개해주고 싶은 친구 있니?
• 우리가 만든 동물책을 어디에 두고 친구들과 같이 보면 좋을까?</td><td>• 자료
· 동물 그림자료
· 동물 지식그림책
· 동물책 만들기 용지 및 그리기 도구
• 유아들이 좋아하거나 관심 있는 동물 중심으로 만들 수 있도록 안내한다.
• 유아들이 동물에 대해 알고 있는 것을 쓰거나 교사가 써준다.
• 유아들이 궁금해 하는 것을 스스로 알아볼 수 있도록 지원한다.</td></tr>
<tr><td rowspan="2">평가</td><td>유아평가</td><td colspan="2">• 동물의 이름을 아는가?
• 다양한 방법으로 동물에 대해 궁금한 것을 알아볼 수 있는가?
• 동물의 특성에 관심을 갖는가?</td></tr>
<tr><td>교사평가</td><td colspan="2">• 유아들이 좋아하거나 궁금해하는 동물들에 대한 정보를 중심으로 지원하고 있는가?
• 유아들이 동물에 대해 궁금한 것을 효율적으로 알아볼 수 있도록 지원하는가?
• 동물책 만들기를 통해 유아들이 동물들의 다양한 특성을 알아가도록 지원하는가?</td></tr>
<tr><td>향후 지원계획</td><td colspan="3">• 동물책 만들기에 사용할 종이와 크기를 더 다양하게 제공하여 유아들이 동물책 만들기 활동에 대한 흥미를 지속하고 동기를 높이고자 함</td></tr>
</table>

내가 좋아하는 동물책
만든사람: 남조희
코끼리는 귀가 커요
코끼리는 코가 길어요
사자는 머리에 기다란 털이 아주 많아요
사자 이빨은 뾰족해요
기린은 목이 길어요
기린은 점이 많아요

참고문헌

참고문헌

가영희, 성낙돈, 김수현, 장청옥(2011). 교과교육론. 서울: 동문사.

강보라(2022). 음악 활동과 동작 표현을 위한 영유아 음악교육. 서울: 창지사.

고문숙, 임영심, 김수향, 손혜숙(2021). 아동문학교육. 경기: 양서원.

교육부(2019). 19 개정 누리과정. 세종: 교육부.

교육부, 보건복지부(2020a). 2019 개정 누리과정 해설서. 세종: 교육부·보건복지부.

교육부, 보건복지부(2020b). 2019 개정 누리과정 놀이이해자료. 세종: 교육부·보건복지부.

교육부·보건복지부(2020c). 2019 개정 누리과정 놀이실행자료. 세종: 교육부·보건복지부.

구경선, 김태임, 서영희, 홍은숙(2019). 아동 안전 관리. 경기: 정민사.

김금주, 유윤영, 오진희, 김은정, 박형신(2012). 유아교사를 위한 일과 운영 방법. 서울: 학지사.

김연주, 김현지, 유현숙(2022). 아동건강교육. 경기: 공동체.

김영옥(2020). 유아교육과정. 경기: 공동체.

김은심(2017). 유아동작교육의 이론과 실제. 서울: 창지사.

김정원, 김유정(2020). 유아교과교육론. 서울: 창지사.

김진희, 강미영(2020). 놀이중심 교육과정을 실행하는 교사를 위한 유아교과교육론. 경기: 공동체.

김현자, 김성은, 강경민(2020). 영유아 안전교육. 경기: 공동체.

김현자, 조미영, 김기웅, 노희연, 서화니, 조득현(2017). 아동문학. 서울: 창지사.

김현희, 박상희(2020). 유아문학. 서울: 학지사.

나은숙, 윤희경, 안경숙, 김승옥(2017). 영유아 교과교육론. 경기: 공동체.

덕성여자대학교 유아교육연구소(1993). 개정 상호작용이론에 기초한 유아교육과정. 서울: 창지사.

덕성여자대학교 부속유치원(2000). 상호작용이론에 기초한 유아교육과정의 운영 및 활동의 실제. 서울: 창지사.

박찬옥, 정남미, 곽현주(2020). 놀이지도. 경기: 양성원

박찬옥, 서동미, 곽현주(2021). 유아교과교육론, 경기: 정민사

박찬옥, 서동미, 엄은나(2021). 2019 개정 누리과정을 반영한 유아사회교육. 경기: 양성원.

박화윤, 김영애, 이선원, 이희자, 안라리(2007). 유아를 위한 창의적 교과교육. 서울: 동문사.

박화윤, 김영애, 마지순, 안라리, 이선원, 이희자, 조진희, 허은주(2011). 유아를 위한 교과교육학. 경기: 공동체.

보건복지부(2020). 제 4차 어린이집 표준보육과정. 세종: 보건복지부.

서동미, 엄은나, 이혜경, 박성희(2018). 유아교과교육론. 경기: 공동체.

서정숙, 남규(2019). 유아문학교육. 서울: 창지사.

서현아, 윤정진, 좌승화, 이해정, 엄세진(2021). 아동수학지도. 서울: 창지사.

송선순, 공은화(2022). 교육학개론. 서울: 창지사.

신동주, 김향숙, 김선희(2021). 유아음악교육. 서울: 창지사.

신성숙(2017). 영유아교과교육론. 경기: 공동체.

신은수, 강금지, 유희정(2009). 영·유아를 위한 영양과 건강교육. 서울: 창지사

심성경, 어선경, 변길희, 김은정(2017). 유치원 교사를 위한 교과교육론. 경기: 양서원.

안경숙, 신애선(2019). 영유아 동작교육. 경기: 공동체.

엄정애(2014.10). 유아교육적 관점에서 바라본 놀이. 유아 놀이의 본질 탐색. 한국영유아교원교육학회 2014년도 추계학술대회 자료집, pp. 25-37. 서울:총신

대학교 신관 5층 콘서트홀.

염지숙, 김혜선, 김희태, 김경희, 이명순, 서동미(2017). 영유아교수-학습방법. 경기: 정민사.

유민임(2015). 유아를 위한 교과교육론. 서울: 학지사.

유칠선, 김희영, 김현령, 최유경, 김채연(2021). 영유아과학교육. 서울: 창지사.

윤희경, 김애옥, 나은숙, 이분려, 황혜경(2016). 유아 교수-학습방법. 서울: 창지사.

이기숙(2013). 유아교육과정. 사울: 교문사.

이선애, 정현숙, 송경섭, 김지혜, 유은석(2016). 교과교육론. 서울: 창지사.

이원영, 임경애, 김정미, 강유진(2019). 유아미술교육. 서울: 학지사.

이영자, 신동주(2017). 유아교육기관 운영관리. 서울: 창지사.

이영자, 이금구(2018). 영유아언어교육. 경기: 양서원.

이영자, 이기숙, 이정욱(2017). 유아교수·학습방법. 서울: 창지사.

이영자, 이기숙, 이정욱(2022). 유아교수·학습방법. 서울: 창지사.

이영애, 유준호(2019). 아동관찰 및 행동연구. 서울: 한국방송통신대학교 출판문화원.

이은희, 유소연, 이선영, 이성주, 김현경(2019). 놀이를 통해 스스로 배우는 놀이중심 교육 과정. 서울: 동문사.

이정욱, 임수진(2021). 탐색 표현 감상의 통합적 유아미술교육. 서울: 창지사.

이주한(2022). 교육의 역사와 철학의 탐구. 서울: 창지사.

이춘희, 장미정, 이유나(2016). 아동문학교육. 서울: 태영출판사.

임부연, 최남정, 양혜련(2018). 유아교과교육론. 경기: 공동체.

조경자, 이현숙, 이문정, 곽아정(2013). 어린이 문학교육. 서울: 학지사.

조윤경, 김경혜(2017). 잘 가르치기 위한 아동 관찰 및 행동 연구. 경기: 공동체.

전남련, 김인자, 백향기, 황연옥(2017). 아동관찰 및 행동연구. 경기도: 양서원.

정채영, 신승윤(2020). 2019 개정 누리과정에 기초한 놀이중심 유아미술교육의 방향. 인문사회 21, 11(5), 1539-1553.

추정훈(2011). 교과교육론. 서울: 청목출판사.

한국산업안전공단(1996). 유아교사용 안전교육 지도서. 인천: 한국산업안전공단.

허미애(2007). 유아교사의 이야기나누기에 대한 실천적 지식 탐구. 중앙대학교 대학원 박사학위 논문.

허혜경, 김혜수(2019). 교육학의 이해. 서울: 창지사.

홍길회, 정미자(2022). 영유아 건강교육. 서울: 동문사.

Bredekamp, S., & Rosergrant, T. (1992). *Reaching potentials: Appropriate curriculum and assesement for young children*. Washington, DC: NAEYC.

Coppl, C., & Bredekamp, S.(Eds.). (2009). *Developmentally appropriate practice in early childhood programs: Serving Children from birth through age 8*(3rd ed.). Washington, DC: NAEYC.

Charlesworth, R., & Lind, K. K. (2013). *Math and science for young children*. Belmont, Calif: Wadsworth Pub.

David, C. G. (2012). 아동의 수학 발달. [Children's Mathematical Development: Research and Practical Applications]. (신현기, 이병혁, 이태수, 박경옥 공역). 서울: 학지사 (원저 1995 출판)

Feldman, E. (1993). Practical Art Criticism. Englewood Cliffs, NJ: Prentice-Hall.

Judith, V. H., Patricia, M. N., Barbara, S., & Keith, R. A. (2018). 놀이중심 교과과정. [Play at the Center of the Curriculum(Sixth Edition)].(순진이, 정현심 옮김). 서울: 시그마프레스(원저 2015년 출판)

Martin, D. J. (1997). *Elementary science methods: A constructive approach*. Albany, NY: Delmar.

Neil, M. L., & Drew, W. F. (2013). *From play to practice: Connecting teacher's play to children's learning*. Washington, D.C.: NAEYC.

Pica. R. (2021). 출생부터 8세까지 유아를 위한 동작·음악교육. [Experience in Movement & Music Birth to Age Eight(5th Edition)].(김은심 역). 경기: 정민사(원저 2013).

Schickedanz, J. A., York, M. E., Stwart, I. S., & White, D. A. (1983). *Strategies for teaching young children*, Englewood Cliffs, NJ : Prentice-Hall.

어린이 그림책

누가 누가 잘하지? 이상교 글, 마르틴 부르 그림. 웅진북클럽(2008).

동물 박물관. 제니브롬 글, 케이티 스콧 그림/이한음 옮김. 비룡소(2017).

생생한 사진으로 만나는 아기 동물들. 베아트리스 퐁타넬 글/윤미연 옮김. 삐아제 어린이(2005).

어떻게 잠을 잘까요? 야부우치 미사유키 글·그림. 한림출판사(2006).

오케스트라. 주연경 글·그림. 한솔수북(2019).

음악을 연주해 봐. 강성은 글, 윤희동 그림. 여원미디어(2021).

음악이 가득한 집. 마르그레트 레티히 글, 롤프 레티히 그림/이용숙 옮김. 밝은 미래(2009).

이슬이의 첫 심부름. 쓰쓰이 요리코 글, 하야시 아키코 그림/이영준 옮김. 한림출판사(1991).

첫 발견 시리즈. 꼬마 샘터(1994).

초원에 사는 아기 동물들. 제니퍼 스코필드 글/ 박정선 옮김. 비룡소(2004).

토끼의 의자. 고우야마 요시코 글, 가키모토 고조 그림/ 김숙 옮김. 북뱅크(2010).

저자소개

유희정

덕성여자대학교 사회과학대학 유아교육학과(교육학사)
덕성여자대학교 대학원 유아교육학과(교육학 석사)
덕성여자대학교 대학원 유아교육학과(교육학 박사)

전) 덕성여자대학교 부속유치원 교사 / 원감
현) 광주대학교 유아교육과 교수

〈주요 활동〉

- 교육부 유치원 교육과정 / 지도서 연구 및 집필
  제5차 유치원교육과정(사회생활 영역)
  유치원 교육활동 지도자료 8권(교통기관·도구와 기계)
  유치원 지도서 12권(봄·여름·가을·겨울)
  혼합연령 복식학급 교사용 지도서
- 광주교육청 유치원 평가인증 위원
- 광주문화재단 유아문화예술교육 지원사업 전문컨설턴트
- 전라남도 육아종합지원센터 교육전문위원 등

〈주요 저서 및 논문〉

- 상호작용이론에 기초한 유아교육과정의 운영 및 활동의 실제(공저), 학지사.
- 영·유아를 위한 영양과 건강교육(공저), 창지사.
- 예비유아교사들의 사후실습경험 들여다보기(Asia-pacific Journal of Convergent Research Interchange)
- 예비유아교사들의 모의수업 경험과 학교현장실습 중 수업수행을 기반으로 한 모의수업에 대한 생각(유아교육·보육복지연구)
- 미적요소에 대한 탐색활동이 유아이 미적요소에 대한 이해 및 미적요소에 기초한 감상능력에 미치는 영향(열린유아교육연구)외 다수

유아교과교육론

TEACHING SUBJECTS IN EARLY CHILDHOOD EDUCATION

초 판 1쇄 인쇄 2023년 8월 14일
초 판 1쇄 발행 2023년 8월 18일

지 은 이 | 유희정
펴 낸 이 | 김기섭
책임편집 | 이현남
펴 낸 곳 | www.changjisa.com
08589 서울시 금천구 가산디지털 1로 83 파트너스타워1차 9층
전화 (02) 719-2211~3
팩스 (02) 701-9386
등 록 | 1977년 4월 28일 · 제1-421호

ISBN 978-89-426-1833-0 (93370)

값 22,000원

KOMCA 승인필